Rebecca Beattie

Der magische Jahreskreis

GOLDMANN

Rebecca Beattie

Der magische Jahreskreis

Dein Leben im Einklang mit der Natur: Wicca-Traditionen von den Sonnenwenden bis zu den Tagundnachtgleichen

Aus dem Englischen
von Marion Zerbst

GOLDMANN

Die englische Originalausgabe erschien 2022 unter dem Titel »The Wheel of the Year« bei Elliott & Thompson, London.

MIX
Papier | Fördert gute Waldnutzung
FSC® C014496

Penguin Random House Verlagsgruppe FSC® N001967

1. Auflage
Deutsche Erstausgabe September 2024

Redaktion: Carola Felgentreff
Innenteil-Illustrationen: Elin Manon
Umschlag: UNO Werbeagentur, München
Umschlagmotiv: © Antonia Hinterdobler für FinePic®, München
Satz: Buch-Werkstatt GmbH, Bad Aibling
Druck und Bindung: GGP Media GmbH, Pößneck
Printed in Germany
KF · CB
ISBN 978-3-442-22390-9

www.goldmann-verlag.de

INHALT

Einführung

Ich war nicht von Geburt an eine Hexe. Das gilt übrigens für die meisten Menschen aus meiner Generation – auch wenn ich im Lauf meines Lebens durchaus schon der einen oder anderen »geborenen Hexe« begegnet bin. Ich bin nicht die siebte Tochter einer siebten Tochter. Mir ist noch niemals beim Autofahren plötzlich die Göttin erschienen. Ganz im Gegenteil: Ich bin in einem kleinen Dorf auf dem Land aufgewachsen, in dem die meisten Menschen der anglikanischen Kirche angehörten. Doch wenn ich heute auf meine Kindheit zurückblicke, dann gab es durchaus auch damals schon Anzeichen dafür, dass ich später einmal diesen Weg einschlagen würde. Meine Lieblingszeit im Jahr war das Erntedankfest: Dann schmückten wir die Kirche mit Herbstblumen – rotem Mohn und orangefarbenen Chrysanthemen, die wir mit Weizenähren verflochten – und brachten Lebensmittel als Spenden für die Bedürftigen mit. Und in den Predigten drehte sich alles um die Natur und die Schöpfungszeit. Während dieser Gottesdienste fühlte ich mich in der Kirche viel mehr zu Hause als sonst. Obwohl ich viele Jahre lang fest in die routinemäßigen Abläufe unserer Kirche eingebunden war, habe ich mich dort eigentlich immer fehl am Platz gefühlt – unter anderem deshalb, weil mich das Fehlen einer weiblichen göttlichen Instanz irritierte. In der Schule befasste ich mich mit vergleichender Religionswissenschaft. Die Traditionen anderer Menschen faszinierten mich. Obwohl mir das damals noch nicht so richtig klar war, befand ich mich auf der Suche; allerdings brauchte ich ein bisschen länger, um zu erkennen, dass ich eben doch nicht so ganz die Agnostikerin war, für die ich mich hielt. Mit achtzehn Jahren ließ ich mein Elternhaus und das Dorfleben hinter mir und machte mich auf die Suche nach Abenteuern und einer Karriere als Schauspielerin; denn ich war mir sicher, für diesen Beruf geboren zu sein.

Es ist schon komisch, wie die Landkarte unseres Lebens sich im Lauf der Jahre verändert, sodass wir uns manchmal fragen, ob wir womöglich irgendwo falsch abgebogen sind. Machen wir nun einen Sprung um ungefähr zehn Jahre in die Zukunft: Als bei mir endlich der Groschen fiel, war ich Ende zwanzig und lebte in London. Damals führte ich ein aktives soziales Leben und wirkte an einem kreativen Projekt mit, das ich als sehr bereichernd empfand: Ich leitete zusammen mit meinen zwei besten Freunden ein Filmkollektiv, tourte durch ganz England und spielte in *Macbeth*, meinem Lieblingsstück von Shakespeare, mit. Trotzdem war ich unzufrieden mit meinem Leben und fühlte mich irgendwie falsch. Denn erstens war vor Kurzem eine für mich sehr wichtige Beziehung in die Brüche gegangen, und zweitens frustrierte es mich, dass ich es bisher nicht geschafft hatte, mir meinen Lebensunterhalt mit der Schauspielerei zu verdienen. Doch in Wirklichkeit steckte viel mehr hinter meiner Missstimmung: Ich erlebte gerade ein Phänomen, das moderne Hexen oder Heiden als »Saturn Return« oder »Saturn-Rückkehr« bezeichnen. In der Astrologie bedeutet dies, dass der Planet Saturn (der für Stabilität und für unser festes Fundament im Leben steht) in unserem Horoskop wieder genau an der Position angelangt ist, wo er sich bei unserer Geburt befand. Oder um es einfacher auszudrücken: Meine Welt, so wie ich sie kannte, neigte sich dem Ende zu.

Mein ganzes Leben schien irgendwie ins Wanken zu geraten und ich begann, alle meine Lebensentscheidungen zu überdenken. Während unserer Tourneen wohnten wir auf Bauernhöfen und waren auf Schritt und Tritt von Natur umgeben. Ich stand morgens schon bei Sonnenaufgang auf, machte Spaziergänge in der ländlichen Umgebung und verbrachte eine ruhige, beschauliche Zeit in völliger Einsamkeit, umgeben von Bäumen und Feldern. Endlich hatte ich Zeit, richtig durchzuatmen, und die Inspiration konnte ungehindert in mich hineinfließen. Das war es, was mir in meinem bisherigen Leben gefehlt hatte. Auf all den Großstadtstraßen, die ich auf dem Weg zu meinen Vorsprechterminen entlanglief, in all den staubigen Proberäumen und bei all den Verwaltungsjobs, die ich annahm, um meine Miete bezahlen zu können, hatte ich den Kontakt zur Natur vermisst. Und was noch wichtiger war: Ich hatte am falschen Ort – außerhalb meiner selbst – nach Erfüllung gesucht. Das war der Anfang meines Wegs zur Selbsterkenntnis.

Als ich von dieser *Macbeth*-Tournee nach London zurückkehrte, wusste ich, dass ich meinen spirituellen Frieden in der Natur gefunden hatte und dass es noch mehr im Leben geben musste als das Elend der knallharten Ablehnungen, die ich während meiner Karriere als Schauspielerin erlebt hatte. Ich machte mich auf die Suche nach einem Sinn – in der Absicht, wieder zur Schauspielerei zurückzukehren, sobald ich einen Weg zu einem erfüllteren Leben gefunden hatte. Und diese Suche führte mich zu meiner Wicca-Ausbildung.

Machen Sie sich keine Sorgen, wenn Sie den Begriff »Wicca« noch nie gehört haben oder sich jetzt womöglich fragen, ob ich ein bisschen komisch bin. (Das stimmt übrigens tatsächlich – aber sind wir das nicht alle?) Über dieses Thema werde ich Ihnen später noch ein bisschen mehr erzählen. Vorläufig brauchen Sie nur zu wissen, dass es sich bei Wicca um eine spirituelle Lebensweise handelt, die etwas mit unserer heiligen Verbindung zur Natur zu tun hat.

Auf diesem Weg lernte ich den magischen Jahreskreis kennen – ein Konzept, das mir half, meinen Platz in der Welt besser zu verstehen und die innere Verbindung zur Natur zu vertiefen, die ich während meiner Reisen durch ländliche Gegenden gespürt hatte. Endlich lernte ich die Wunder des Kreislaufs der Natur – unabhängig vom Ort oder von der Jahreszeit – kennen und schätzen.

Es gibt verschiedene Möglichkeiten, das Jahr in kleinere, überschaubare Abschnitte zu unterteilen. Unsere auf die griechisch-römische Tradition zurückgehenden zwölf Monate des Jahres sind eine davon; aber auch andere Religionen haben ihre Methoden, um die Zeit zu messen. Im modernen Heidentum wird das Jahr seit der Mitte des 20. Jahrhunderts durch den magischen Jahreskreis definiert und abgegrenzt. Doch inzwischen erfreut sich dieser jahreszeitliche Kalender weltweit immer größerer Beliebtheit und findet bei Naturliebhabern zunehmenden Anklang. Wenn Sie in den letzten Jahren in den sozialen Medien unterwegs waren, sind Sie dabei wahrscheinlich auch schon auf dieses Thema gestoßen: #witchesofinstagram ist einer der meistverfolgten Hashtags, Witchtok ist in aller Munde, und die Menschen sind sehr neugierig auf die verschiedenen Strömungen des modernen Heidentums geworden. Immer mehr Leute interessieren sich für Druidentum, Hexerei und die vielen anderen spirituellen Glaubensrichtungen, die unter dem Oberbegriff »Heidentum« zusammengefasst werden und sich am magischen Jahreskreis orientieren. Man muss sich aber nicht unbedingt als Heide oder Heidin bezeichnen, um einen Sinn in diesem Jahreskreis oder Jahresrad zu erkennen: Wenn Sie die Natur lieben und sich gerne öfter dort aufhalten würden, um nachzudenken, zu beobachten, zu träumen, kreativ zu sein und geheilt zu werden, kann Ihnen das Jahresrad dabei helfen.

Dieses Rad lässt sich am besten durch ein altmodisches Wagenrad darstellen. Es ist in acht Feste – sogenannte Sabbate – unterteilt, die von heidnischen Zirkeln auf der ganzen Welt begangen werden und einen bestimmten Zeitpunkt im Kreislauf der Natur markieren – einen Tag der Kontemplation und des Feierns. Diese Sabbate finden ungefähr alle sechs Wochen statt, und in diesen Festlichkeiten spiegelt sich stets das wider, was um diese Zeit in der Natur gerade geschieht. Wenn wir uns also am Jahresrad orientieren, können wir mit der Erde in Kontakt bleiben, während wir die vier Jahreszeiten durchleben. Mit meinem Buch möchte ich Sie durch diese Sabbate hindurchführen und Ihnen dabei helfen, Ihre ganz persönliche Verbindung zur Natur und zu sich selbst zu entdecken.

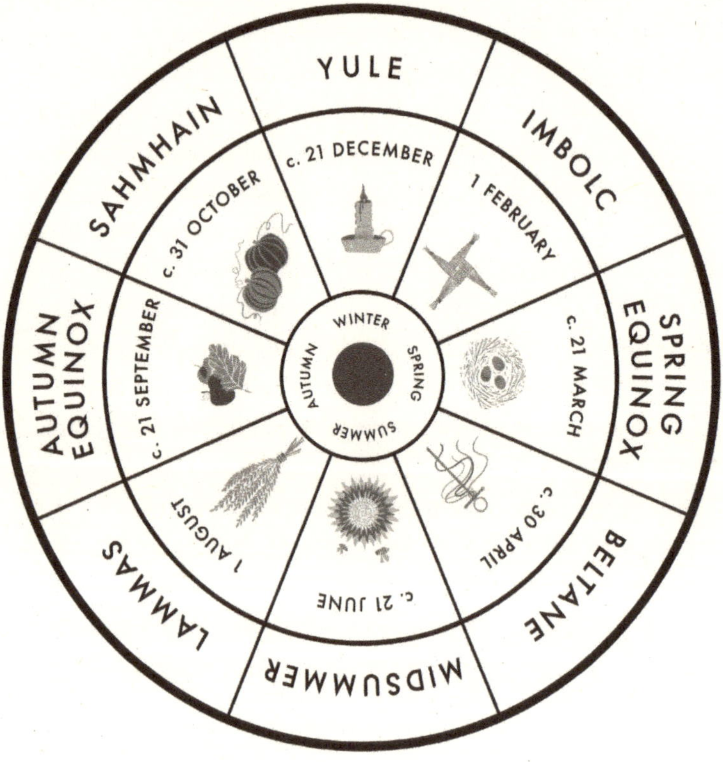
YULE
c. 21 DECEMBER
IMBOLC
1 FEBRUARY
SPRING EQUINOX
c. 21 MARCH
BELTANE
c. 30 APRIL
MIDSUMMER
c. 21 JUNE
LAMMAS
1 AUGUST
AUTUMN EQUINOX
c. 21 SEPTEMBER
SAHMHAIN
c. 31 OCTOBER
WINTER
SPRING
SUMMER
AUTUMN

Einige dieser acht Feste haben ihren Ursprung in den keltischen Kulturen Europas, aber nicht alle. Das Rad als zusammenhängendes Ganzes ist nicht so alt, wie wir vielleicht glauben. Einerseits ist es ein uraltes Phänomen, andererseits aber auch wieder nicht. Das möchte ich Ihnen nun ein bisschen genauer erklären.

Der Jahreskreis wurde Mitte des 20. Jahrhunderts von zwei Männern – Ross Nichols (dem Vater des modernen heidnischen Druidentums) und Gerald Gardner (dem Vater des modernen heidnischen Hexentums) – konzipiert. Sie ließen sich dabei von Theorien über einen uralten Hexenkult und von der Idee eines stärker vom Schamanentum und von der Natur geprägten, naturnahen indigenen Glaubens inspirieren, der bereits existiert hatte, bevor das Christentum auf die Britischen Inseln kam. Damit gab es allerdings ein kleines Problem: Archäologische Untersuchungen beweisen zwar, dass solche Glaubensvorstellungen schon vor der Ankunft der Römer in Großbritannien existiert haben; doch diese Untersuchungen stützten sich weitgehend auf mündliche Überlieferungen und die diesen religiösen Praktiken zugrunde liegende Bedeutung war in der Zwischenzeit größtenteils verloren gegangen. Davon ließen Nichols und Gardner sich jedoch nicht abschrecken, sondern begannen neue heidnische Traditionen zu entwickeln, wobei sie die Natur als wichtigste Inspirationsquelle für den Aufbau einer Beziehung zum Göttlichen nutzten. Insofern ist es eigentlich kein Wunder, dass aus diesen in den Zyklen von Mutter Erde verwurzelten Praktiken später der Jahreskreis entstanden ist.

Nichols' Druiden begannen die Vierteltage (»Quarter Days«) zu feiern: die Sonnenwenden und Tagundnachtgleichen, die den Beginn jedes Jahresviertels markieren. (Ursprünglich handelte es sich dabei um die Zeitpunkte, zu denen Mieten und andere Zahlungen fällig waren.) In der Zwischenzeit feierten Gardners Hexen die keltischen Äquivalente dieser Tage, die unter der Bezeichnung »Cross Quarter Days« bekannt geworden waren, weil sie zwischen die englischen »Quarter Days« fielen. Mitte des 20. Jahrhunderts verschmolzen diese beiden Praktiken miteinander und damit war der magische Jahreskreis geboren. Seitdem orientieren sich die modernen Heiden bei ihren religiösen Praktiken an diesem Jahresrad und feiern folgende Sabbate:

Yule oder Wintersonnenwende (Mittwinter) –
ca. 21. Dezember
Imbolc – 1. Februar
Frühlings-Tagundnachtgleiche – ca. 21. März
Beltane oder Nacht zum 1. Mai – 30. April/1. Mai
Sommersonnenwende (Mittsommer) – ca. 21. Juni
Lammas – 1. August
Herbst-Tagundnachtgleiche – ca. 21. September
Samhain oder Nacht zum 1. November – 31. Oktober

(Die genauen Daten können variieren, weil die Erde ein bisschen mehr als 365 Tage braucht, um die Sonne zu umrunden – deshalb gibt es Schaltjahre.)

Seit einigen Jahren gebe ich in einer Buchhandlung namens Treadwell's in Bloomsbury Kurse über den heidnischen Jahreskreis. Treadwell's nimmt im Leben vieler Menschen einen wichtigen Platz ein; dort kommen Suchende aus der ganzen

Welt vorbei. Das britische Klima bietet uns die Möglichkeit, vier verschiedene Jahreszeiten zu erleben, und im Jahresrad spiegelt sich dieser Kreislauf wider. Deshalb frage ich an einem der Höhepunkte meines Kurses, was man in der Natur gerade beobachten kann. Manchmal schauen die Teilnehmenden, die oft fest im Großstadtleben verwurzelt sind, mich dann verständnislos an; doch bald werden sie neugierig und sehen sich tatsächlich ein bisschen genauer in ihrer Umgebung um. Viele ihrer Antworten beschreiben, was in den städtischen Parks oder Gärten zu sehen ist.

Doch als die COVID-Pandemie um sich griff und meine Kurse eine Zeit lang nur noch online stattfanden, fiel mir eine Veränderung auf: Jetzt kamen die Teilnehmenden aus der ganzen Welt, und ihre Antworten auf diese Frage wurden abwechslungsreicher. Wir erfuhren, dass die Waldbrandsaison an Lammas begann, dass es in Grönland zur Wintersonnenwende nur vier Stunden lang Tageslicht gibt, dass die Spanier zur Herbst-Tagundnachtgleiche nicht nur Äpfel, sondern auch Orangen ernten und dass die Jahreszeiten auf der Südhalbkugel denen auf der Nordhalbkugel genau entgegengesetzt sind: Während wir die Wintersonnenwende feierten, begingen unsere Vettern auf der südlichen Hemisphäre die Sommersonnenwende; unsere Frühjahrs-Tagundnachtgleiche fiel mit ihrer Herbst-Tagundnachtgleiche zusammen usw.

Das Schöne an einer von alten Traditionen inspirierten, aber dennoch modernen spirituellen Praxis ist, dass man sie auf flexible Weise an seine persönliche Erfahrungswelt anpassen und dementsprechend ausweiten kann. Kein Dogma schreibt Ihnen vor, dass Sie im Herbst unbedingt die Apfelernte feiern müssen, wenn es in Ihrer Gegend keine Äpfel gibt oder auf Ihrer Halbkugel gerade die Frühlingsblumen blühen. Und es macht auch wenig Sinn, an Beltane im Mai den Beginn der Weißdornblüte zu feiern, wenn in Ihrer Heimat kein Weißdorn wächst. Es ist zwar sehr sinnvoll, zu wissen, woher diese Bräuche kommen und welche Symbolik ihnen innewohnt; aber Sie können sich beim Feiern dieser Feste einfach von der Natur inspirieren lassen, egal wo Sie wohnen. Die Sabbate auf dem Jahresrad sind also nur ein grobes Schema, ein Leitfaden, eine Art Landkarte – aber denken Sie daran: Die Landkarte ist nicht dasselbe wie das Land.

In unserer menschlichen Erfahrungswelt gibt es viele Gemeinsamkeiten, die von der geografischen Region, in der wir leben, unabhängig sind; daher werden Sie in den jahreszeitlichen Festen und Zeremonien verschiedener Kulturen auf der ganzen Welt oft ähnliche Themen finden. Während Heiden und Kelten an Samhain ihre Vorfahren ehren, feiert man in Mexiko den Día de los Muertos; in Oberägypten besuchen die Menschen ihre Familiengräber; in der christlichen Religion wird Allerheiligen gefeiert; wieder andere Menschen feiern Halloween. Die meisten dieser Feste gibt es in der einen oder anderen Form schon seit Jahrhunderten: Durch die ganze Welt zieht sich ein roter Faden, der diese Festlichkeiten – sei es durch das kollektive Unbewusste oder auf andere Weise – miteinander verbindet und uns in Ehrfurcht unserer Vorfahren und in Liebe unserer Verstorbenen gedenken lässt.

Einer der Vorteile des Jahresrads besteht darin, dass es einen Zyklus darstellt, sodass man jederzeit in diese Festivitäten einsteigen kann. Sie müssen also nicht auf einen passenden »Anfang« warten, um mit dem Feiern der Sabbate zu beginnen; Sie können sich jetzt gleich in diesen Zyklus einklinken. Dazu müssen Sie nur den Wunsch haben, Ihr eigenes Leben stärker an den Kreisläufen der Natur auszurichten. Und es spielt auch keine Rolle, ob Sie auf dem Land oder in der Stadt leben: Ich selbst habe ein Vierteljahrhundert lang in einer großen Metropole gelebt und weiß, wie beglückend es sein kann, nach versteckten Wegen und Gärten, Blumenkästen und von Bäumen gesäumten Straßen Ausschau zu halten und die Parks, Flüsse und Kanäle mit ganz neuer Aufmerksamkeit zu betrachten.

Aufgrund seines zyklischen Charakters ermöglicht uns das Jahresrad auch einen anderen Blick auf das menschliche Leben – eine optimistische Perspektive, die davon ausgeht, dass »das Glas noch halb voll ist«: Es bietet uns alle sechs Wochen die Möglichkeit, innezuhalten und über unser Leben nachzudenken – fast so, als könnten wir wieder einen neuen Anfang machen, ein leeres Blatt Papier beschreiben. Sie sind nicht zufrieden damit, wie Ihr Leben in den letzten sechs Wochen verlaufen ist? Kein Problem – Sie können genau jetzt anfangen, Entscheidungen zu treffen, die eine Veränderung herbeiführen. Im Lauf der Zeit habe ich durch das Jahresrad eine tiefere Bedeutung in meinem Leben entdeckt und hoffe, dass Sie diese Erfahrung ebenfalls machen werden. Denn das Rad ist nicht nur ein Kreis, sondern auch eine Spirale, die sich ständig durch unser Leben hindurchbewegt. Jedes Sonnenjahr bringt uns neue, tiefere Erkenntnisse.

Seit dem Aufkommen des modernen Heidentums hat sich diese Praxis weiterentwickelt und im Lauf der Zeit wurden diese Feste und Zeremonien immer reicher ausgeschmückt. Es sind andere Mythologien in den Jahreskreis eingeflossen, an die die Heiden, die den ursprünglichen Praktiken von Gardner und Nichols anhängen, sich allerdings nicht immer halten. Was ich Ihnen in diesem Buch erzähle, wird sich also vielleicht in manchen Punkten von den Informationen unterscheiden, die Sie im Internet über das Jahresrad finden. Vielleicht sind Sie beispielsweise auf die Geschichte vom Eichenkönig und dem Stechpalmenkönig gestoßen, die miteinander um die Herrschaft über das Jahr kämpfen – der Eichenkönig übernimmt den Thron in den Sommermonaten, während im Winter der Stechpalmenkönig an der Reihe ist. Das ist zwar eine nette Geschichte, aber sie wurde erst viel später in das Jahresrad eingefügt, als dieses in den 1970er-Jahren in den USA populär wurde. Das Gleiche gilt für die »keltischen« Namen Ostara, Litha, Lughnassadh und Mabon, die in den 1980er-Jahren hinzugekommen und an die Stelle von Frühlings-Tagundnachtgleiche, Sommersonnenwende, Lammas und Herbst-Tagundnachtgleiche getreten sind. Sie werden feststellen, dass ich diese Begriffe hier nicht verwende – nicht nur, weil sie erst später hinzukamen, sondern auch, weil ich den dahinterstehenden Gedanken in vielerlei Hinsicht für problematisch halte. Viele Mitglieder der Wicca-Gemeinschaft in Großbritannien lehnen diese Namen kategorisch ab, weil sie willkürlich hinzugefügt wurden (und weil das nach Ansicht mancher Leute nur geschehen ist, um dem Jahresrad einen authentischeren Anstrich zu verleihen). Das ist eine persönliche Entscheidung, und Sie können die Feste natürlich nennen, wie Sie wollen; doch in diesem Buch werde ich Sie so durch den Jahreskreis hindurchführen, wie es mir beigebracht wurde und wie Gerald Gardner und Ross Nichols ihn ursprünglich konzipiert haben.

Da wir gerade beim Thema Sprache sind: Ich verwende auf dieser Entdeckungsreise durch den Jahreskreis auch ein paar Begriffe, die Sie vielleicht überraschen werden. Das erste unserer verzwickten terminologischen Probleme ist der Name »Wicca«. Diese Bewegung ist in Großbritannien nicht hundertprozentig als Religion anerkannt; trotzdem bezeichne ich mich als Wicca-Priesterin – ein Titel, der mir bei meiner Aufnahme in meinen Hexenzirkel verliehen worden ist. Ich befinde mich nun schon seit über zwanzig Jahren in der Ausbildung; doch wie mein Lehrer gerne sagt: »In diesem Leben sterben wir alle als Anfänger.«

Das Leben einer Wicca-Priesterin eignet sich nicht für jeden; man muss sich dazu berufen fühlen und außerdem einen starken Glauben an das Göttliche haben. Die Anhänger der Wicca-Bewegung erkennen sowohl das heilige Weibliche als auch das heilige Männliche und alle dazwischenliegenden Geschlechtsidentitäten an. Egal ob Sie sich dem Monotheismus oder Pantheismus, Agnostizismus oder Atheismus zugehörig fühlen – ich habe vielleicht eine andere Weltanschauung als Sie. Aber das ist auch gar nicht so wichtig. Es kommt nur darauf an, dass wir alle unseren eigenen Weg finden, mit der Natur, dem Göttlichen und unserem eigenen spirituellen Ich in Verbindung zu treten.

Doch das hier ist kein Buch über Religion. Es geht darin vielmehr um unsere Verbindung mit der Natur und mit allen Dingen und Lebewesen, die das Reich der Natur umfasst. Also ersetzen Sie meine Terminologie ruhig durch Ihre eigenen Begriffe! Ich habe viele Jahre lang vergleichende Religionswissenschaft studiert und finde alle Religionen faszinierend. Deshalb möchte ich Sie auch nicht zum Heidentum bekehren; denn diese Bewegung kennt keinen Missionseifer. Ich respektiere alle Wege, die uns dazu verhelfen, ein glücklicheres, erfüllteres Leben zu führen, solange wir anderen Menschen damit keinen Schaden zufügen.

In diesem Buch geht es vielmehr darum, mithilfe der Sabbate – dieser wichtigen kleinen Auszeiten im Jahresverlauf – mit den Kreisläufen der Natur in Verbindung zu treten. Sie erfahren darin vieles über die Feste selbst – ihre spirituellen und praktischen Elemente und die ihnen zugrunde liegenden Mythen und Traditionen –, und ich werde Sie auch immer wieder dazu anregen, sich Gedanken darüber zu machen, was in der Welt der Natur vor sich geht, und sich mit dem Wechsel der Jahreszeiten zu befassen, indem Sie spazieren gehen oder Ihre Beobachtungen in einem Tagebuch festhalten. Wir Menschen haben uns im Lauf der Zeit sehr stark vom Göttlichen, von der Natur und den anderen Tieren entfremdet und betrachten uns entweder als oberstes Glied der Nahrungskette oder als allerletzten Punkt auf unserer Prioritätenliste. Das bedeutet, dass manche Menschen auch die Natur und ihre eigene Göttlichkeit missachten. Wenn wir nicht erkennen, was am täglichen Leben und an unserer Umgebung heilig ist, haben wir jeden Sinn für das Heilige verloren.

Ich werde Sie auch immer wieder dazu anspornen, verschiedene praktische Aktivitäten auszuprobieren, bei denen man etwas selbst herstellen kann, statt es zu kaufen. Ich selbst übe viele verschiedene handwerkliche Tätigkeiten aus – zum Beispiel stelle ich Seife, Badesalz und Kerzen her und versuche mich auch im Nähen und Sticken, obwohl ich darin eine absolute Katastrophe bin. Wenn Sie Ihre Gebrauchsgegenstände selbst herstellen, können Sie etwas von Ihrer eigenen Persönlichkeit in sie hineinfließen lassen und ihnen damit eine besondere Bedeutung verleihen. Aber durch bestimmte Aktivitäten oder durch die Verwendung von Zutaten, die einen Bezug zu einer bestimmten Jahreszeit haben, verbinden Sie sich auch mit dem Jahreskreis.

Zum Beispiel wird jede Jahreszeit von einem bestimmten Planeten »regiert«. Dabei handelt es sich um ein uraltes System der Planetenphilosophie, bei dem man davon ausging, dass zwei Himmelskörper (Sonne und Mond) und fünf Planeten (Merkur, Venus, Mars, Jupiter und Saturn) sich um die Erde drehen. Jeder dieser Himmelskörper besaß andere Eigenschaften und heilende Fähigkeiten, und man teilte alles, was es in der Natur gibt, in verschiedene Kategorien ein, die unter die Herrschaft eines dieser sieben Himmelskörper fallen.

Mit diesem Entsprechungssystem arbeiten wir auch heute noch. Wenn wir Rezepte – zum Beispiel für Badesalze, Salben, Räucherstäbchen, Öle und Tränke – entwickeln und die betreffenden Produkte herstellen, wählen wir dafür Zutaten, die von dem Planeten regiert werden, den wir bei unseren Bemühungen um Hilfe anrufen möchten. Wenn ich Liebe herbeirufen möchte, werde ich zum Beispiel mit Venus und vielleicht auch mit Rosen arbeiten. Wenn ich etwas für meine Gesundheit und Vitalität tun möchte, arbeite ich dagegen mit der Sonne und vielleicht auch mit Orangen oder Weihrauch.

Ich werde Ihnen in diesem Buch für jeden Sabbat den Herrscherplaneten, die dazugehörige Tarotkarte und auch das dazugehörige astrologische Zeichen nennen, denn sie prägen die Qualität des jeweiligen Sabbats. Außerdem ist jedem Sabbat eine Himmelsrichtung zugeordnet. Denn bei der Magie arbeiten wir in einem Kreis und das Jahresrad wird auf diesen magischen Raum gelegt. Wenn sich das Jahresrad weiterdreht, drehen auch wir uns in die neue Himmelsrichtung und stellen unseren Altar in die neue Position. An späterer Stelle werde ich Ihnen noch ein bisschen mehr darüber erzählen, was das bedeutet. Falls Sie sich eingehender mit diesem Thema beschäftigen möchten, finden Sie Hinweise dazu am Ende dieses Buches (siehe Seite 300ff.).

Außerdem werde ich für jeden Sabbat ein kleines Ritual beschreiben, das Sie dazu anregen soll, kurz innezuhalten, mit der Natur in Kontakt zu treten und sich zu überlegen, welche Gedanken Sie gerade bewegen. Denn das ist der eigentliche Sinn des Jahresrads. Mithilfe von Ritualen können wir Übergangspunkte markieren und ihnen eine besondere Bedeutung verleihen. Rituale sollten sich nicht »wie einstudiert« anfühlen. Versuchen Sie einfach, ein bisschen spontan zu sein und sich darauf einzulassen! Dann werden Sie dem Göttlichen begegnen – und Magie entdecken.

Keine Sorge: Ich will Ihnen in diesem Buch nicht beibringen, finstere Mächte zu beschwören oder *maleficium* (schwarze Magie) zu praktizieren. Obwohl wir Hexen jahrhundertelang des Satanismus bezichtigt wurden, beten heidnische Hexen nicht den Teufel an. Sie werden vielmehr feststellen, dass ich ein sehr nüchternes, sachliches Bild von Magie habe: Für mich geht es dabei um einen positiven Austausch mit dem Universum und nicht darum, sich zu nehmen, was man kriegen kann.

Bevor Sie versuchen, die Welt zu verändern, sollten Sie sich lieber erst einmal darauf konzentrieren, Ihre inneren Überzeugungen davon zu verändern, was Sie erreichen können – das ist eine aktive Form des Gebets. Scott Cunningham, ein amerikanischer Autor, der in den 1980er-Jahren viele Bücher über magische Praktiken verfasst hat, schreibt dazu:

> *Magie ist etwas ganz Natürliches – eine harmonische Bewegung von Energien mit dem Ziel, notwendige Veränderungen herbeizuführen. Wenn Sie Magie praktizieren möchten, müssen Sie die Vorstellung, dass es sich dabei um etwas Paranormales oder Übernatürliches handelt, beiseiteschieben.*

Sie werden in diesem Buch also kein Geheimrezept dafür finden, wie man auf magische Weise verschwindet und wiederauftaucht, sondern eher ein paar Jahreszeitenzauber, mit deren Hilfe Sie mit Ihrem Unterbewusstsein in Verbindung treten können.

Mit Ihrem inneren Ich in Kontakt zu kommen, es zu nähren und zu bereichern, ist für mich einer der wichtigsten Aspekte bei diesen Praktiken. Denn in unserer heutigen schnelllebigen Zeit kann es sehr leicht passieren, dass unser Selbstwertgefühl abnimmt und wir vergessen, uns liebevoll um uns selbst zu kümmern. In den über zwanzig Jahren, in denen ich im Gesundheits- und Wohltätigkeitssektor gearbeitet habe (und mein Bereich ist leider schon seit Jahrzehnten unterbezahlt und unterfinanziert), habe ich gelernt, wie wichtig es ist, sich selbst Wertschätzung entgegenzubringen, weil man sonst nicht in der

Lage ist, etwas für andere Menschen zu tun. An dem uralten Klischee, dass man zuerst seine eigene Sauerstoffmaske aufsetzen muss, bevor man anderen Leuten helfen kann, ist tatsächlich etwas Wahres dran. Deshalb lege ich in diesem Buch mehr Wert darauf, wieder mit unserer eigenen Heiligkeit in Verbindung zu treten, als nach einem äußeren Ziel zu streben. Außerdem werde ich Sie dazu ermutigen, ein bisschen freundlicher mit Ihrem inneren Ich umzugehen, als Sie es bisher vielleicht gewohnt waren.

Ich werde in diesem Buch jeden Sabbat mit den ihm zugeordneten Themen oder Qualitäten vorstellen, und die praktischen Übungen sollen Ihnen helfen, mehr von der betreffenden Qualität in Ihr Leben hineinzuholen. An Yule werden wir zum Beispiel daran arbeiten, Hoffnung zu finden, während das Thema von Beltane die Freude ist. Zur Frühlings-Tagundnachtgleiche werden Sie mit Ihrer Inspiration in Kontakt treten und zur Sommersonnenwende werden wir uns mit dem Konzept der Souveränität beschäftigen. Sie können dieses Buch zum einen als Anregung dafür nutzen, wie man im Einklang mit den Jahreszeiten lebt, zum anderen soll es aber auch ein Leitfaden für Ihre spirituelle Reise in Ihr eigenes Inneres sein. Sich die Zeit zu nehmen, an sich selbst zu arbeiten, wird Ihnen anfangs vielleicht ein bisschen wie Selbstverliebtheit vorkommen; doch das ist es nicht. Ganz im Gegenteil: Es ist eine lohnende Investition, die Ihnen viele Jahre lang inneren Reichtum bringen wird.

Doch kommen wir nun zum Grund unserer gemeinsamen Entdeckungsreise zurück: Geben Sie sich dem Zauber der Natur hin! Entdecken Sie den Jahreskreis neu und feiern Sie ihn;

das wird Sie innerlich aufbauen und bereichern. Und wie bereits erwähnt: Sie können damit jederzeit anfangen. Ich werde in diesem Buch mit Yule oder der Wintersonnenwende (»Mittwinter«) beginnen, denn das ist die »Geburt der Sonne«, und diese Zeit scheint mir ein ebenso guter Ausgangspunkt zu sein wie jeder andere.

EINS

WINTERSONNENWENDE ODER YULE

CA. 21. DEZEMBER (NÖRDLICHE HALBKUGEL)
CA. 21. JUNI (SÜDLICHE HALBKUGEL)

Die ätherischsten Formen der Natur gehören zum Winter: die Schönheit des Blattes, wenn Substanz und Saft daraus verschwunden und nur noch die zarten weißen Umrisslinien übrig sind. Das ist die beste Zeit, um die Proportionen der Dinge kennenzulernen.

Mary Webb

THEMEN: das leuchtende Licht in der Dunkelheit,
Ausruhen, Geburt
PLANET: Sonne oder Sol
HIMMELSRICHTUNG: Norden
TAROTKARTE: Der Stern
ASTROLOGIE: Steinbock

Wenn ich Sie fragen würde »Was passiert mitten im Winter in der Natur?«, könnte man es Ihnen nicht verdenken, wenn Sie antworten würden: »Nicht viel«. Die meisten Bäume sind kahl, obwohl einige noch ein paar abgestorbene, trockene Blätter tragen. Diese Bäume haben dem Impuls nachgegeben, einfach loszulassen: entweder allmählich wie die Platanen, bei denen ein Blatt nach dem anderen abzufallen scheint, oder auf einmal wie die Esche, bei der das Abwerfen der Blätter an einen Wutanfall erinnert. Die Silhouetten der Bäume ragen in den Winterhimmel hinein – ihre kahlen Äste nicht mehr von Laub verhüllt, ihre langen Schatten von einer tief am Himmel stehenden Sonne auf die braune Erde geworfen. Ohne die Tarnung durch das grüne Laubdach können wir nun das wahre Wesen, die eigentliche Form dieser Bäume erkennen – etwas, das unseren Augen seit der Frühlings-Tagundnachtgleiche, als die ersten jungen Blätter zum Vorschein kamen, verborgen geblieben ist.

Die Erdachse ist gekippt: Unsere Nordhalbkugel kehrt sich jetzt vom großen Sonnenball ab, während die Menschen auf der anderen Seite der Welt nun wieder in den Genuss des Sommers kommen. Die Wege und Bürgersteige sind von abgefallenen, abgestorbenen Blättern übersät, die mit dem steinernen Untergrund zu einer Einheit zu verschmelzen scheinen. Auch in den Rinnsteinen und an den Straßenrändern liegt Laub, und mit jedem Regenguss und jedem Schritt, den Mensch oder Tier daraufsetzen, verwandelt sich diese Materie immer mehr in Mulch. Das abgestorbene Laub von diesem Jahr wird zur Erde des nächsten Jahres, in der wieder neues Wachstum und neues Leben entstehen können.

Im Winter wird der Naturliebhaber auf seinen Wanderwegen von Formen und Oberflächenstrukturen begleitet. Das wie mit Zuckerguss überzogene Gras knirscht unter seinen Füßen; die Äste der Bäume ragen kreuz und quer in die Leere des Himmels hinein. Sogar unser Atem erhält eine Struktur, wenn er in der kalten Luft sichtbar wird. Die Wege sind vom Regen aufgeweicht und versinken im Matsch. Die Füße der Schweine auf dem Bauernhof sind genauso schlammbespritzt wie meine Strumpfhosen. Alles riecht nach Lehm und Erde. Die Welt ist in gedämpfte Farben getaucht – Braun- und Grüntöne, Schwarz, aber auch klares Blau und Weiß. Die knorrige Oberflächenstruktur der Baumrinde lädt uns dazu ein, sie zu berühren, mit den Händen ihre Linien und Formen nachzuziehen, die manchmal mit feinem grünem Moos überzogen und von Efeuzweigen umrankt sind. Die Hecken tragen jetzt nur noch die Juwelen ihrer Beeren an den kahlen Zweigen und man sieht kaum noch etwas Grünes.

Da es jetzt so wenig Neues in der Natur gibt (obwohl dieser Eindruck manchmal auch täuschen kann), überrascht es Sie vielleicht, dass ich unsere Reise durch den Jahreskreis ausgerechnet mit Yule, also der Wintersonnenwende, antreten möchte. Vielleicht haben Sie auch gehört, dass Samhain (31. Oktober) das keltische Neujahrsfest ist. Daher geht man allgemein davon aus, dass dies auch das Neujahrsfest der Hexen sein muss; aber nicht alle Heiden sind in ihrer Weltsicht vom Keltentum geprägt. Außerdem setzt die Festlegung eines Neujahrspunkts eine lineare Zeitmessung – den Beginn und das Ende von etwas – voraus; doch der Sinn eines Rades besteht darin, dass es sich immer weiterdreht, in unendlichen Spiralen durch die Jahreszeiten hindurchwirbelt.

Ich war noch nie ein Fan von Silvester – all dieser Druck, der auf uns lastet, auszugehen, uns zu amüsieren und gute Vorsätze für das neue Jahr zu fassen, die wir spätestens bis zum 3. Januar schon wieder gebrochen haben, sodass wir dann eine Orgie der Selbstverachtung feiern. Und wenn wir den Zeitpunkt des Jahreswechsels auf Oktober (Samhain) verlegen, verlagert sich dieser Druck dadurch einfach nur in eine andere Jahreszeit hinein. Doch der Jahreskreis gibt uns die Möglichkeit, neu anzufangen, wann immer wir das Bedürfnis danach verspüren, uns ein bisschen besser um uns selbst zu kümmern – egal um welche Jahreszeit. Meiner Meinung nach spielt es eigentlich keine Rolle, wann das neue Jahr beginnt – jeder Tag kann ein neuer Anfang sein.

Daher wollen wir unsere Reise durch das Jahresrad mit dem dunkelsten Abschnitt des Jahres und mit der Geburt der Sonne beginnen. Ein interessanter Gedanke, finden Sie nicht auch? Damit sind wir schon auf den ersten auf der ganzen Welt verbreiteten Archetyp gestoßen – die Geburt der Sonne oder des Gottessohns. Kommt Ihnen das bekannt vor? Dieses Thema beschäftigt die Menschheit schon seit Jahrtausenden.

Um diese Jahreszeit findet man im Internet Hunderte von Memes darüber, wer zuerst Weihnachten gefeiert hat – die Heiden oder die Christen. Doch für mich ist das nicht die entscheidende Frage. Die Wahrheit liegt in einer Kombination aus verschiedenen Überlegungen, je nachdem, welchen Aspekt von Weihnachten Sie meinen. Die Geburt Jesu gehört zum Christentum, aber die Geburt der Sonne/des Sohnes und der Hoffnung – das Bedürfnis, die dunkelste Zeit des Jahres zu erhellen – ist viel älter, und dieser Gedanke ist auf der ganzen Welt verbreitet. Während Weihnachten, so wie wir es kennen, erst in den letzten zwei Jahrhunderten entstand, feiern die Menschen diesen Punkt in der Mitte des Winters schon seit Jahrtausenden.

Wie feierten unsere Ahnen die Wintersonnenwende?

Viele Wintersonnenwendbräuche unserer Vorfahren sind geheimnisumwittert, weil es dazu nur mündliche Überlieferungen gibt. Obwohl unsere Ahnen nichts von unseren heutigen wissenschaftlichen Erkenntnissen wussten, konnten sie doch den Lauf der Sonne beobachten, und dabei fiel ihnen etwas Wichtiges auf: Zwischen Mittsommer (der Sommersonnenwende) und Mittwinter (der Wintersonnenwende) wurden die Tage immer kürzer. Die länger werdenden Nächte müssen für unsere Vorfahren mindestens genauso bedrückend gewesen sein wie für uns heute. Einer Theorie zufolge wurden die Feiern anlässlich der Wintersonnenwende abgehalten, um die Sonne zur Rückkehr zu bewegen, bevor sie völlig verschwand.

Das englische Wort »solstice« (Sonnenwende) stammt aus dem Lateinischen und bedeutet so viel wie »die Sonne steht still«. Dieser scheinbare Stillstand findet zweimal im Jahr statt.

Wir wissen nicht genau, welche Rituale die vorchristlichen Völker Großbritanniens und andere Länder praktizierten, um diese Punkte im Jahresverlauf hervorzuheben. Uns liegen lediglich archäologische Funde vor, die beweisen, welche Bedeutung diese Zeitpunkte für die damaligen Menschen hatten, und zwar in Form von Monumenten, von denen einige bis in die Zeit um das Jahr 3 000 v. Chr. zurückdatieren: uralte Grabstätten wie Stonehenge in England, Newgrange und Knowth in Irland und Maeshowe auf den schottischen Orkney-Inseln. Jede dieser Stätten war in irgendeiner Form auf den Stand der Sonne zum Zeitpunkt der Sonnenwende ausgerichtet. In Newgrange, Maeshowe und Knowth beleuchtet der Sonnenaufgang zum Zeitpunkt der Wintersonnenwende den Durchgang, der in die Hauptkammer führt, während die Steine in Stonehenge so ausgerichtet sind, dass sie zur Sommersonnenwende den Sonnenaufgang und zur Wintersonnenwende den Sonnenuntergang einrahmen. Experten der staatlichen Denkmalpflegebehörde English Heritage, die heute für die Anlage in Stonehenge zuständig ist, vermuten, dass die Wintersonnenwende für die Menschen, die Stonehenge erbaut haben und dort ihre heiligen Zeremonien durchführten, eine besonders wichtige Rolle gespielt haben könnte, denn neuere Ausgrabungen haben ergeben, dass dort um diese Zeit große Festmähler stattfanden.

Noch bemerkenswerter ist die Tatsache, dass es sich dabei nicht nur um ein keltisches Phänomen handelt. Vor ein paar Jahren hatte ich das Glück, Abu Simbel im nubischen Ägypten, nahe der Grenze zum Sudan, zu besuchen. Diese Tempelanlage wurde im 13. Jahrhundert v. Chr. von Ramses dem Großen erbaut und ist nur über eine lange Reise durch die Wüste erreichbar. Ramses ließ sie in diesem abgelegenen Teil seines Reiches errichten, um ein kühnes Zeichen für seine Eroberung des nubischen Volkes in der Schlacht von Kadesch zu setzen, aber auch als Denkmal für seine Frau Nefertari, die selbst Nubierin war.

In Abu Simbel gibt es zwei Tempel, von denen der kleinere der Göttin Hathor (Schutzgöttin der Mütter) sowie Nefertari und den Kindern gewidmet ist, die sie mit Ramses hatte. Der größere der beiden Tempel ist dem Sonnengott Ra-Horachty – einer Verschmelzung von Ra und Horus – und dem Pharao Ramses geweiht.

An dem Morgen, an dem ich die Tempelanlage besuchte, mussten wir noch vor Beginn der Morgendämmerung in der nubischen Stadt Assuan aufbrechen, um sicherzugehen, dass wir den Tempelkomplex erreichen würden, bevor es zu heiß wurde und der Touristenrummel überhandnahm. Die stundenlange Fahrt durch die Wüste, die wir sicherheitshalber im Konvoi zurücklegten, war ein surreales Erlebnis (nicht nur in Filmen sind einsame Wüsten ein Eldorado für Gesetzlose). Die Landschaft verändert sich kaum – nur eine staubige, ebene Fläche, die bis zum Horizont reicht –, bis man auf die kolossalen Tempel stößt, die aus dem Wüstensand emporzuragen scheinen. Das Besondere an dieser Tempelanlage (und der Grund, warum ich sie hier erwähne) ist, dass der Tempel des Ra-Horachty – genau wie Maeshowe und Newgrange – einen kleinen Eingang an der Vorderseite aufweist, der zwischen den

Füßen von vier riesigen Ramses-Statuen liegt. Zur Wintersonnenwende scheint die Sonne bei Sonnenaufgang durch diesen Eingang und durch einen von weiteren Statuen gesäumten Korridor und beleuchtet den heiligen Schrein in der Mitte des Tempels.

An anderen Orten und zu anderen Zeiten hatten unsere Vorfahren andere Arten, die Wintersonnenwende zu begehen. Im alten Rom feierte man am 25. Dezember Sol invictus (die unbesiegte Sonne), um den Sieg des Sonnengottes Sol zu begehen. Die Saturnalien waren ein weiteres römisches Fest zur Wintermitte. Obwohl die Saturnalien, die zwischen dem 17. und 23. Dezember stattfanden, dem Gott Saturn geweiht waren, der nicht gerade für seine besondere Heiterkeit bekannt war, waren sie für ihre unbeschwerte Atmosphäre berühmt, bei der alle sozialen Normen der römischen Gesellschaft über den Haufen geworfen wurden. Es fanden öffentliche Bankette statt, Geschenke wurden verteilt, Glücksspiele waren erlaubt –es war eine Zeit der Freiheit und Unbeschwertheit, nicht nur für freie Menschen, sondern auch für Sklaven. Zum Beispiel war es Tradition, dass die Hausherren ihre Angestellten bei Tisch bedienten; außerdem wurde ein König der Saturnalien gewählt, der die allgemeinen Spiele und Späße organisierte. Einige dieser Bräuche sollen die spätere Entwicklung der Weihnachtstraditionen in Westeuropa beeinflusst haben. So fand der König der Saturnalien beispielsweise sein Pendant in einem »Lord of Misrule« (»König Hofnarr«), der gewählt wurde, um über die ausschweifenden Weihnachtsfeierlichkeiten zu wachen, die in Europa erst mit dem Aufkommen des Puritanismus im 17. Jahrhundert auszusterben begannen.

Auch andere ältere Traditionen fanden Eingang in diese weihnachtlichen Festivitäten, die wir noch heute kennen und lieben. In vorchristlicher Zeit opferten die keltischen Druiden einen weißen Stier und schmückten ihre Räume mit Misteln, bis die christliche Kirche dem später ein Ende setzte. Der Stier ist im Lauf der Geschichte irgendwann verschwunden, die Mistel jedoch nicht: In Großbritannien ist es auch heute noch Tradition, sich unter einem Mistelzweig zu küssen, und in Sizilien »werden Mistelzweige an Familie und Freunde verschenkt«, wie mir meine sizilianische Freundin Angela erzählt. »Man hängt sie innen an die Haustür, weil man glaubt, dass sie böse Geister abwehren und Glück für das neue Jahr bringen. Der alte Mistelzweig wird normalerweise zwischen Weihnachten und Neujahr verbrannt.«

Zum Ausprobieren: Dekoration zur Wintersonnenwende

Im Gegensatz zu den meisten anderen Religionen gibt es im Heidentum keine Andachtsstätten in Form von Tempeln oder Kirchen. Stattdessen schaffen wir uns unseren heiligen Raum im täglichen Leben und bei uns zu Hause. Das beginnt mit einer Reinigung – wir fegen (im wörtlichen ebenso wie im übertragenen Sinn) den Staub weg und reinigen den Raum dann, indem wir entweder eine Mischung aus geweihtem Salz und Wasser darin versprühen oder Räucherwerk verbrennen. Außerdem nehmen wir vor jedem Ritual ein Salzbad oder eine Dusche mit Salzwasser. Laut den Grimoires – den alten magischen Büchern – ist Salz ein Energiereiniger.

Als Nächstes schmücken wir den Raum mit begrünten Zweigen oder Blumen der Saison, die wir am Tag des Rituals sammeln. Während dieser Tätigkeit senken wir unsere Stimmen und konzentrieren uns ganz auf unsere Bewegungen. Dadurch treten wir allmählich in einen Zustand des rituellen Bewusstseins ein – eine ruhige, kontemplative Stimmung, in der man sich auf die individuelle Beziehung jedes Einzelnen zum Göttlichen konzentriert. Scherze und Small Talk sparen wir uns für die Zeit nach dem Ritual auf, weil es sonst schwierig wird, uns in dieses rituelle Bewusstsein hineinzuversetzen. Wenn Sie Ihre Rituale draußen in der Natur durchführen möchten und dort tatsächlich den heiligen Gral – einen Ort, an dem Sie ganz ungestört sind – finden, brauchen Sie diesen Platz nicht zu reinigen, da er bereits heilig ist.

Um die Wintersonnenwende schmücken wir unsere Häuser mit immergrünen Zweigen – den Vorläufern des Weihnachtsbaums –, so wie unsere Vorfahren es taten. Wenn die Welt draußen grau und trist aussieht, wird es umso wichtiger, drinnen Freude, Licht und Farbe zu schaffen, damit wir die kälteste, dunkelste Zeit des Jahres überstehen. Dafür braucht man nicht unbedingt teure Christbaumkugeln aufzuhängen. Machen Sie einen Spaziergang in der Natur und schauen Sie sich genau um. Achten Sie darauf, was dort alles wächst. Zwischen den kahlen Ästen werden Sie auf immergrüne Pflanzen stoßen, die auch in den »toten« Wintermonaten wachsen und für den Fortbestand des Lebens stehen: Efeu, Stechpalmen und Tannen; Lorbeer, Rosmarin und Kiefern. Das sind normalerweise holzige, verzweigte Pflanzen. Bitte achten Sie darauf, von jeder Pflanze nicht mehr als ein bis zwei Zweige zu nehmen, und das auch nur dort, wo viele Pflanzen von derselben Art wachsen. Lassen Sie außerdem immer ein Geschenk für Vögel und andere Tiere zurück – eine Handvoll Vogelfutter oder etwas Trockenobst.

Eine andere Möglichkeit besteht darin, Ihr Haus so zu dekorieren, wie meine Großeltern es taten, als die entbehrungsreiche Nachkriegszeit sie zur Sparsamkeit zwang. Statt einen Weihnachtsbaum zu kaufen, hängten sie eine Topfpflanze mit selbst gemachtem Weihnachtsschmuck auf. Man kann diesen Schmuck übrigens auch gebraucht kaufen. Das ist vor allem dann sinnvoll, wenn Sie damit die Wohltätigkeitsläden in Ihrer Region unterstützen können.

Eine meiner Lieblingstraditionen im Winter besteht darin, getrocknete Zitrusscheiben an den Weihnachtsbaum zu hängen (oder an andere Stellen im Haus). Erstens haben diese kleinen goldenen Scheibchen im Winter Saison, und zweitens erinnern sie an ihren Herrscherplaneten, die Sonne. Getrocknete Orangenscheiben kann man entweder kaufen oder selbst herstellen. Schneiden Sie dazu Zitrusfrüchte in dünne Scheiben, legen Sie diese auf einem sauberen Geschirrtuch aus und lassen Sie sie ein paar Tage lang auf einem warmen Heizkörper oder in einem Trockenschrank liegen. Sie können sich natürlich auch an die amerikanische Tradition halten und Girlanden aus Popcorn und Trockenfrüchten (beispielsweise Cranberrys) basteln – aber wahrscheinlich ist es verlockender, diese Leckereien zu essen, statt sie aufzuhängen!

Die große Weihnachts- versus Yule-Debatte

Die Millionen-Dollar-Frage, die man mir oft stellt, lautet: »Hat sich die christliche Kirche hier ein heidnisches Fest angeeignet?« Meine spontane Antwort auf diese Frage lautet: »Wahrscheinlich«. Doch nach einigem Überlegen würde ich eher sagen: »Ich glaube nicht, dass es darauf ankommt.« Die Menschen sind schon immer kreuz und quer durch die Welt gezogen und haben ihre Kulturen und Traditionen miteinander geteilt und vermischt. Wenn Sie sich zum Beispiel die ägyptische Götterwelt anschauen, sehen Sie, wie diese Gottheiten sich in verschiedenen Formen über die ganze Welt ausgebreitet haben. Die Göttin Isis hat ihren Ursprung zum Beispiel in Ägypten, verbreitete sich dann aber quer durch Europa und verschmolz dabei mit anderen Gottheiten – in Griechenland mit Demeter, in Rom mit Fortuna und Venus. Außerdem wurde sie durch die römische Armee weiterverbreitet, sodass in ihrem Namen sogar Tempel am Ort des heutigen London errichtet wurden. Die christliche Kirche kam bereits im 1. Jahrhundert n. Chr. mit den römischen Eroberern nach England; doch erst viel später, als Kaiser Konstantin zum Christentum konvertierte, begann die Kirche mit ihren missionarischen Aktivitäten.

Im 4. Jahrhundert n. Chr. spielte das Christentum auf den Britischen Inseln dann bereits eine wichtigere Rolle; aber es war damals noch nicht zur akzeptierten Religion der dortigen Bevölkerung geworden, die immer noch ihre eigenen heidnischen Glaubensformen praktizierte. Eine Möglichkeit, eine neue Religion für die breite Bevölkerung attraktiver zu machen, besteht darin, bereits bestehende kulturelle Feste zu übernehmen – und dieser Strategie hat sich das Christentum hier höchstwahrscheinlich bedient.

Wenn ich meinen Schülerinnen und Schülern sage, dass sie ruhig weiterhin Weihnachten feiern dürfen, auch wenn sie sich eigentlich eher zu einer Naturreligion hingezogen fühlen, betrachte ich dieses Thema aus einer neutralen Perspektive: Es kommt ganz darauf an, was Sie unter Weihnachten verstehen. Ein befreundeter Hindu feiert Weihnachten zusammen mit seinen Kindern beispielsweise nicht als christliches Fest, sondern als weltliche Version davon – genau wie viele andere in ihrem Umfeld. Christlich geprägte Menschen, die an Weihnachten die Geburt Jesu feiern, stehen diesem Fest vielleicht nicht ganz so neutral gegenüber. Trotzdem sind viele unserer »Weihnachts«-Traditionen noch relativ jung; und auch »Traditionen« entwickeln sich ständig weiter, weil wir Aspekte anderer Kulturen darin aufnehmen. Der Weihnachtsklotz (auch als »Yule Log« bezeichnet) wurde zum Beispiel im 11. Jahrhundert auf den Britischen Inseln eingeführt, als Teile Englands unter dänischer Herrschaft standen. Heute verstehen wir darunter einen leckeren Schokoladenkuchen, früher handelte es sich um einen echten Baumstamm, der aus dem Wald geholt und gesegnet wurde, bevor man ihn zur Feier der Geburt der Wintersonne ins Feuer legte. Das Weihnachtsessen wurde um das Jahr 1610 eingeführt, doch der Weihnachtstruthahn stand – neben Weihnachtsbäumen und Weihnachtskarten – erst ab dem Viktorianischen Zeitalter auf dem Programm. Der Weihnachtsmann (»Santa Claus«) stammt ursprünglich aus den Niederlanden und wurde von den europäischen Siedlern nach Neu-Amsterdam – dem heutigen Manhattan – gebracht, um dann im Jahr 1822 als »Father Christmas« in der mittlerweile in »New York« umbenannten Stadt wiederaufzutauchen, bevor er quer über den Atlantik nach Europa zurückkehrte.

Ich plädiere hier nicht für eine Homogenisierung verschiedener Kulturen, sondern bin vielmehr der Meinung, dass man aus jeder Kultur eine Menge lernen kann und dass wir innerlich offen füreinander und für fremde Kulturen sein sollten. Alle Religionen haben ihre schönen Seiten, und wenn man den äußeren Firlefanz weglässt und nur ihren Kern betrachtet, streben sie letztlich alle nach demselben Ziel – in enger Verbindung mit einer spirituellen Kraft zu leben. Oder wie Sam, eine liebe Seele, von der ich in meinen ersten Jahren als Priesterin viele Weisheiten gelernt habe, es einmal ausgedrückt hat: »Selber Busch – anderer Weg drum herum.«

Die Dunkelheit als Rückzugsort

Vielleicht ist Ihnen aufgefallen, dass ich unseren ersten Sabbat auf dem Jahresrad als Wintersonnenwende oder »Mittwinter« bezeichne. Im Heidentum nennt man dieses Fest auch Yule, aber mir gefällt »Mittwinter« besser, weil dieser Name uns von den verschiedenen konfessionellen Weltanschauungen weg- und zur archetypischen Perspektive zurückführt. Außerdem verbindet er uns unmittelbar mit dem, was die Landschaft um diese Zeit tut: sich ausruhen. Laubbäume ziehen ihre Wachstumskraft in den kältesten Monaten des Jahres in ihre Wurzeln zurück, während Tiere wie Bären, Fledermäuse, Igel, Bienen,

Waldfrösche und manche Eichhörnchen in den Winterschlaf gehen, wenn die Temperaturen sinken und die Nahrung knapp wird. Viele Vögel (beispielsweise Gänse und Schwalben) fliegen in wärmere Regionen, um dem Winter zu entkommen. Doch so verlockend es uns auch erscheinen mag, den Gänsen in den sonnigen Süden zu folgen – die Überwinterung ist eine wichtige Aktivität, die der Erde Zeit gibt, sich zu erneuern. Und was für andere Geschöpfe und für die Erde selbst lebenswichtig ist, spielt normalerweise auch für uns Menschen eine wichtige Rolle. Wir haben das nur vergessen, weil wir uns von der Natur entfremdet haben.

Warum feiern wir die dunkelste Zeit des Jahres? Es ist eine Zeit, in der unsere Urängste erwachen – die Angst vor einem verwunschenen, nicht enden wollenden Winter oder vor dem, was in den länger werdenden Schatten, tief in den Wäldern, auf uns lauern könnte. Bei manchen Menschen geht die Dunkelheit des Winters auch mit einer gewissen Traurigkeit und Niedergeschlagenheit einher, die auf einen Mangel an Vitamin D zurückzuführen ist, das unser Körper normalerweise aus dem Sonnenlicht gewinnt. Auch unser Serotoninspiegel (das Hormon, das uns hilft, in guter Stimmung zu bleiben, gut zu schlafen und den Appetit nicht zu verlieren) kann mit den winterlichen Temperaturen absinken. Der Mangel an Sonnenlicht wirkt sich aber auch auf unseren zirkadianen Rhythmus aus: Unsere innere Uhr gerät ins Stocken. Vielleicht werden wir jetzt lethargisch und reizbar, bekommen Heißhunger auf Lebensmittel mit viel Zucker und nehmen zu, was unsere Lethargie und unser Desinteresse an der Welt noch verstärkt. In der tiefsten dunkelsten Zeit des Winters sind wir am verletzlichsten, weil wir dann auch mit unserer inneren Dunkelheit konfrontiert werden. Sogar die Sterberate steigt im Winter an.

Doch Zeiten der Dunkelheit können auch ein Rückzugsort sein – eine Gelegenheit, innezuhalten und zur Ruhe zu kommen. Diese Zeit der Überwinterung lädt uns dazu ein, unsere äußeren Schichten abzulegen und zu sehen, was sich hinter den Masken verbirgt, die wir der Welt zeigen. Ich würde mich freuen, wenn Sie an diesem ersten Sabbat im Jahreskreis über Ihr eigenes Ich nachdenken würden. Wer ist Ihr wahres Ich hinter dieser sorgfältig aufgebauten Fassade? Wen sehen Sie in den Augenblicken, in denen Sie den Blick am liebsten gleich wieder von Ihrem Spiegelbild abwenden würden? Falls es Ihnen schwerfällt, das herauszufinden, setzen Sie sich ruhig einmal mit einem Stift und zwei Blättern Papier hin. Auf dem einen Zettel erstellen Sie eine Liste der Masken, die Sie der Welt präsentieren; auf dem anderen beschreiben Sie, wie Sie sich innerlich fühlen, wenn Sie diese Masken tragen. Manchmal erfordert es Mut, uns selbst in die Augen zu sehen, ohne mit der Wimper zu zucken. Das ist die Quintessenz des Wortes »nackt«. Jetzt sind wir genauso nackt wie die Laubbäume im Winter – nackte Form, nackte Wahrheit, nacktes Selbst. (Keine Sorge, ich werde Sie nicht dazu auffordern, sich unbekleidet vor den Spiegel zu stellen und vorurteilsfrei die wahre Natur Ihres eigenen Körpers zu betrachten – obwohl Sie das natürlich auch gerne einmal ausprobieren können, wenn Sie wollen.)

Diese dunkle, winterliche Phase des Jahres kann eine bereichernde Zeit der Ruhe und des Rückzugs sein. Wie könnten Sie diesem Element der Ruhe und Regeneration mehr Raum in Ihrem Leben geben? Vielleicht können Sie nicht aufhören zu arbeiten; aber Sie könnten zum Beispiel beschließen, mehr gesunde, nahrhafte Lebensmittel zu sich zu nehmen oder mehr zu schlafen. Denken Sie daran, dass es hierbei um gesunde Regeneration und Selbstfürsorge geht – um das Wiederaufladen unserer Batterien. Also schalten Sie den Fernseher aus und gönnen Sie sich Zeit für Aktivitäten, die Ihnen das Gefühl geben, geliebt und umsorgt zu werden. Wenn Sie das Gefühl haben, dass die Welt sich nicht um Ihr Wohlbefinden kümmert, sollten Sie sich dieses Bedürfnis selbst erfüllen. Oder wie Selbsthilfe-Guru Wayne Dyer sagt: »Setzen Sie Ihren Selbstwert nicht damit gleich, wie gut Sie bestimmte Dinge in Ihrem Leben erledigen. Sie sind nicht das, was Sie tun.« Lassen Sie diesen Gedanken ein paar Sekunden lang auf sich wirken und seien Sie – zumindest an diesem Sabbat – einfach nur da.

Vielen von uns kommt es vielleicht etwas übertrieben vor, dass die Läden bereits voller Lichterketten und Weihnachtskarten sind, wenn wir gerade erst Samhain hinter uns haben. Doch meine Freundin Lizzie ist da anderer Meinung. Sie findet, dass »die Menschen in der Dunkelheit Hoffnung brauchen. Je eher wir ein paar funkelnde Lichter anschalten und uns in einen Zustand der Hoffnung und Magie versetzen können, desto besser ist es.« Licht ist eine so wichtige Voraussetzung für unser Wohlbefinden, dass ich es manchmal hilfreich finde, darüber nachzudenken, wie die Sonne in unseren kollektiven Erzähltraditionen dargestellt wird. Im Tarot steht die Sonnenkarte für Gesundheit, Hoffnung, Vitalität, Glück, Zufriedenheit und dafür, dass das Universum Ihnen auf dem Weg, den Sie gewählt haben, weiterhilft. Es ist nicht schwer, nachzuvollziehen, warum das Licht – vor allem das Sonnenlicht – so wichtig für uns ist. In meinem Hexenzirkel meditieren wir jetzt über das wiederkehrende Licht, das uns Hoffnung auf eine bessere Zukunft gibt. Und wenn wir die Sonne schon nicht haben können – was schadet es dann, ein bisschen zu schummeln, indem wir unser Zuhause mit funkelnden Lichterketten und Kerzen schmücken?

Eine der denkwürdigsten Mittwinterzeiten meines Lebens musste ich allein verbringen. Eine unglückselige Verkettung von Ereignissen hielt mich davon ab, um diese Zeit meine Familie zu besuchen; also nutzte ich sie für intensives Nachdenken und lange, einsame Spaziergänge. In meinem Tagebuch vermerkte ich zum Beispiel, dass ich damals an Heiligabend meinen ersten Eisvogel sah – ein blau-grüner Blitz, der an einem der Bäche meiner Heimatstadt an mir vorüberflog. Er leuchtete in so strahlenden Farben, dass ich zuerst glaubte, ihn mir nur einzubilden – wie ein Wesen aus einer Feenwelt. Wenn alle Farben gedämpft sind, nimmt man Dinge wahr, die man in den grüneren Zeiten des Jahresrads gar nicht erkennt oder übersieht.

ZUM AUSPROBIEREN: DIE NACKTEN KNOCHEN DES WINTERS BETRACHTEN

Wenn Sie das nächste Mal draußen in der Natur spazieren gehen, wählen Sie einen Baum aus, zu dem Sie sich besonders hingezogen fühlen, und versuchen Sie, ihn ein bisschen genauer kennenzulernen. Diese Übung erdet uns und holt uns aus unserem Kopf in unseren Körper zurück. Sie können diese Übung zu jeder Jahreszeit machen; doch der Winter, wenn die Bäume kahl sind, bietet Ihnen Gelegenheit, ihre Schönheit in ihrer ungeschmückten Form zu erkennen.

Nehmen Sie sich Zeit, den Baum genau zu betrachten. Können Sie erkennen, was für ein Baum es ist, auch ohne ihn anhand seiner Blätter zu identifizieren? Achten Sie auf die Oberflächenstruktur seiner Rinde. Fließt sie in kleinen Rinnsalen am Stamm entlang wie bei der Eiche oder ist sie rissig wie beim Ahorn? Ist sie glatt wie bei der Stechpalme oder tief eingekerbt wie bei der Pappel? Welche Farbe hat sie? Silbern wie bei einer Birke oder rötlich wie bei einer Kiefer? Blättert sie beim Berühren ab wie die Rinde der Platane oder des Eukalyptusbaums? Sind auf dem Stamm Augen zu erkennen, wo früher kleinere Äste waren, oder ist er glatt wie bei einer Buche?

Spüren Sie die Oberflächenstruktur der Rinde unter Ihren Fingern. Nehmen Sie das tiefe Pulsieren des Lebens unter Ihren Händen wahr oder stellen Sie es sich vor. Wachsen Moos oder Pilze an dem Baum? Gibt es Anzeichen dafür, dass dort Insekten leben? Oder Vögel? Welche Lebewesen haben diesen Baum zu ihrer Heimat gemacht? Wie ernährt er sie und welchen Schutz finden sie dort?

Können Sie offenkundige Anzeichen für menschliche Eingriffe in das Leben dieses Baums erkennen? Wie alt könnte er Ihrer Meinung nach sein? Steht er allein? Oder in einer Baumgruppe? Falls ja: Wurden diese Bäume in einem bestimmten Muster gepflanzt – bilden sie einen Kreis oder eine Linie an einer Straße oder einem Weg – oder haben sie sich wahrscheinlich eher selbst ausgesät?

Welche Geschichte würde Ihnen der Baum wohl erzählen, wenn er sprechen könnte? Wirkt er offen und einladend oder geheimnisvoll und verschlossen?

Wenn Sie mit Ihrer Betrachtung fertig sind, danken Sie dem Baum für die Zeit, die er Ihnen geschenkt hat (das können Sie auch ohne Worte tun), und hinterlassen Sie ihm vielleicht auch ein Zeichen Ihrer Wertschätzung: Nüsse für die Lebewesen, die dort ihr Zuhause gefunden haben, eine Tasse Wasser, die Sie an den Fuß seines Stamms kippen, um ihn zu ernähren, oder ein Gedicht, das Sie ihm zum Dank vorlesen. Eines meiner persönlichen Lieblingsgedichte ist »In Praise of Trees« (»Lob der Bäume«) von Rabindranath Tagore. Der indische Dichter und Philosoph hat dieses Gedicht im Zusammenhang mit einem jährlichen Baumpflanzfest geschrieben, das er in seiner Heimatprovinz ins Leben rief. Es endet mit folgenden Zeilen:

Oh tiefgründiger,
stiller Baum, voll gebändigter Tapferkeit. Geduldig
Offenbartest du die schöpferische
Kraft in ihrer friedlichen Form. So kommen wir
In deinen Schatten, um die Kunst des Friedens zu lernen,
Um das Wort der Stille zu hören; niedergedrückt
Von Angst, kommen wir zur Ruhe
In deinem friedlichen blaugrünen Schatten,
Um das reiche Leben, das ewige Leben in unsere Seelen
aufzunehmen …
Der Mensch, dessen Leben in dir fließt, wird beruhigt
Durch deinen kühlen Schatten, gestärkt durch deine Kraft,
Geschmückt durch die Girlande deines Laubs – oh
Baum, Freund

Des Menschen, der benommen ist vom Flötenspiel deiner Blätter,
Ich spreche heute für ihn, wenn ich
Diese Huldigung in Versen,
Diese Gabe
Dir darbringe.

Ein menschlicher Leuchtturm sein

Meine Mutter sammelte Streuner. Einmal waren es die sieben verwilderten Katzen, die um unser Haus herum lebten und von denen Mutter jede nach ihrer hervorstechendsten Eigenschaft benannt hatte. (Rachitis und Piggy – »Schweinchen« – waren meine persönlichen Favoriten.) Manchmal waren es auch Menschen, zum Beispiel Jim, der sechs Monate lang bei uns wohnte, während er einen sehr schmerzhaften, ja sogar lebensbedrohlichen Prozess der Entwöhnung von seiner Alkoholsucht durchmachte (obwohl man so etwas eigentlich nicht ohne ärztliche Hilfe zu Hause versuchen sollte).

Ich besuchte eine Mädchenschule in der nächstgelegenen Stadt, die fast fünfzig Kilometer von unserem Dorf entfernt lag. Am Ende jedes Schultags zog ich meine Schuluniformmütze und meinen Mantel an und ging drei Straßen weiter zu dem Wohnheim für »böse Jungs«, wo meine Mutter arbeitete. Ein Spaziergang mit meiner Mutter durch die Hauptstraße der Stadt dauerte immer sehr lange, denn Obdachlose, Trinker und Polizisten kannten sie alle beim Namen und blieben stehen, um sich mit ihr zu unterhalten, während die Einheimischen mit entgeisterten Gesichtern zuschauten. Und meine Mutter hatte noch mehr Jobs: Sie leitete eine Sprechstunde für Alkoholabhängige und eine Herberge für Frauen, die ihre Angehörigen im Gefängnis besuchten, half bei der Wiedereingliederung entlassener Häftlinge in die Gesellschaft mit und schulte die örtliche Polizei im Umgang mit häuslicher Gewalt.

Man sollte meinen, meine Mutter wäre eine berühmte Frau gewesen; doch das war sie nicht. Sie tat einfach nur ihre Arbeit, still und effektiv, und erwartete niemals ein Wort der Anerkennung dafür.

Als ich erwachsen wurde, fragte man mich oft, ob ich wohl in die Fußstapfen meiner Mutter treten würde; doch darauf antwortete ich stets: »Nein, ich will Schauspielerin werden.« Ich sehnte mich nach einem kreativen Leben. Außerdem wusste ich im Grunde meines Herzens, dass ich nicht die nötigen Fähigkeiten besaß, um den gleichen beruflichen Weg einzuschlagen wie meine Mutter: Ich saugte die Probleme anderer Menschen in mich auf wie ein Schwamm; und dieses Einfühlungsvermögen konnte ich nicht einfach wie auf Knopfdruck abschalten. Manche Situationen, mit denen meine Mutter in ihrem beruflichen Alltag zu tun hatte, ließen einem die Haare zu Berge stehen, und ich wusste: Wenn ich mich mit so etwas beschäftigen müsste, könnte ich nachts nicht mehr schlafen.

Doch unser Leben verläuft immer ein bisschen anders, als wir es erwarten. Das ist die Ironie des Schicksals. Als ich um die Jahrtausendwende wieder mal eine schlecht bezahlte Tätigkeit als Schauspielerin hinter mir hatte, nahm ich einen Job an, den die anderen Kandidaten, die auf der Liste der Stellenvermittlungsagentur standen, nicht haben wollten. Alle hatten ihn abgelehnt. An dem Morgen, als ich meinen Posten in der Drogenberatungsstelle antrat, verkündete ich den belustigten Mitarbeitern, dass sie sich gar nicht erst an mich zu gewöhnen bräuchten, weil ich sowieso nur für einen Monat dort bleiben würde. Das ist inzwischen über zwanzig Jahre her, und ich bin immer noch dort, gehe neben meinem kreativen und spirituellen Leben und meinen Studien nach wie vor dieser Arbeit nach und lerne dabei immer wieder etwas Neues dazu.

Wenn ich – genau wie meine Mutter – einen kleinen Teil dazu beitragen kann, für meine Mitmenschen ein Leuchtturm in der Dunkelheit zu sein, dann erfülle ich das Gelübde des Dienstes an anderen, das ich abgelegt habe, und lebe nach den Werten, die meine Mutter mir beigebracht hat; doch gleichzeitig bringe ich auch Licht in meine eigene Dunkelheit hinein. Denn Sie können die Laterne für andere Menschen nicht hochhalten, ohne dass Ihr Licht auch Ihren eigenen Weg erhellt. Die meisten mir bekannten Menschen, die im sozialen Bereich arbeiten, geben – wenn sie ehrlich sind – zu, dass sie ihre Arbeit nicht nur machen, weil sie damit etwas für hilfsbedürftige Menschen tun können, sondern auch, weil sie sich dabei gut fühlen. Viele Trainerinnen und Trainer sowieTutorinnen und Tutoren sagen, dass man anderen Menschen genau die Dinge beibringt, die man selbst am dringendsten lernen muss. Es ist, als würden wir uns an den Wert dieser Lektionen erinnern und sie uns immer wieder neu einprägen, wenn wir anderen Menschen helfen. Eine wichtige Lektion, die ich von meiner weisen Mutter gelernt habe, lautet jedoch, dass man, um ein Licht für andere Menschen sein zu können, auch den Ölvorrat seiner eigenen Laterne regelmäßig auffüllen muss. Das heißt, wir müssen uns ausruhen und unsere Batterie neu aufladen – und zwar mit dem, was uns am meisten aufbaut und inspiriert. Für mich sind das ruhige, besinnliche Stunden in der Natur. Solche kleinen Auszeiten helfen mir, wieder zu mir selbst zurückzufinden, meinen Kopf freizubekommen und meine innere Ausgeglichenheit zurückzugewinnen – und sie geben mir auch die Kraft, die ich brauche, um mein nächstes kreatives Projekt in Angriff zu nehmen. Doch das ist ein schwieriger Balanceakt. Im Winter ist es oft sehr verlockend, sich auf sein eigenes Innenleben zu konzentrieren, drinnen im Warmen zu bleiben und die Außenwelt zu vernachlässigen oder sich von ihr abzuwenden. Doch die Natur hält auch in der Zeit, in der sie am kahlsten und schmucklosesten ist, immer noch Lektionen für uns bereit.

Es wäre sehr entmutigend, zu glauben, dass wir auf dieser Welt nichts bewirken können. Ich bin überzeugt davon, dass unsere Handlungen wie kleine Windböen an der Oberfläche eines Sees sind: Die Wellen, die sie erzeugen, breiten sich über die ganze Wasseroberfläche aus. Als Einzelpersonen sind wir vielleicht nicht in der Lage, die ganze Welt zu verändern; aber wir können durch den Dienst an der Gemeinde, in der wir leben, zumindest einen Beitrag dazu leisten, *unseren eigenen kleinen Teil der Welt* zu verändern. Das soll sich jetzt nicht nach einem Trailer für den uralten Weihnachtsfilm *Ist das Leben nicht schön?* anhören; doch die Wintermitte ist tatsächlich eine Zeit, in der wir unseren Mitmenschen und den Bedürftigen die Hände reichen können – egal ob die Wellen, die wir dadurch auf der Wasseroberfläche erzeugen, klein oder groß sind. Das kann eine Kleinigkeit sein wie beispielsweise ein kurzes Gespräch mit einem älteren Mann im Bus, der vielleicht seit Tagen kaum einen menschlichen Ansprechpartner hatte. Oder Sie opfern ein bisschen Zeit (und Geld), um sich eine Straßenzeitung zu kaufen.

Was Ihnen lediglich wie eine nette kleine Geste erscheint, kann das Leben eines anderen Menschen für immer verändern. Falls Sie sich fragen, was wohl aus Jim (dem alkoholabhängigen Mann, der damals bei uns wohnte) geworden ist: Er ist von seiner Sucht genesen und hat die letzten 25 Jahre damit zugebracht, andere Menschen durch das Zwölf-Schritte-Programm der Anonymen Alkoholiker zu begleiten. Lauter kleine Wellen auf der Wasseroberfläche. Jede Menge kleiner Lichter.

Zum Ausprobieren: Rezept für ein heilendes Öl aus Sonnenkräutern

Für dieses Rezept verwendet man Kräuter, die laut Einteilung in den Grimoires der Herrschaft der Sonne unterstehen – mit allen damit einhergehenden Assoziationen von Heilung und Lebenskraft. Wenn Sie sich die Liste der Zutaten durchlesen, werden Sie feststellen, dass Pflanzen sich intuitiv als Sonnenkräuter einordnen lassen. In erster Linie sind es nämlich diejenigen, die wir mit dem Mittelmeerraum assoziieren (zum Beispiel Oliven, Safran und Lorbeer), aber auch Pflanzen, die in ihrem äußeren Erscheinungsbild an die Sonne erinnern, wie beispielsweise Orangen und Orangenblüten, Kamille, Sonnenblumen und Löwenzahn.

Weihrauchperlen werden schon seit Langem an heiligen Stätten dazu verwendet, energetische Blockaden zu lösen und die Luft von Verunreinigungen zu befreien. Dieses aromatische Harz wurde früher in Krankenzimmern und

Tempeln verbrannt, weil man glaubte, es würde die Luft von sämtlichen Krankheitskeimen befreien. In der Antike wurde der Weihrauchbaum nur im Lande Punt angebaut, das in etwa der Küstenregion des heutigen Äthiopien entspricht. Dieses Land gelangte mit der Zeit zu großem Reichtum, da dieser besondere Baumsaft auf dem Weihrauchpfad transportiert wurde, einer Handelsroute ähnlich der chinesischen Seidenstraße. Man kann Weihrauch in einem Räuchergefäß auf einer Holzkohletablette verbrennen, so wie es in Kirchen weltweit üblich ist; aber wir wollen nun ein Öl mit dieser wunderbaren Weihrauch-Energie aufladen.

Sie brauchen dazu:

- 1 Teelöffel Weihrauchperlen
- 1 Tasse »Trägeröl« (Wenn wir uns bei diesem Ritual hundertprozentig an der Sonne orientieren möchten, wäre Oliven- oder Sonnenblumenöl optimal, doch jedes andere Öl eignet sich genauso gut für diesen Zweck.)
- 6 Tropfen ätherisches Orangenöl
- 6 Tropfen ätherisches Neroliöl
- Eine leere Flasche oder ein sauberes Glasgefäß zur Aufbewahrung des Öls (verwenden Sie nach Möglichkeit Recycling-Gefäße)

Vermischen Sie alle Zutaten miteinander. Stellen Sie sich dabei vor, dass Sie (oder die Person, für die Sie das Öl herstellen) vor Energie und Gesundheit nur so strotzen, und lassen Sie diesen Gedanken in das Öl hineinfließen.

Geben Sie ein paar Tropfen davon auf Ihre Pulspunkte, um sich eine kleine Erfrischung zu gönnen, oder verwenden Sie das Öl zum Salben von Kerzen (zum Beispiel in unserem Mittwinterritual, das ich an späterer Stelle in diesem Kapitel beschreiben werde). Bewahren Sie Ihr Öl vor direktem Sonnenlicht geschützt auf.

Den Mittwinter feiern

Beim Treffen unseres Hexenzirkels zur Feier der Wintersonnenwende nehmen wir uns Zeit, die Dunkelheit zu ehren. Bei den vielen Straßenlaternen und der zunehmenden Lichtverschmutzung unserer heutigen Zeit wird es immer schwieriger, Orte zu finden, an denen wirklich stockfinstere Nacht herrscht; doch an einem solchen Ort die Sterne am Nachthimmel zu sehen, ist stets ein besonders ergreifender Bestandteil unseres Mittwinterrituals. Mit anderen Worten: Wir verleugnen die Dunkelheit nicht, sondern nehmen sie an.

Dann entzünden wir eine einzelne Kerzenflamme, die die »Wiedergeburt« der jungen Sonne repräsentiert, laden die Sonne wieder in unser Leben ein und feiern das Licht, das bald kommen wird. Das moderne Hexen- und Druidentum sind nicht die ersten heidnischen Religionen, die diesen Moment der Wiedergeburt feiern. Dieses Konzept ist Jahrtausende alt.

Als Zeitpunkt der längsten Nacht – und damit auch des kürzesten Tages – tritt die Wintersonnenwende wie ein Leuchtfeuer der Hoffnung in unser Leben, denn wir wissen, dass die

Tage von nun an wieder länger werden. Frank, der verstorbene Vater meiner Schwägerin, der einen Großteil seines Arbeitslebens im Freien zugebracht hat, sagte immer, dass es von nun an jeden Tag etwa sechs Minuten länger hell sein würde. Wenn man in Großbritannien wohnt, stimmt das so ungefähr. Doch je nachdem, wie weit Sie vom Äquator entfernt leben, kann diese Zeitspanne ein bisschen variieren. Also achten Sie darauf, wann die Sonne an Ihrem Wohnort auf- und untergeht und wie sich diese Zeiten nach der Wintersonnenwende allmählich verändern.

Normalerweise finden die Zusammenkünfte unseres Hexenzirkels nicht immer genau am Tag des Sabbats selbst statt, sondern am nächstgelegenen Wochenende davor oder danach. Denn unser heutiges Leben bringt es nun einmal mit sich, dass die Mitglieder unseres Zirkels große Entfernungen zurücklegen müssen, um an diesen Treffen teilzunehmen. Deshalb feiern wir den Sabbat oft am Wochenende mit einem Gruppenritual, und am Tag des Sabbats selbst praktiziert dann jeder ein kleines Ritual bei sich zu Hause. So flexibel können Sie während des ganzen Jahresrads vorgehen: Betrachten Sie es nicht als persönliches Versagen, wenn Sie es nicht schaffen, den Sabbat genau an dem dafür vorgesehenen Datum zu feiern!

Hier ein paar weitere Möglichkeiten, die Wintersonnenwende zu begehen:

- Kaufen Sie eine gelbe Votivkerze, und schreiben Sie mit einem Bleistift oder Cocktailspieß einen Wunsch darauf, der sich auf ein neues Leben, eine Hoffnung oder ein Versprechen bezieht, das Sie sich selbst geben möchten. Zünden Sie die Kerze an, und konzentrieren Sie sich darauf, dass dieser Wunsch in den nächsten Monaten in Erfüllung gehen möge.

- Schauen Sie am Tag der Wintermitte zum Nachthimmel empor. Wählen Sie dafür nach Möglichkeit eine sternenklare Nacht und begeben Sie sich an einen Ort mit möglichst geringer Lichtverschmutzung. Genießen Sie den Anblick der kleinen Lichtpunkte in der Dunkelheit und stellen Sie sich vor, wie winzig unsere Erde im Verhältnis zum riesigen Kosmos ist.
- Denken Sie an ein paar winzig kleine Hoffnungsschimmer zurück, die Sie früher einmal im Herzen getragen und dann zu einer starken Realität gemacht haben. Wie ist Ihnen die Verwirklichung dieser Hoffnungen gelungen?

Mittwinterlichter auf der ganzen Welt

Nicht nur die heidnischen Religionen bringen Licht und Farbe in die dunkelste Jahreszeit. Die meisten Religionen der Welt feiern die Wiedergeburt der Sonne bzw. des Sohnes mit einem Mittwinterfest.

Im Judentum feiert man Chanukka, das Lichterfest, das an die Wiedereinweihung des zweiten jüdischen Tempels in Jerusalem erinnert, nachdem die Hellenen versucht hatten, das Land zu erobern und die Juden zu ihrem Glauben zu bekehren. Dieser Krieg dauerte drei Jahre, und die eindringende Armee entweihte den Tempel, das Zentrum des jüdischen religiösen Lebens. Als die Belagerung im Jahr 164 v. Chr. endete, befahl der makkabäische Anführer der Freiheitskämpfer, den entweihten Tempel zu reinigen und wiederaufzubauen.

Der Talmud beschreibt, wie Judas Makkabäus, als er den Tempel betrat, um das ewige Licht im Allerheiligsten wieder anzuzünden, dort nur einen kleinen Krug mit Öl vorfand, der lediglich für einen Tag reichte. Es würde acht Tage dauern, bis mehr geweihtes Öl eintraf; doch während dieser Zeit brannte das Licht wie durch ein Wunder weiter.

Wenn die acht Kerzen auf der Menora während des achttägigen Chanukka-Fests heute überall auf der Welt der Reihe nach angezündet werden, erinnern sich die Menschen an das Wunder der Tempellampe und die Wiedereinweihung ihres heiligen Tempels. Wie andere Feste, die mitten im Winter stattfinden, ist Chanukka eine Zeit der Freude, weit weg von den Zwängen des Arbeitslebens, aber auch eine heilige Zeit, in der man in den Schriften liest.

Für ihre Anhänger sind solche Feste auch eine Zeit der Hoffnung. Im Buddhismus wird Anfang Dezember der Bodhi-Tag gefeiert, an dem Siddhartha zur Erleuchtung gelangte. Die göttlichen Wesen, die mit der Sonne oder dem spirituellen Erwachen in Verbindung gebracht werden, erkennt man daran, dass sie oft eine deutlich sichtbare Sonnenscheibe auf dem Kopf tragen. In den christlichen Kirchen wurden göttliche oder heilige Wesen mit einem Heiligenschein um den Kopf dargestellt, während die Gottheiten im alten Ägypten stets der Sonne zugewandt und von einer Sonnenscheibe gekrönt waren. In Rom wurde der Gott Mithras und in Griechenland der Sonnengott Helios ebenfalls mit Sonnenscheiben geschmückt. Auch Buddha wird oft mit einer Krone aus Licht dargestellt, die seinen ganzen Kopf umgibt.

All das zeigt uns, dass es keinen richtigen oder falschen Weg gibt, die Wintersonnenwende zu feiern – egal ob man sie Yule, Weihnachten, Chanukka, Kwanzaa oder Saadeh nennt.

Zum Ausprobieren: Ein Ritual zum Feiern des Mittwinters

Wenn Sie bei sich zu Hause einen Raum schaffen können, der sich vollständig verdunkeln lässt, wäre das ideal. Denn bei diesem Ritual sollen Sie das Gefühl haben, sich in samtschwarzer Dunkelheit zu befinden. Vielleicht müssen Sie dazu Jalousien und Vorhänge zuziehen oder die Fenster mit einer großen Decke oder einem dunklen Tuch verhängen.

Ich möchte Ihnen wärmstens ans Herz legen, in der Woche vor Ihrem Yule-Ritual darüber nachzudenken, was Sie in Ihrem Leben als Segen empfinden. Wofür sind Sie dankbar? Was nehmen Sie als selbstverständlich hin, obwohl andere Menschen vielleicht überglücklich wären, wenn sie es hätten? Sie könnten zum Beispiel einmal Ihre Wohnung entrümpeln und alles, was Sie nicht mehr brauchen, an einen Wohltätigkeitsladen Ihrer Stadt spenden. Kaufen Sie einem Obdachlosen etwas zu essen. Geben Sie von Herzen und üben Sie sich in liebevoller Güte.

Für Ihren Ritualraum brauchen Sie:

- Eine goldene oder gelbe Kerze
- Kerzen- oder Teelichthalter mit passenden Kerzen, die Sie im Ritualraum verteilen
- Streichhölzer (am besten langstielige) oder eine spitz zulaufende Wachskerze, damit Sie sich beim Anzünden nicht die Finger verbrennen

- Das Fläschchen mit dem heilenden Sonnenöl, das Sie hergestellt haben (siehe Seite 53). Gießen Sie etwas davon in einen Eierbecher oder eine kleine Schale, damit Sie es immer griffbereit haben.
- Eine Kopie eines Gedichts. Ich verwende für dieses Ritual gerne »Winter Sunrise« von Walter Conrad; aber wenn Ihnen dieses Gedicht nicht zusagt, wählen Sie ruhig ein anderes, das für Sie diese Eigenschaften der Sonne verkörpert – Gesundheit, Glück und Erfolg oder das Gefühl, wieder neugeboren zu werden. Wie wäre es zum Beispiel mit Shakespeares »Sonnet 33« oder der »Orphischen Hymne an Helios«?
- Eine ebene Arbeitsfläche. In Hexenzirkeln benutzen wir dafür einen Altar. (Bei der Frühlings-Tagundnachtgleiche werde ich noch näher auf das Thema Altäre eingehen, siehe Seite 108 ff.) Ein Tisch oder eine ähnliche Arbeitsfläche eignet sich gut dafür, wenn Sie bei diesem Ritual stehen bleiben und sich nicht zu tief bücken möchten; Sie können es aber auch mit einem Beistelltisch und einem Kissen versuchen, falls Sie während des Rituals knien oder auf dem Boden sitzen wollen. Für das Mittwinterritual stellen wir unseren Altar (wenn möglich) in den nördlichen Teil des Ritualraums.
- Wenn Sie können, dekorieren Sie Ihren Altar mit ein bisschen Grün von Pflanzen der Saison. Das muss nicht unbedingt viel sein – vielleicht genügt es schon, eine Vase mit ein paar immergrünen Zweigen auf Ihren Altar zu stellen. Platzieren Sie die goldene oder gelbe Kerze sowie eine andere Kerze auf dem Altar.

Zünden Sie zunächst die Teelichter und Kerzen (mit Ausnahme der gelben oder goldenen Kerze) an – Kerzenlicht verleiht einem Raum immer etwas Magisches. Schalten Sie alle elektrischen Lichtquellen aus, sodass Ihr Ritualraum nur noch vom Kerzenlicht beleuchtet wird.

Setzen oder stellen Sie sich für ein paar Minuten hin, und konzentrieren Sie sich auf Ihren Atem, der in seinem natürlichen Rhythmus in Ihren Körper hinein- und wieder hinausströmt. Schließen Sie die Augen, atmen Sie dreimal tief ein und richten Sie Ihre Aufmerksamkeit bei jedem Atemzug auf Ihre Mitte. Statt Ihre Gedanken künstlich zur Ruhe bringen zu wollen und sich in diesem Versuch zu verzetteln, lassen Sie sie einfach durch Ihr Bewusstsein treiben wie Wolken am Himmel an einem windigen Tag.

Sobald Sie ein Gefühl innerer Stille verspüren, können Sie die Augen aufschlagen und die schlichte Schönheit des Raums in sich aufnehmen, den Sie geschaffen haben. Konzentrieren Sie sich darauf, an welchem Punkt Ihres Lebens Sie zurzeit stehen – vielleicht waren Sie in letzter Zeit traurig, krank oder müde, vielleicht haben Sie sich in dieser Phase des Jahresrads besonders stark von Ihren Ängsten beherrschen lassen, vielleicht waren Sie aber auch voller Hoffnung. Es gibt keine richtige oder falsche Antwort, sondern nur den Punkt, an dem Sie sich gerade befinden – jetzt in diesem Augenblick.

Wenn Sie so weit sind, nehmen Sie die gelbe Kerze in die Hand und salben sie mit sechs Tropfen Ihres Sonnenöls. Während Sie das Öl in die Kerze einreiben, denken Sie an Ihre Hoffnungen für die kommenden Wochen. Stellen

Sie die Kerze in Ihren Kerzenhalter auf dem Altar, aber zünden Sie sie noch nicht an. Halten Sie die Streichholzschachtel und ein Streichholz bereit und machen Sie sich bewusst, an welcher Stelle des Altars die Kerze steht.

An diesem Punkt können Sie sich vor Augen halten, warum Sie sich in diesem Raum befinden, indem Sie folgende Worte laut vor sich hinsprechen (oder diesen Gedanken in eigene Worte fassen):

Ich habe den Augenblick der Wintermitte erreicht. Meine Tage sind allmählich immer kürzer geworden und haben mich in mein eigenes Inneres bis zu diesem Punkt – in die Dunkelheit – geführt. Dies ist die längste Nacht, die dunkelste Nacht von allen. Ich hatte Angst vor der Dunkelheit, habe gefroren und war verletzlich. Und doch gibt es immer ein Licht in der Dunkelheit, eine einzelne Flamme, die mich tröstet, und geliebte Menschen um mich herum, denen ich wichtig bin und die mir den Rücken stärken, wenn ich Kraft brauche – Menschen, die mich lieben, wenn ich mich selbst nicht lieben kann, und die mir meinen Weg erhellen, wenn ich überall nur noch Dunkelheit sehe. Doch jetzt muss ich mich in die finsterste Nacht hineinbegeben und die Winterzeit aus meinem tiefsten Inneren heraus ehren – um diese Zeit und an diesem Ort.

Wenn Sie so weit sind, gehen Sie im Ritualraum umher und blasen alle Kerzen aus, wobei Sie die Kerze auf Ihrem Altar bis zuletzt brennen lassen. Erst wenn Sie wieder bei dem Altar angelangt sind, lassen Sie sich bequem dort nieder und blasen auch die letzte Flamme aus.

Nehmen Sie sich einen Augenblick Zeit, um darüber nachzudenken, wie die Dunkelheit sich anfühlt. Gibt sie Ihnen ein Gefühl der Sicherheit, oder fürchten Sie sich vor dem, was Sie nicht sehen können? Wenn Angst in Ihnen aufsteigt, konzentrieren Sie sich noch ein paar Minuten lang auf Ihre Atmung. Woran denken Sie in der Dunkelheit? An den Schlaf? An den Tod? Oder an einen vom Sternenlicht erhellten dunklen Nachthimmel? Haben Sie in Ihrem abgedunkelten Raum völlige Stille gefunden oder hören Sie die Geräusche der Welt da draußen immer noch?

Nehmen Sie sich noch einen letzten Moment Zeit, um in dieser Dunkelheit zu baden. Dann nehmen Sie das Streichholz und zünden Ihre gelbe Kerze an, während Sie folgende Worte laut aussprechen oder in Ihrem Herzen still vor sich hinsagen:

Die Sonne ist am kürzesten Tag des Jahres untergegangen; aber sie wird wieder aufgehen und mir den Weg zurück in die helle Jahreshälfte erleuchten. Mit dieser Kerze ehre ich dieses Licht. Mit dieser Flamme kehrt die Hoffnung zurück, während ich meine Lieben in dieser Welt bei den Händen fasse und ihnen den Weg zurück zum Frühling zeige. Die Tage werden bald wieder länger und die Sonne kehrt mit ihrer ganzen Kraft zurück.

Dann lesen Sie Ihr Gedicht zu Ehren der Geburt des Sonnenkindes laut vor.

Konzentrieren Sie sich ein paar Sekunden lang auf die Kerzenflamme. An diesem Punkt des Rituals können Sie der Reihe nach alle anderen Kerzen anzünden, bis Ihr Ritualraum wieder erleuchtet ist.

Denken Sie an die Zeiten, in denen Sie in Ihrem Leben im Dunkeln gewandelt sind – in physischer oder metaphorischer Hinsicht. Was hat Sie durch diese Zeit geführt? Was hat Sie innerlich aufgerichtet? Wer war in den dunkelsten Zeiten Ihres Lebens Ihr Leuchtturm?

Sprechen Sie ein paar Worte des Dankes für diese Menschen, ohne die Sie vielleicht aufgegeben hätten oder gestrauchelt wären. Und dann nehmen Sie sich einen Augenblick Zeit, um an die Menschen zu denken, denen *Sie* geholfen haben, und sich all das Gute ins Gedächtnis zu rufen, das Sie auf der Welt bewirkt haben. In diesen Zeiten des Mitgefühls können wir für einen anderen Menschen zum Engel werden – und sei es auch nur für einen kurzen Augenblick.

Zum Schluss sagen Sie Folgendes:

Möge das Leben mir weiterhin diese Chancen und diese Augenblicke innerer Klarheit und Herzenswärme bieten. Möge ich die Welt aufmerksam genug wahrnehmen, um zu erkennen, in welchen Momenten ich anderen einen Dienst erweisen kann, indem ich ihnen den Weg erleuchte und sie innerlich aufbaue. Möge ich diese Lebenskraft in Wort und Tat weise und zu unser aller Wohl einsetzen. In diesem Augenblick widme ich mich diesem Weg – dem Weg der wachsenden

Bewusstheit und des Mitgefühls. Für immer mehr Herzlichkeit, Gemeinschaft und Liebe.

Wenn Sie so weit sind, können Sie einer Gottheit Ihrer Wahl Ihren Dank aussprechen und dann den Ritualraum verlassen. Zum Abschluss eines Rituals ist es immer sinnvoll, etwas zu essen und zu trinken, um Ihren physischen Körper daran zu erinnern, welche Rolle er in diesem Leben spielt, und Ihre Energien wieder zu erden.

Doch wenn Sie Ihre Mittwinterfeier abschließen, bedeutet das noch lange nicht, dass deshalb auch Ihre Ruhe- und Erholungsphase zu Ende gehen muss. Zum Beispiel können Sie bis zum nächsten Sabbat auf dem Jahresrad einmal pro Woche eine Verabredung mit sich selbst treffen, um Selbstfürsorgerituale zu praktizieren; oder Sie können ein Bild auf Ihren Altar oder an Ihren Arbeitsplatz stellen, das von Licht erfüllt ist, um sich daran zu erinnern, welch wichtige Rolle das zurückkehrende Licht in Ihrem Leben spielt und wie wichtig es ist, liebevoll für sich selbst zu sorgen. Dann werden Sie im Februar, wenn wir zu unserem nächsten Sabbat – Imbolc – kommen, gut erholt und für das nächste Abenteuer bereit sein.

ZWEI

IMBOLC ODER LICHTMESS

1. FEBRUAR (NÖRDLICHE HALBKUGEL)
1. AUGUST (SÜDLICHE HALBKUGEL)

Ich wünschte, es wäre Frühling auf der Welt …
Ach komm, komm schnell, Frühling!
Komm und hebe uns zu unserem Höhepunkt empor, uns Myriaden;
uns, die wir noch nie geblüht haben, wie geduldige Kakteen.
Komm und hebe uns unserem Ziel, der Blüte, entgegen,
bring uns zu unserem Sommer,
uns, die wir wintermüde sind im Winter der Welt.

D. H. Lawrence

THEMEN: innere Reinigung, Träume, Fantasie, das Unbewusste, Jugend
PLANET: Mond
HIMMELSRICHTUNG: Nordosten
TAROTKARTE: Der Mond
ASTROLOGIE: Wassermann

An jedem Sabbat – in jedem Augenblick des Innehaltens im Jahreskreis – neigen wir dazu, darüber nachzudenken, was gerade vergangen ist; dann machen wir eine Bestandsaufnahme der Gegenwart; und anschließend richten wir unseren Blick nach vorne. Als erster Sabbat nach Yule ist Imbolc eine Übergangszeit: Der Winter ist fast vorbei, doch es ist auch noch nicht Frühling geworden, obwohl die Verheißung der neuen Jahreszeit bereits überall um uns herum spürbar wird. Die Schneeglöckchen, Narzissen und Krokusse beginnen sich durch den kalten Boden und die dünnen Schneeschichten nach oben zu schieben, zeigen sich aber noch nicht in ihrer ganzen Schönheit – ihre Farben liegen noch im Verborgenen. Sie sind noch jung, bestehen nur aus grünen Trieben – vorläufig.

Ich würde mich freuen, wenn Sie Imbolc als Grenzpunkt zwischen den Jahreszeiten verstehen würden, der Ihnen einen Blick zurück auf den vergangenen Winter ermöglicht; der es Ihnen erlaubt, alles loszulassen, was Ihnen in der Gegenwart nicht mehr dienlich ist. Jetzt können Sie sich darauf freuen, was Sie in den kommenden Wochen und Monaten in sich selbst und in Ihrem Leben wachsen sehen möchten. Es ist eine ruhige Zeit der Beobachtung, der Introspektion. Wenn wir aufmerksam wahrnehmen, was in uns und um uns herum geschieht, können wir uns nun, da die Welt allmählich wieder zum Leben erwacht, auf das kommende Jahr vorbereiten. Unser Unterbewusstsein filtert viele unwichtige Informationen, die uns in der Welt begegnen, heraus, damit nicht zu viele Eindrücke auf uns einstürmen; daher müssen wir uns manchmal bewusst darum bemühen, zu sehen, was um uns herum passiert.

Zunächst einmal wollen wir wahrnehmen, was im Hier und Jetzt geschieht. Wenn ich wissen möchte, was zu einer bestimmten Jahreszeit in der Natur vor sich geht, werfe ich immer einen Blick in meine Tagebücher. Seit meinem elften Lebensjahr führe ich regelmäßig Tagebuch; doch als ich mit meiner Doktorarbeit über die Schriftstellerin Mary Webb begann, die für die mikroskopische Genauigkeit ihrer Naturbeobachtungen bekannt war (sie konnte sogar an der Farbe des Pollens an den Beinen einer Biene erkennen, welche Blumen das Insekt besucht hatte!), wurde mir klar, dass ich meine Beobachtungsgabe noch ein bisschen mehr schärfen musste. Damals wohnte ich noch in einem Einzimmerapartment am Stadtrand von London, fuhr jedes Wochenende mit dem Bus zu verschiedenen grünen Oasen in der Großstadt und ging dort so lange wie möglich spazieren. Folgendes ist mir um die Zeit von Imbolc herum aufgefallen:

Imbolc schien dieses Jahr früher als sonst in die Stadt gekommen zu sein. Am ersten Weihnachtsfeiertag ging ich – meinen dicken Wintermantel um die Taille gebun-

den und nur mit einem T-Shirt bekleidet – spazieren und schwitzte bei der Anstrengung, meine Füße aus dem zähflüssigen Schlamm zu heben, der sie bei jedem Schritt nach unten zog. Die noch unerfahrenen Eichenschösslinge hatten bereits Blätter ausgetrieben, während in den Russell Square Gardens beim Britischen Museum die Narzissen sogar schon am Neujahrstag blühten. Doch dann kam Mitte Januar ein jäher Kälteeinbruch. Die Stadt hatte sich eine dicke Schneedecke um die Schultern gewickelt und das ganze Leben stand einen Tag lang still. Es herrschte völlige Windstille, sodass die Schneedecke fest an den Ästen der Bäume klebte; selbst die Vögel waren verstummt. Doch der Schneefall hielt nicht lange an. Er wird in diesen Breiten immer schnell wieder versiegen und uns an die strengeren Winter unserer Kindheit erinnern. Er wird uns dazu verleiten, im Schneegestöber spazieren zu gehen und Schneemänner zu bauen – und dann im Handumdrehen wieder verschwinden.

Ein kleiner Spaziergang von den Londoner Vororten aus führte mich in die ländlichen Gegenden und das Ackerland im Norden der Stadt. Da ich früh aufgestanden war, lief ich als erstes Paar menschlicher Füße über die weiten weißen Felder und spürte das Knirschen des verdichteten Schnees unter mir. Hier war es sauber genug, um einer meiner Lieblingsbeschäftigungen aus Kindertagen zu frönen: dem Essen ganzer Hände voll Eis, das ich von den Torpfosten und Zäunen – weit über Hundehöhe – abpflückte. Doch wenn ich ganz genau hinschaute, erkannte ich die Spuren der Tiere, die schon vor mir hier gewesen waren: Ein Fuchs hatte sein federleichtes Frühstück zu seinem Bau zurückgeschleppt; ein Reh hatte sich vorsichtig einen Weg über den glatten Pfad gebahnt; ein einsamer Vogel war – vielleicht überrascht von der Kälte unter seinen Füßen – über eine Holzbank gehüpft. Dank der Stille, die mich umgab, gelang es mir, ein paar andere Wanderer zu erschrecken – einen Muntjac, der über ein schneebedecktes Feld stapfte, und einen Goldfasan, der vor mir aus dem Dickicht aufflog und einen wütenden Schrei ausstieß, weil ich ihn in seinem morgendlichen Treiben gestört hatte. Sogar der Teich war zugefroren, das Wasser in fedrigen Eismustern erstarrt, und die dort lebenden Moorhühner waren alle in einer einzigen, noch nicht zugefrorenen Ecke gefangen. Der einsame Schwan, der über Weihnachten zu Besuch gekommen war, hatte sich inzwischen – sicherlich auf der Suche nach einer Partnerin – in wärmere Gewässer begeben. Die Seen und Teiche im Zentrum Londons sind sehr viel stärker von Vögeln besiedelt als dieser einsame Außenposten der Großstadt.

Auf den Feldern wurde bald nach Imbolc mit dem Pflügen begonnen. Es machte mir Freude, bei meinen Spaziergängen in den Außenbezirken Londons zu beobachten, wie auf den Bauernhöfen im Grüngürtel der Stadt der Boden für die Bepflanzung vorbereitet wurde, die ein paar Wochen später auf dem Programm stand. Man sah, wie der Boden umgewälzt wurde und die unterschiedlichen Farben der Erde sich in dicken Bändern auf den Feldern zeigten: Das Schwarz der Wind und Wetter ausgesetzten Wintererde machte dem fruchtbaren Braun des darunterliegenden Bodens Platz. Wenn wir diese Zeit des

Übergangs in der Natur wahrnehmen, inspiriert uns das auch dazu, unsere eigenen inneren Felder für die Aussaat vorzubereiten. Dazu muss man alles loslassen, was vorher da war. Nur so kann die Saat unserer neuen Vorsätze in den kommenden Tagen auf fruchtbaren Boden fallen – frei vom energetischen Unkraut der Vergangenheit.

Um die Wintermitte haben wir uns auf eine Entdeckungsreise tief in unser eigenes Inneres begeben und unsere grenzenlose Dunkelheit erforscht. An diesem Sabbat im Jahreskreis können wir nun nach den ersten sichtbaren Lebenszeichen in der Außenwelt suchen. Obwohl der Weißdorn noch keine Blätter trägt, hat eine Schlehe, die sehr früh dran war, sogar schon geblüht. Welche Funken des Lebens erkennen Sie um diese Jahreszeit?

Zum Ausprobieren: Ein Spaziergang in völliger Stille

Diese Übung habe ich von einem Forscherkollegen namens Victor gelernt, als ich an meiner Promotion arbeitete – und zwar in einer Woche, in der wir uns auf die Technik der Achtsamkeit konzentrierten. Sie heißt »Spaziergang in der Stille«.

Wählen Sie dafür einen Weg, den Sie gut kennen. Sie können diesen Spaziergang allein oder zusammen mit anderen Menschen machen – je nachdem, was Ihnen lieber ist. Ein Spaziergang in einer Gruppe kann Ihnen ein Gefühl der Ruhe vermitteln und gleichzeitig ein Hintergrundrauschen der Sicherheit erzeugen. Doch auch wenn Sie zu mehreren sind, gibt es eine Regel, an die sich alle halten müssen: Dieser Spaziergang muss in völliger Stille stattfinden. Wenn Sie gern allein spazieren gehen und dabei normalerweise Musik oder Podcasts hören, möchte ich Sie bitten, bei dieser Übung darauf zu verzichten, denn das kann Sie ablenken.

Sobald wir die Kopfhörer aus den Ohren nehmen oder aufhören, andere Menschen mit dem Bewusstseinsstrom aus unserem Kopf zu berieseln, passiert etwas Hochinteressantes; denn dadurch werden Ihre anderen Sinne geschärft, und Sie beginnen Details wahrzunehmen, die Sie sonst vielleicht übersehen hätten. Vielleicht stellen Sie fest, dass Ihre Gedanken sich überschlagen und zwischen verschiedenen Sorgen hin und her springen, die Ihnen auf der Seele lasten. Versuchen Sie, diese Sorgen loszulassen und sich ganz darauf zu konzentrieren, was Sie um sich herum in der Natur sehen. Dann wird Ihr Geist sich beruhigen, und Sie werden ein Gefühl innerer Ruhe und entschlossener Zuversicht entwickeln, das Ihnen bei der Lösung des Problems hilft, das Sie gerade beschäftigt. Denn wenn wir unsere Gedanken von dem Problem ablenken, bieten wir unserem Unterbewusstsein den Spielraum, den es braucht, um eine Lösung zu finden.

Nehmen Sie sich an einem sicheren Ort ein paar Minuten Zeit, innezuhalten und sich umzuschauen. Nutzen Sie dabei alle fünf Sinne. Was sehen Sie? Was hören Sie? Was spüren Sie? Welche Gerüche nehmen Sie wahr? Wonach schmeckt die Luft? Vielleicht konzentrieren Sie sich auf die Besonderheiten eines Blatts oder Zweiges oder auf die Form einer Wolke. Nehmen Sie alles wahr, was Sie sehen, ohne ein Werturteil darüber fällen zu wollen. Erinnert es

Sie an etwas? Welche Gedanken weckt es in Ihnen? Was geschieht in dieser Zeit zwischen Winter und Frühjahr in der Natur? Auf den ersten Blick denken Sie womöglich, dass da nicht viel los ist; aber wenn Sie genauer hinschauen, fallen Ihnen vielleicht die Veränderungen auf, die sich unter der Oberfläche abspielen. Grüne Speere bahnen sich ihren Weg nach oben – nicht nur in der Natur, sondern auch in Ihrem eigenen Bewusstsein.

Die Ursprünge von Imbolc

Imbolc hat seine Wurzeln in den keltischen Traditionen; es gehört also zu den wirklich »alten« Feiertagen. Die Kirche feiert es als »Candlemas« (Mariä Lichtmess); in meiner Wicca-Tradition wird dieses Fest sogar manchmal noch so genannt. In den christlichen Traditionen wird Mariä Lichtmess 40 Tage nach der Geburt des Christuskindes begangen. Das Lukasevangelium erzählt die Geschichte von der Reise der heiligen Familie zum Tempel in Jerusalem (von der wir schon an Yule gehört haben). Es war eine Zeit ritueller Reinigung für die junge Mutter Maria nach der Geburt ihres Kindes; und im Tempel sah Simeon zum ersten Mal das Jesuskind und verkündete, dass es das Licht der Welt ist – an Mariä Lichtmess wird also genau das gefeiert, was der Name verspricht.

Im Mittelalter zogen die Menschen in Prozessionen zur Kirche, um ihre Kerzen segnen und für die kommende Jahreszeit weihen zu lassen. Während der Reformation begann man diesen Brauch jedoch für Aberglauben zu halten; daher wurde er abgeschafft. Das Fest begann mit einem Fastentag (am Tag davor nahmen die Menschen nur Wasser und Brot zu sich), und an Mariä Lichtmess selbst – St. Brigid's Day – fand ein Festmahl statt. Der St. Brigid's Day wurde bis weit in den Norden hinein gefeiert; selbst auf den Shetlandinseln beging man ihn. An den Grenzen Schottlands wurden Ginsterfeuer entzündet; in Wales gingen die Menschen von Tür zu Tür und sangen Candlemas-Lieder; und in Dorset schenkte man sich gegenseitig Kerzen. Man nimmt an, dass der Name »Britain« (Britannien) sich von Brigid oder dem Stamm der Briganten herleitet, die die heilige Brigid verehrten; aber auch etliche geografische Namen in Großbritannien und Europa sind der heiligen Brigid gewidmet: zum Beispiel Bretagne, Bridewell und Brent. Der St. Brigid's Day wird auch heute noch von der Kirche gefeiert. Doch wer war Brigid eigentlich?

Sie ist sowohl eine keltische Göttin als auch eine christliche Heilige, stellt also ein Bindeglied zwischen diesen beiden Religionen dar. In Schottland nennt man sie Bride, bei den Iren heißt sie Brid, bei den Walisern Ffraid. Für die christliche Kirche ist sie die heilige Brigid von Kildare – eine Frau, die von Druiden abstammte, aber später, als sie den heiligen Patrick predigen hörte, zum Christentum konvertierte. Ihr keltischer Name bedeutet so viel wie »die Feurige« oder »die Strahlende« – eine Sonnengöttin mit vielen Gesichtern. Als Tochter der Morrigan (der keltischen Göttin des Krieges und des Schicksals) und als Schwester von Ogma (dem Erfinder des Ogham-Alphabets) ist Bride die Schutzgöttin der Heiler, Dichter und Seher. Mit anderen Worten: Ihr helles Strahlen ist ein kreativer Funke, der Schöpfer zu ihrem Werk inspiriert und die Zukunft erhellt.

Sie wird oft durch das Brigid-Kreuz symbolisiert – ein gleichseitiges Kreuz, das traditionell aus Schilf geflochten und über den Türsturz gehängt wurde, um die Bewohner des Hauses zu schützen. Mit der Zeit verschmolz die Figur der Heiligen Brigid mit Maria, der Mutter Jesu.

Das ist also die Dame, die unsere Assoziationen zu Imbolc prägt, und die Flamme, die unser Feuer neu entfacht, wenn wir aus der dunklen Jahreshälfte ins Licht zurückkehren.

Doch neben diesem leuchtenden Feuer regiert Bride auch das Element Wasser, vor allem das der heiligen Quellen. Als Göttin der Schmiede und Heilige der Brunnen ist ihr im Tarot die Karte der Mäßigkeit zugeordnet – die Verschmelzung zweier gegensätzlicher Elemente zu einem größeren Ganzen. In der Praxis verbindet dieses Zusammentreffen von Wasser und Feuer die Inspiration mit der Kreativität – beide Qualitäten entspringen unserem Unterbewusstsein mit seinen erstaunlichen Fähigkeiten und werden vom Menschen immer wieder in Kombination miteinander genutzt.

Imbolc ist die Zeit, in der diese gegensätzlichen – oder (je nach Sichtweise) einander ergänzenden – Elemente nebeneinanderstehen: Feuer und Wasser, Licht und Dunkelheit, Leben und Tod.

Ein Blick zurück

Auch wenn Sie es vielleicht für besser halten, den Mülleimer Ihrer Vergangenheit fest verschlossen zu halten, ist es doch manchmal sinnvoll, die Ereignisse Ihres bisherigen Lebens in Gedanken noch einmal durchzugehen, um die positiven Erkenntnisse, die Sie daraus gewonnen haben, zusammenzutragen und zu recyceln. Das kann es Ihnen erleichtern, bedauernde Gedanken über längst vergangene Ereignisse hinter sich zu lassen, und Ihnen den Weg für eine andere, optimistischere Zukunft ebnen. Das ist sehr wichtig; denn wenn wir neuen Erfahrungen immer wieder mit unseren alten Einstellungen und Überzeugungen begegnen, kann es passieren, dass sich die Traumata aus unserer Vergangenheit ständig wiederholen.

Eines der wichtigsten Themen, mit denen wir uns auseinandersetzen müssen, ist der Tod – und der Verlust von Menschen, die uns nahestehen. So weit unsere moderne Welt sich unserem Empfinden nach von der Natur entfernt haben mag – in der kälteren Jahreszeit gibt es trotzdem immer noch mehr Todesfälle als im Frühjahr und Sommer. Das macht die ruhige Zeit von Imbolc gleichzeitig zu einer schmerzlichen Phase der Reflexion und des Gedenkens. Der Verlust in seinen vielen Formen lässt uns oft bis ins Mark erschüttert zurück; seine Wellen erreichen uns durch viele Umdrehungen des Jahresrads immer wieder.

In diesem Winter habe ich zwei Beerdigungen erlebt – beide von geliebten Lehrern, die dazu beigetragen haben, meine Sicht der Welt zu prägen. Bei der ersten Beerdigung mussten wir meinen Doktorvater zu Grabe tragen – einen hoch angesehenen Schriftsteller, der viel zu früh an einem Hirntumor verstorben ist. Ohne ihn wäre ich nicht auf dem Weg, auf dem ich heute bin. Dieser Lehrer hat mich aus der Kälte geholt, mir den Schnee von den Schultern gebürstet und mir eine Tasse heißen Kakao eingeschenkt, um mich zu wärmen. Dank ihm befinde ich mich jetzt in einer viel besseren seelischen Verfassung als damals und ganz neue Welten eröffnen sich mir.

Auch bei meiner zweiten Beerdigung musste ich einer Lehrerin – meiner Hohepriesterin – das letzte Geleit geben. Diese Frau hat mich bei der Pfadarbeit (geführten Meditationen) immer wieder aufs Neue verzaubert und hingerissen und die schönsten Anrufungen an die Götter verfasst. Vor Kurzem fand ich meine Notizen zu einem Vortrag wieder, den sie gehalten hat, als ich noch ganz am Anfang meines Weges als Hexe stand. Ich hatte die Hexenkunst mehrere Jahre lang allein praktiziert, brauchte aber dann doch eine Lehrerin, und durch Zufall stieß ich auf den Weg, den sie und ihre Schülerinnen und Schüler geebnet hatten.

Das ist die wahre Bedeutung des Wortes »Abstammungslinie«: die Lehrer, die uns zur Seite stehen und gemeinsam durch uns sprechen. Stimmen aus der Vergangenheit, die sich mit unseren heutigen Stimmen vereinen – die Vergangenheit, Gegenwart und Zukunft miteinander verbinden und deren Vermächtnis durch uns weitergetragen wird. Neben meiner Mutter sind diese Lehrerinnen und Lehrer die Menschen, die mein Leben als erwachsener Mensch am stärksten geprägt haben. Sie haben mir beigebracht, wie man in dieser Welt lebt, wie man sich Mitgefühl und Freundlichkeit bewahrt und alles hinterfragt. Und inzwischen frage ich mich, wie wohl mein eigenes Vermächtnis aussehen wird. Was werde ich hinterlassen? Inwiefern wird die Welt durch mich ein bisschen anders geworden sein? Wem werde ich auf seinem Weg weitergeholfen haben?

Die Geister früherer Winter

Nehmen Sie sich ein bisschen Zeit für Ihr Tagebuch und denken Sie über folgende Fragen nach:

- Welche Menschen – und welche Erlebnisse – aus früheren Wintern haben Sie im positiven Sinn geprägt und zu dem Menschen gemacht, der Sie heute sind?
- Worin bestand das Vermächtnis, das sie in Ihrem Leben hinterlassen haben?
- Inwiefern wäre Ihr Leben vielleicht anders verlaufen, wenn Sie diese Erfahrungen nicht gemacht hätten?
- Was wünschen Sie sich für Ihr eigenes Vermächtnis: Wie soll es aussehen, und was könnten Sie tun, um diesen Wunsch in die Realität umzusetzen?

Ein Grund dafür, auf frühere Ereignisse – und auf die Menschen, in die wir unser Vertrauen gesetzt haben – zurückzublicken, besteht darin, dass wir der Zukunft dann mit weniger Angst vor dem Unbekannten entgegensehen können. Psychotherapeuten ermutigen uns schon seit Generationen, »Schattenarbeit« zu leisten, indem wir die Bereiche unserer selbst erforschen, in denen wir Verluste erlitten haben, die wir nicht mögen, vor denen wir Angst haben oder die wir missbilligen; denn dadurch können wir uns leichter von ihrer Macht befreien. Es hat etwas Befreiendes, in die Abgründe unserer Seele zu blicken, ohne eine vorgefasste Meinung darüber zu haben, was wir dort entdecken werden.

Diese Art der Kontemplation kann manchmal eine Herausforderung sein; und oft tut sie auch weh. Vielleicht stellen wir uns das Jahresrad als einen sich drehenden Kreis vor; doch in Wirklichkeit ist es eine Spirale, deren Umdrehungen uns immer weiter nach innen führen – und das ist kein Weg für zartbesaitete Gemüter. Doch diese Arbeit trägt einen enormen Lohn in sich.

Ich hoffe für Sie, dass Sie auf diesem Weg an einen Punkt gelangen, an dem Sie ein bisschen mehr Mitgefühl für sich selbst aufbringen können. Selbst wenn Sie bei diesem Rückblick den Eindruck gewinnen, einiges falsch gemacht zu haben, werden Sie dann vielleicht doch akzeptieren, dass Sie mit Ihren damaligen Werkzeugen und Ihrem damaligen Wissen das Beste getan haben.

Wenn Sie sich das Göttliche als eine Instanz vorstellen, die Urteile fällt und Vergeltung übt, wird es Ihnen vermutlich schwerfallen, sich von der Vorstellung zu lösen, dass wir stets das bekommen, was wir verdienen; doch diese Sichtweise kann Ihnen Ihre ganze positive Energie rauben. Wenn wir das Universum stattdessen als Kraft der Liebe wahrnehmen, können wir beginnen, uns von unserer Angst vor dem Versagen zu befreien, und uns eine positivere innere Basis schaffen, auf der wir aufbauen können. Ich habe mit diesem Umdenkprozess während einer wichtigen Veränderung in meinem Leben begonnen, als mein innerer Kritiker wütete und mir unvorstellbare Grausamkeiten an den Kopf warf. Damals fragte ich mich, ob ich jemand anderem erlauben würde, so mit mir zu sprechen; und als mir klar wurde, dass die Antwort auf diese Frage ein kategorisches Nein war, lautete die nächste logische Schlussfolgerung, dass ich an diesen negativen inneren Dialogen etwas ändern musste. Ich beschloss, in Zukunft nur noch in liebevollen Worten und beruhigendem Tonfall mit mir selbst zu reden.

Sie können vielleicht nicht das ganze Universum verändern; aber wenn Sie anfangen, Ihren eigenen kleinen Teil der Welt zu verändern, werden die Auswirkungen dieses Tuns weit über Ihr persönliches Umfeld hinausreichen. Als ich entschieden hatte, dass ich die Grausamkeiten meiner eigenen inneren Stimme künftig nicht mehr tolerieren würde, brachte mich das auf dem Weg zu der Erkenntnis, dass ich diesen Umgangston auch in der Außenwelt nicht zu akzeptieren brauchte, ein ganzes Stück weiter.

Platz schaffen und loslassen

Nicht nur auf den Britischen Inseln wird Anfang Februar der Frühlingsanfang gefeiert. Der 1. Februar ist der Tag des chinesischen Neujahrsfests, das auch in anderen Teilen Südostasiens (beispielsweise Vietnam) gefeiert wird. Sophie, eine Tarotleserin und Yogalehrerin, deren Vater Vietnamese ist, orientiert sich an den Traditionen, die ihr Vater sie gelehrt hat. »Zuerst muss man sein Haus aufräumen«, sagt sie. »Man muss Platz schaffen, damit die Energie des neuen Jahres dort einziehen kann.«

Im japanischen Kalender setzt sich dieses Thema mit dem 2. oder 3. Februar fort. Er wird als Setsubun – Tag vor dem Frühlingsanfang – gefeiert. Setsubun wird auch mit dem neuen Mondjahr in Verbindung gebracht, das das Unglück der vergangenen zwölf Monate vertreibt, um neuem Glück Einlass zu gewähren. In Japan wird das Haus (genau wie in Vietnam) rituell gereinigt, indem man überall Soja- oder Glücksbohnen auf den Boden wirft und dabei ruft: »Teufel raus, Glück rein«. Dann essen alle Familienmitglieder frisch geröstete Sojabohnen, um Glück in ihren physischen Körper hineinzuholen. Die Häuser werden oft mit Stechpalmenblättern oder Sardinenköpfen geschmückt, um negative Geister abzuwehren. Sophie sagt über das chinesische Neujahr: »Alles, was man jetzt tut, wird für die nächsten zwölf Monate ausschlaggebend sein.« In den ersten Tagen achtet sie daher darauf, mit allen Menschen, die sie liebt, Kontakt aufzunehmen und Pläne dafür zu machen, dass sie sie im Lauf des kommenden Jahres regelmäßig sieht; außerdem legt sie großen Wert darauf, alles zu tun, was ihr Spaß macht. Dies ist ein günstiger Zeitpunkt, um Pläne zu schmieden. Wenn Sie also im Januar versucht haben, Vorsätze zu fassen, aber nichts daraus geworden ist, haben Sie jetzt die Chance, noch einmal ganz von vorn anzufangen.

Bei den Hindus, Sikhs und Jains steht der 4. und 5. Februar mit Saraswati-Puja oder Vasant Panchami in Verbindung. Das ist das Fest der Göttin Saraswati – der Beginn der Vorbereitungen auf den Frühling, der vierzig Tage später in seiner ganzen Pracht und Herrlichkeit eintrifft. Die Menschen kleiden sich in Gelb, eine Farbe, die mit Saraswati assoziiert wird. Diese Göttin steht (ebenso wie Brid) mit schöpferischer Energie in jeglicher Form in Verbindung – Wissen, Sprache, Musik und Kunst. Familien begehen diesen Tag, indem sie gelbe Speisen essen und ihre kleinen Kinder dazu ermutigen, ihre ersten Worte zu schreiben, oder indem sie zusammenkommen, um Gedichte zu lesen und Musik zu hören.

Auf der ganzen Welt ist Imbolc eine Zeit des Loslassens und innerer Offenheit und Empfänglichkeit für Inspirationen. Deshalb wollen wir uns nun überlegen, was Sie selbst tun können, um sich von früheren Verletzungen zu reinigen.

Zum Ausprobieren: Ein heiliges Salzbad, um sich von seelischem Schmerz zu befreien

Wie ich bereits im Kapitel über den Winter erwähnt habe, gilt Salz in der westlichen Esoterik als Energiereiniger; manche Hexen nehmen ein Reinigungsbad, bevor sie ihre Rituale zelebrieren. Da der Mond – der Himmelskörper, der mit Imbolc assoziiert wird – auch über die Gezeiten des Meeres herrscht, kombiniere ich all diese Ideen gerne zu einem heiligen Salzbad. Das können Sie zur Vorbereitung auf Ihr Imbolc-Ritual verwenden oder es einfach dann nehmen, wenn Sie total erschöpft sind oder die Ereignisse des Tages von sich abwaschen möchten.

Mit diesem rituellen Bad spülen wir die ganze Stagnation oder Dunkelheit, die wir vielleicht mit uns herumgetragen haben, von uns ab und bereiten den Boden für neue Samen der Positivität und eines Lebens in harmonischem Einklang mit uns selbst, die wir in den kommenden Monaten in die Erde legen werden. Dies ist ein Neuanfang.

Wenn Sie als Zutat für diesen Badezusatz Bittersalz verwenden, hat das den zusätzlichen Vorteil, Ihrem Körper Magnesium zu liefern, das für seine positive Wirkung gegen Muskelschmerzen bekannt ist. Ich habe ein paar Worte in dieses Ritual eingefügt, mit denen Sie das Salz und das Wasser segnen können, um dem Ganzen einen Hauch von Magie zu verleihen; doch das ist nicht unbedingt notwendig.

Während Sie sich auf das Bad vorbereiten, nehmen Sie

sich neun Minuten Zeit, um in Ihrem Tagebuch spontan und ohne jede innere Zensur alles niederzuschreiben, was Sie in letzter Zeit gekränkt oder verletzt hat – all die Dinge, die Ihnen nicht mehr zuträglich sind. (Ja, die neun Minuten spielen eine wichtige Rolle, denn die Neun ist die Zahl des Mondes!) Stellen Sie sich einen Timer – Sie werden staunen, wie viel Dampf Sie in dieser Zeit ablassen können. Wenn Sie wasserlösliches Papier oder Reispapier finden können, umso besser; aber normales Papier tut es auch. Die Tinte in Ihrem Stift muss allerdings wasserlöslich sein; unlöschbare Tinte eignet sich nicht für dieses Ritual.

Für dieses Rezept brauchen Sie:

- ½ Tasse Meersalz: Ich würde fein gemahlenes Salz empfehlen, da es sich leichter in Wasser auflöst und daher weniger an Ihrem Po kratzt, als wenn Sie auf großen Salzklumpen sitzen.
- ¼ Tasse Bittersalz: Dieses Salz können Sie in jeder guten Apotheke kaufen; man braucht es aber nicht unbedingt. Das Rezept funktioniert auch, wenn Sie nur Meersalz bekommen können.
- 1 Esslöffel Natron
- 9 Tropfen ätherisches Jasminöl
- 9 Jasminblüten (falls Sie nicht so viele Jasminblüten in der Kräuterhandlung kaufen möchten, können Sie auch schummeln und stattdessen einen Beutel Grüntee mit Jasmin verwenden; aber erzählen Sie niemandem, dass ich Ihnen das geraten habe!)

Vermischen Sie Salz, Bittersalz und Natron mit den Fingern in einer Schüssel und sagen Sie dabei:

Ich segne dich, Salz, damit du mich von allem Negativen reinigst und alle Segnungen der Natur auf mich herabregnen lässt. Wasche alle Verletzungen und Schmerzen von mir ab.

Dann fügen Sie die neun Tropfen Jasminöl und die Jasminblüten hinzu und vermischen wieder alle Zutaten mit der Hand. Stellen Sie sich dabei vor, dass Sie in einem ruhigen Meer schwimmen, die Wärme der auf Sie herabscheinenden Sonne Ihren Körper wärmt und das Wasser sanft und beruhigend Ihre Haut streichelt. Wenn Sie so weit sind, lassen Sie sich ein schönes warmes Bad einlaufen. Während das Wasser läuft, halten Sie Ihre Hand hinein und sagen:

Ich reinige dich, Geist des Wassers, damit du wiederum meine Welt von Unreinheiten und Blockaden reinigst, die mich auf dem Weg zu mir selbst zurück behindern. Wasche alle Verletzungen und Schmerzen von mir ab.

Wenn Sie so weit sind, kippen Sie den Inhalt der Schale ins Badewasser, und während Sie das Wasser mit der Hand vermischen, sagen Sie:

Ich segne dieses Wasser, damit es alle Verletzungen und Schmerzen von mir abwäscht. Ich rufe dich an (hier können Sie das Wort »Universum« oder den Namen einer Gottheit Ihrer Wahl einfügen) und bitte dich: Hilf mir, diese Reise zu mir selbst fortzusetzen.

Nehmen Sie eine Flasche von dem Badewasser ab und stellen Sie sie beiseite. Dieses Wasser wird Ihnen später bei der Reinigung des Raums gute Dienste leisten. Dann steigen Sie in die Badewanne, lehnen sich zurück und aalen sich nach Herzenslust darin. Dabei stellen Sie sich vor, wie das Meer Sie unter dem silbernen Mondlicht vorwärtsträgt und alle Ihre Verletzungen wegspült.

Sobald Sie sich ruhig und erfrischt fühlen, steigen Sie aus der Badewanne und suchen die Notizzettel mit den erlittenen Verletzungen zusammen, die Sie sich notiert haben. Wir werden diese Zettel nun in das Badewasser werfen; deshalb muss die Tinte wasserlöslich sein. Während Sie die einzelnen Seiten unter die Wasseroberfläche halten, beobachten Sie, wie sich die Worte in nichts auflösen, und sagen dabei:

Ich lasse diese Verletzungen los, ich lasse diesen Schmerz los, ich vergebe euch, und ich vergebe mir selbst. Wasser des Lebens, nimm diese Worte in deinen Strom auf und spüle sie ins Meer, in unser aller große Mutter.

Sobald Sie so weit sind, ziehen Sie den Stöpsel und lassen das Wasser abfließen. Wringen Sie die Papiere aus, deren Schrift jetzt unlesbar sein sollte, und recyceln Sie sie.

Das Salzwasser in der Flasche, die Sie beiseitegestellt

haben, können Sie für die Reinigung Ihrer Räume (und Ihres Körpers) verwenden. Sie können es mit den Fingern oder – falls Ihnen das lieber ist – mit einem Zweig (zum Beispiel Rosmarin) überall verteilen. Ich habe für solche Fälle immer eine Sprühflasche im Haus.

Für das kommende Jahr vorsorgen

Wenn Sie daran glauben, dass jeder Sabbat im Jahreskreis einer neuen Aufgabe oder einem neuen Ziel gewidmet ist, dann ist Imbolc die Zeit, in der die meisten Ernten bereits eingebracht worden sind und wir wieder einmal ohne Früchte dastehen. Wenn der Boden an Imbolc nicht bereitet – gemulcht und gedüngt – wird, dann werden die kommenden Ernten weniger reichlich ausfallen. Daher sind wir nun aufgefordert, darüber nachzudenken, welche unserer Gaben wir in den kommenden Monaten fördern und weiterentwickeln könnten. Was werden Sie jetzt für die Zukunft schaffen? Welche Arbeit steht in diesem Jahr an?

Wenn Sie sich mein Imbolc-Tagebuch anschauen, werden Sie feststellen, dass dabei der Blick nach vorn, also Vorbereitung und Planung, im Vordergrund stehen:

Die Zeichen neuen Lebens sind offenkundig, sogar in der Stadt. Auf meiner täglichen Fahrt zur Arbeit sehe ich ein Reiherpaar, das Seite an Seite auf einem Ast sitzt. Auch sonst sind überall Vogelpaare zu sehen: Elstern und Ringeltauben im Garten, Rotkehlchen in der Hecke, Krähen auf Lincoln's Inn Fields. Sie sammeln Zweige und Moos, um ihre warmen Nester damit auszukleiden, damit die Jungvögel, die sie in den kommenden Wochen ausbrüten werden, aus ihren Eiern schlüpfen können. Auch in meinem eigenen Leben plane ich nun für die kommenden Wochen voraus: berufliche Projekte und Besprechungen, Kurse und Vorträge, die ich halten muss, und Besuche bei Familienangehörigen, um mich wieder mit meinen eigenen Wurzeln zu verbinden. Die Welt ist voll von Möglichkeiten dessen, was sein könnte. Nun ist es an der Zeit, meine Pläne für dieses Jahr zu fassen; wie der Lehmboden unter meinen Füßen ist auch die Zukunft dazu da, geformt und gestaltet, poliert und dann mit der Flamme der Kreativität befeuert zu werden.

Wenn unser Hexenzirkel an Imbolc zusammenkommt, widmen wir uns jugendlichen Aktivitäten – wir hängen unseren Träumen und Betrachtungen nach. So können wir uns unser zukünftiges Ich und unsere Leistungen und Errungenschaften vorstellen, bevor wir diese Vorhaben in der physischen Welt in Angriff nehmen – so wie wir es in unserer Jugend getan haben, als die Welt noch voller unbegrenzter Möglichkeiten zu sein schien.

Wir meditieren über die Tarotkarte »Der Mond«, die dafür steht, dass Schichten von unbewusstem Wissen an die Oberfläche kommen – dass Licht auf die Strukturen fällt, die unserem Ich zugrunde liegen. Diese Karte repräsentiert eine intuitive Kraft, die das Wilde unseres Wesens entfesselt und verborgene

Tiefen und Wahrheiten enthüllt. Das kann nervenaufreibend sein; aber es gibt Ihnen auch die Möglichkeit, eine Bestandsaufnahme Ihres eigenen Inneren zu machen, während Sie darüber nachdenken, wie die nächsten Sabbate im Jahreskreis für Sie aussehen sollten.

Ihr unbewusstes Ich

Das Unterbewusstsein ist der Ursprung vieler Dinge, die Sie zu sich selbst und Ihren Wünschen und Sehnsüchten zurückführen. Es ist die Quelle unserer Träume, unserer Vorstellungskraft; es ist der Teil von uns, der etwas lernt, und eine Quelle großer Macht für uns alle – nicht nur für Hexen! Imbolc eignet sich hervorragend dazu, etwas von den Inhalten dieses Unterbewusstseins an die Oberfläche steigen zu lassen.

Wenn Sie schon einmal unter Psychologen, Psychotherapeuten oder spirituell denkenden Menschen verkehrt haben, wissen Sie vielleicht, dass »zwei Herzen in Ihrer Brust wohnen«: Bewusstsein und Unterbewusstsein. Ihr Bewusstsein ist derjenige Teil Ihrer selbst, der sich mit Logik, rationalem Denken und Sprache befasst. Allerdings hat das Bewusstsein den Nachteil, dass es immer nur eine begrenzte Menge an Informationen verarbeiten kann – dann bekommt es Probleme. Das Unterbewusstsein dagegen ist die intuitionsbegabte, kreative Seite Ihrer Persönlichkeit, die träumt, lernt, sich etwas vorstellt und immer dann die Regie übernimmt, wenn Sie in einen Flow-Zustand hineingeraten – sich also so sehr in eine Aktivität vertiefen, die Sie begeistert, dass Sie jedes Zeitgefühl verlieren. Dieser

Flow-Zustand ist wichtig für unsere seelische Gesundheit – wenn wir ihn erreichen, sind wir glücklicher und kreativer und leisten oft auch bessere Arbeit. Das Unterbewusstsein ist der Bereich, in dem all die erstaunlichen Veränderungen in Ihrem Leben stattfinden. Wenn es Ihnen gelingt, etwas an Ihren unbewussten Mustern zu ändern, beginnt sich auch Ihre äußere Welt zu verändern.

Das Schwierige an der Arbeit mit Ihrem Unterbewusstsein ist, dass diese Interaktion so ähnlich abläuft wie der Umgang mit einem siebenjährigen Kind. Das Unterbewusstsein hört nicht immer auf die Sprache der Logik und will auch nicht unbedingt gesagt bekommen, was es tun soll. Es kommuniziert lieber über Symbole, Farben und Sinneseindrücke. Außerdem liebt es Geschichten und lernt, indem es Ihre eigene Person in seiner Fantasie in den Mittelpunkt dieser Geschichten stellt. Deshalb faszinieren Märchen und Geschichten uns so sehr.

Wenn Sie glauben, das alles erfasst zu haben, sind Sie bereit dafür, das dritte Element Ihrer Persönlichkeit kennenzulernen – Ihr höheres Selbst. Das ist der Persönlichkeitsanteil, der nach Meinung von Psychologen wie C. G. Jung auf universeller Ebene existiert – er steht mit dem Göttlichen, dem kollektiven Unbewussten und (falls Sie daran glauben) jenem Teil Ihrer Seele in Verbindung, der über mehrere Leben hinweg existiert.

Das Schwierige daran ist der Informationsfluss zwischen diesen drei Teilen Ihrer Persönlichkeit. Bewusstsein und Unterbewusstsein können miteinander kommunizieren; aber das Unterbewusstsein (das nur in Zuständen veränderten Bewusstseins – zum Beispiel beim Träumen oder im Flow-Zustand – die Kontrolle übernimmt) ist der einzige Teil von Ihnen, der direkt mit Ihrem höheren Selbst in Kontakt treten kann. Die Kommunikation mit dem höheren Selbst ist also ziemlich kompliziert. Oft erhalten Sie Informationen und Einsichten, die vom höheren Selbst ins Unterbewusstsein »heruntergeladen« werden, während Sie schlafen oder gerade mit irgendetwas anderem beschäftigt sind. Doch um Zugang zu diesen Informationen und Erkenntnissen zu erhalten, müssen wir unser Unterbewusstsein vorübergehend ins Rampenlicht treten lassen – entweder durch Meditation, Flow-Zustände oder Augenblicke stiller Kontemplation.

Traumtagebuch

Eine Möglichkeit, mit unserem Unterbewusstsein oder unserem inneren Ich in Kontakt zu treten, besteht darin, unsere Träume aufzuschreiben. Wahrscheinlich sind die meisten Menschen schon einmal auf die Idee gekommen, ein Traumtagebuch zu führen – verzweifeln Sie nicht, wenn Ihnen das schwerfällt! Ich schlafe oft sehr tief; die Vorstellung, dass ich mir antrainieren muss, meine Träume aufzuschreiben, bevor ich sie vergesse, übersteigt meine Fähigkeiten, und ich habe auch keine große Lust dazu. Wenn Sie das können, tun Sie es! Doch wenn nicht, dann führen Sie lieber ein Wachtraumtagebuch, indem Sie sich eine Zeit lang Ihren Tagträumereien hingeben.

Gehen Sie mit Ihrem Notizbuch und einem Stift in die Natur hinaus und suchen Sie sich einen Ort, an dem Sie ruhig und ungestört dasitzen können. Schalten Sie Ihr Handy aus, denn selbst ein Vibrationsalarm kann Sie ablenken. Konzentrieren Sie sich auf irgendein Element der Natur, das Ihre Aufmerksamkeit weckt. Das kann das Rauschen der Blätter im Wind sein, die Art, wie sich das Sonnenlicht im Wasser spiegelt, oder die Wolken, die über den Himmel ziehen. Wenn Sie keine Möglichkeit haben, sich dieser Betrachtung draußen in der Natur hinzugeben, suchen Sie sich ein ruhiges Plätzchen zu Hause, zünden Sie eine Kerze an und konzentrieren Sie sich auf die Flamme.

Entspannen Sie sich, stellen Sie Ihren Blick »unscharf« und lockern Sie Ihre Kieferpartie. Atmen Sie dreimal tief durch und kommen Sie innerlich zur Ruhe. Lassen Sie Ihrer Fantasie freien Lauf. Welche Bilder steigen in Ihnen auf? Welche Eindrücke gehen Ihnen durch den Kopf? Bringt das, worauf Sie sich konzentrieren, Sie womöglich auf irgendeine andere Idee? Lassen Sie Ihre Gedanken schweifen. Bringen Sie alle Ihre Eindrücke zu Papier.

Wenn Sie ein nächtliches Traumtagebuch führen, legen Sie das Notizbuch und den Stift neben Ihr Bett, und schreiben Sie auf, woran Sie sich erinnern, sobald Sie aufwachen; bei einem Wachtraumtagebuch halten Sie das Notizbuch einfach immer griffbereit. Aber fokussieren Sie Ihre Gedanken nicht allzu sehr darauf!

Der nächste Schritt besteht darin, zu »entschlüsseln«, was Ihr Unterbewusstsein Ihnen mitteilen möchte. Manchmal sind Träume einfach nur eine Verarbeitung dessen, was in Ihrem Leben gerade vor sich geht. Wenn Ihnen etwa eine wichtige Prüfung oder Präsentation bevorsteht, könnte sich das in einem Angsttraum niederschlagen (beispielsweise einem dieser typischen Träume, bei denen man zur Arbeit kommt und feststellt, dass man vergessen hat, sich anzuziehen); aber manchmal kommuniziert in Ihren Träumen auch Ihr Unterbewusstsein mit Ihnen. Ich wache zum Beispiel oft mit einem Song im Kopf auf, und wenn ich mir dann den Text dieses Liedes vergegenwärtige, sagt er mir alles, was ich wissen muss.

Hin und wieder enthält so ein Traum auch ein rätselhaftes Symbol. Natürlich können Sie die geheime Bedeutung solcher Symbole googeln; aber vielleicht sollten Sie lieber erst einmal darüber nachdenken, was dieses Symbol, diese Idee oder dieses Gefühl für Sie bedeutet (denn schließlich stammt die Mitteilung von *Ihrem* Unterbewusstsein). Welche Kindheitserinnerungen weckt das Symbol in Ihnen? Mit wem assoziieren Sie es? Wenn Sie spontan ein paar Gedanken dazu auf ein Blatt Papier kritzeln, können Sie die versteckte Bedeutung oft selbst herausfinden, ohne eine Suchmaschine zu bemühen. Natürlich müssen Sie nicht alle Vorschläge Ihres Unterbewusstseins befolgen – aber wenn sich in diesen Botschaften Ihr wahres, tiefstes Inneres widerspiegelt, warum sollten Sie dann nicht danach handeln?

Es gibt auch noch andere Möglichkeiten, Imbolc zu feiern, zum Beispiel:

- Kerzen basteln – Sie werden staunen, wie einfach das ist! Man braucht dazu keine teuren Kerzengießformen und auch keine komplizierte Ausstattung. Meiner Meinung nach ist Sojawachs am einfachsten zu verwenden, da es eine schöne glatte Oberfläche ergibt. In meinen Workshops benutzen wir bei der Herstellung von Votivkerzen oft Kaffeebecher aus Papier als Gießform.

- Ein Brautkreuz aus Schilf flechten – im Internet finden Sie tolle Anleitungen dazu!
- Oder wandern Sie zu einer Quelle und lesen Sie ihr als Zeichen Ihrer Ehrerbietung ein Gedicht oder Gebet vor.

Zum Ausprobieren: Ein Ritual zur Feier von Imbolc

Für dieses Wahrsageritual sollten Sie den Altarplatz nutzen, den wir während unserer Mittwinterfestlichkeiten geschaffen haben (siehe Seite 59). Stellen Sie den Altar nach Möglichkeit im nordöstlichen Teil des Raums auf.

Für dieses Ritual brauchen Sie:

- Ein weißes Tuch
- Drei weiße Stumpenkerzen
- Blumen der Saison, um den Altar zu schmücken
- Eine Schale
- Etwas Milch oder einen Spritzer Geschirrspülmittel
- Permanente Tinte oder Lebensmittelfarbe

Entgegen der landläufigen Meinung geht es beim Hellsehen nicht immer darum, zu sehen, was in Zukunft passieren wird – denn die Zukunft steht nicht fest (wozu bräuchten wir sonst einen freien Willen?). Ebenso wie andere Wahrsagemethoden ist das Hellsehen jedoch eine gute Möglichkeit, mit Ihrem Unterbewusstsein in Verbindung zu treten und Ihr Gespür dafür zu schärfen, welche neuen Ereignisse oder Entwicklungen sich womöglich am Horizont abzeichnen.

Nehmen Sie sich in der Woche vor diesem Ritual ein bisschen Zeit, in der Sie allein und ungestört sind, und denken Sie darüber nach, welche Fragen Sie zurzeit beschäftigen. Vor welchen Herausforderungen stehen Sie? Gibt es Probleme, die Ihnen im Weg stehen? Was müssen Sie tun, um Ihre Pläne voranzubringen? Was müssen Sie wissen, um Ihr Ziel zu erreichen? Wenn Sie in irgendeinem Bereich Ihres Lebens nicht so recht weiterkommen, dann ist dieses Ritual genau das richtige für Sie – es soll Ihnen helfen, einen anderen Weg einzuschlagen.

Denken Sie einmal über die bescheidene kleine Spinne nach. Obwohl uns manchmal beigebracht wird, diese Tiere zu fürchten, sind sie äußerst kreativ. Ich stelle oft fest, dass mein Haus voller Spinnen ist, wenn ich wieder einmal mit meiner Kreativität in Kontakt kommen muss. Damit erinnert mein Unterbewusstsein mich daran, dass ich mein Netz nicht so gut webe, wie ich eigentlich könnte. Wenn ich um die Zeit von Imbolc in der Natur spazieren gehe, sind die Hecken morgens manchmal mit Spinnennetzen bedeckt, die im frostigen Licht der Morgendämmerung schimmern. Denken Sie bei der Vorbereitung auf dieses Ritual darüber nach, welch schönes, starkes Netz Sie um sich herum spinnen könnten!

An Imbolc ist es üblich, ein weißes Tuch über den Altar zu legen und ihn mit drei weißen Kerzen zu schmücken. Ich verwende dazu gerne Stumpenkerzen für den Kirchenbedarf, weil sie lange halten und man sie immer wieder neu anzünden kann; aber Stabkerzen eignen sich genauso gut für diesen Zweck. Wenn Sie die Möglichkeit haben, ein paar Schneeglöckchen oder frühe Krokusse in Ihrem Garten zu pflücken (statt sie der freien Natur zu entnehmen), können Sie auch ein Sträußchen mit Frühlingsblumen auf Ihren Altar stellen.

Ich stelle auch ein Schälchen Milch dazu, da dieses Lebensmittel für fruchtbares neues Leben und Nahrung steht. Wenn Sie vegan leben, können Sie stattdessen eine Schale Wasser mit einem kleinen Spritzer Spülmittel aufstellen (das Spülmittel sorgt dafür, dass die Tinte mit dem Wasser eine Suspension bildet, ohne sich ganz darin aufzulösen). Außerdem benötigen Sie etwas permanente Tinte (diesmal nicht wasserlöslich) oder Lebensmittelfarbe für das Hellsehen.

Vielleicht sollte ich Ihnen einen kleinen Eindruck davon vermitteln, was Sie nun erwartet. Als ich zum ersten Mal die Kurse am College of Psychic Studies besuchte, war ich überzeugt davon, an »übersinnlichem Schnupfen« zu leiden, weil ich nichts »sehen« konnte. Doch das Problem bei der Sache waren nicht meine intuitiven Fähigkeiten, sondern meine Erwartungen. Genau wie mir gelingt es vielen Menschen anfangs nicht, »richtig« hellzusehen, weil sie ihre Erwartungen zu hoch ansetzen. Denn mit dieser Wahrsagemethode werden Sie nicht Ihre ganz persönliche Version von Galadriels Spiegel heraufbeschwören – Sie können also keine Filmvorführung davon sehen, was im Auenland passieren wird. (Obwohl: Wenn Sie tatsächlich die Gabe haben, so klar und deutlich zu »sehen«, sollten Sie sich das nicht ausreden!)

Die Wahrscheinlichkeit, beim Hellsehen ein brauchbares Ergebnis zu erzielen, ist höher, wenn Sie sich locker und entspannt auf diese Übung einlassen und Ihrer Fantasie dabei freien Lauf lassen. Versuchen Sie nicht krampfhaft, in die Zukunft zu sehen, sondern gehen Sie die Sache in einer inneren Haltung der Neugier an und lassen Sie alles auf sich zukommen. Das können auch ganz subtile, vorübergehende Gefühle sein. Ich, zum Beispiel, trete beim Hellsehen oft in einen Dialog mit meinen göttlichen Helfern und gehe mit einem inneren Wissen daraus hervor, das mir zu Beginn dieses Dialogs nicht bewusst war. Diese Übung muss nicht unbedingt zu dramatischen oder schicksalshaften Erkenntnissen führen; aber halten Sie Ihr Notizbuch für alle Eindrücke bereit, die in Ihnen aufsteigen! Sonst sind diese Erkenntnisse womöglich genauso schnell verschwunden wie Farbspritzer in einem Bach, sobald Sie wieder in Ihr volles »Wach«-Bewusstsein zurückkehren.

Bereiten Sie sich auf Ihr Ritual vor, indem Sie den Raum reinigen, also ein bisschen Räucherwerk verbrennen oder etwas von Ihrer Salzwasser-Bademischung versprühen – am besten, *bevor* Sie darin gebadet haben! Säubern Sie auch sich selbst – wenn Sie möchten, können Sie das oben beschriebene Bad noch einmal nehmen (siehe Seite 82 ff.). Ziehen Sie sich etwas Bequemes an. Falls Ihr Altar etwas niedriger ist (ungefähr so wie ein Couchtisch), verwenden Sie ein Kissen als Sitzunterlage.

Zünden Sie die erste weiße Kerze an, dimmen Sie die Beleuchtung herunter und machen Sie es sich bequem. Konzentrieren Sie sich ein paar Minuten lang auf Ihren Atem und bringen Sie Ihre Gedanken zur Ruhe. Wenn Sie so weit sind, sprechen Sie folgende Worte vor sich hin:

Brid, Herz der lebendigen Flamme
Geliebte der Schmiede
Schwester der gesegneten Quellen
Bringerin der Heilung
Mutter der Kreativität
Quell der Worte
Segne mich mit deinem Anblick
Gib mir die Kraft, die Wege zu gehen,
Die mich zu dir
Und zu mir selbst zurückführen

Ziehen Sie die Schale mit Milch oder Wasser näher zu sich heran und halten Sie die Tinte bereit. Dann zünden Sie die nächste Kerze an und sagen:

Das Rad dreht sich und in der Dunkelheit entzündet sich eine Flamme.
Draußen umarmt der Frost noch das Immergrün.
Die kalte Luft beißt in unsere Finger und Zehen.
Ich sitze drinnen, weit weg von der kalten Glasluft,
Schaue in mich hinein und denke nach.
Ariadne spinnt ihr Netz, und genau wie sie
Balanciere ich an den Fäden entlang, lausche auf Bewegungen
Und warte auf das Tauwetter, das den Frühling einläutet,
Aber die Stille, die Stille.
Was soll ich deiner Meinung nach jetzt erfahren?

Wenn Sie so weit sind, zünden Sie die dritte Kerze an und stellen sie näher an die Schale heran als die beiden anderen. Geben Sie drei Tropfen von der Tinte in das Wasser oder die Milch. Es ist wichtig, die Schale zu diesem Zeitpunkt ganz ruhig zu halten, damit die Tinte sich durch die verborgenen Strömungen in der Flüssigkeit und durch Ihren sanften Atem, der über die Oberfläche streicht, zwar bewegt, aber nicht vollständig auflöst. Sprechen Sie nun den folgenden Satz vor sich hin und fügen Sie in die Leerstelle alles ein, was Sie gerne wissen oder bedenken möchten, wenn auch vielleicht nur in sehr allgemeinen Begriffen:

Meine Lehrer und Helfer, ich danke euch dafür, dass ihr mir zeigt,
was ich jetzt über [–] wissen muss.

Lassen Sie Ihrer Fantasie freien Lauf, sodass sie ihre Assoziationen nach Herzenslust um die Bilder herumspinnen kann, die Sie in der umherfließenden Tinte sehen. Es ist am besten, sich erst dann Notizen dazu zu machen, wenn Sie mit dem Hellsehen fertig sind; denn beim Schreiben nutzen Sie den bewussten Bereich Ihres Gehirns, während das Hellsehen aus dem Unterbewusstsein heraus geschieht. Wenn Sie Ihre Gedanken einfach durch die Tintenmuster an der Oberfläche des Wassers oder der Milch hindurchfließen lassen, wird sich daraus ein Eindruck oder Gefühl ergeben; oder vielleicht fällt Ihnen dabei auch eine Linie auf, die Ihnen besonders wichtig erscheint. Das letzte Mal, als ich diese Übung machte, kam mir zum Beispiel eines meiner Lieblingszitate (»Glaube an das Leben und vertraue auf mich«) in den Sinn, das aus einer Wicca-Beschwörung namens »Charge of the God« stammt. Es erinnerte mich daran, Mut zu haben und auf den Prozess zu vertrauen, der sich in meinem Leben gerade entfaltete. Vielleicht wird Ihnen beim Hellsehen ein Text oder ein Bild in den Sinn kommen – oder die Erinnerung an ein vergangenes, längst vergessen geglaubtes Ereignis, die Ihnen bewusst macht, dass Sie sich früher schon einmal in dieser Sackgasse befunden haben, und Ihnen auch eine ungefähre Ahnung davon vermittelt, wie Sie dieses Problem damals gelöst haben.

Wenn Sie das Gefühl haben, mit dem Hellsehen fertig zu sein, oder allmählich unruhig werden, sagen Sie folgende Worte vor sich hin:

Möge ich aus der Dunkelheit in das immer heller werdende Licht hinaustreten
Mögen meine Füße mich an den Fäden meines eigenen Netzes entlangtragen, trittsicher und Schritt für Schritt
Entlang an dem Netz, das ich aus dem schöpferischen Funken der göttlichen Vorsehung gewoben habe
So soll es sein.

Dann schließen Sie die Augen, bedanken sich bei Brid, Ihrer persönlichen Gottheit oder ganz einfach beim Universum und atmen noch dreimal tief durch, um wieder ganz in Ihren Körper zurückzukehren. Nun ist der richtige Zeitpunkt gekommen, um Ihre Eindrücke aufzuschreiben, bevor sie Ihnen entgleiten. Essen oder trinken Sie etwas, um sich wieder zu erden – Brot und Käse wären für Brid angemessen, ebenso ein Glas Milch oder einfach nur ganz normales Quellwasser.

Hoffentlich wird Ihnen allmählich klar, dass jeder Sabbat uns nicht nur dabei hilft, unsere Ziele zu erkennen und auf sie zuzusteuern (egal ob sie mit unserer Arbeit oder mit dringend notwendigen Veränderungen in unserem persönlichen Leben zu tun haben), sondern uns gleichzeitig auch die Natur widerspiegelt. Nach einiger Zeit werden Sie das Gefühl haben, dass Ihr Leben untrennbar mit der Welt der Natur verschmilzt, bis beides nicht mehr voneinander zu unterscheiden ist – in der Außenwelt spiegeln sich die Muster Ihrer inneren Welt wider und umgekehrt. Zwar kann man Imbolc leicht für eine passive, inaktive Jahreszeit halten; doch der Schein trügt: In dieser Zeit finden die meisten Aktivitäten unter der Oberfläche statt, weil wir uns jetzt auf neues Wachstum und auf die nächste Phase des Jahres vorbereiten: die Frühlings-Tagundnachtgleiche.

DREI

FRÜHLINGS-TAGUNDNACHTGLEICHE

CA. 21. MÄRZ (NÖRDLICHE HALBKUGEL)
CA. 21. SEPTEMBER (SÜDLICHE HALBKUGEL)

Ich werde mich in einen Hasen verwandeln,
Mit Kummer und Seufzen und großer Sorge;
Und ich werde gehen in des Teufels Namen,
Ach!, während ich wieder nach Hause komme.

Auszug aus dem Geständnis von Isobel Gowdie (1662)

THEMEN: Gleichgewicht, Frühling, Kommunikation, Inspiration, das heilige Nichtbinäre
PLANET: Merkur
HIMMELSRICHTUNG: Osten
TAROTKARTE: Der Magier
ASTROLOGIE: Widder

Es war einmal eine Frau, die lebte in einem kleinen Haus am Rande des Großen Waldes in einem Land, das nicht allzu weit von diesem hier entfernt war. Die Frau wohnte dort ganz allein, war aber nicht einsam. Denn sie hatte die Bäume und ihre Katze und ihre Bücher als Gesellschaft und all die Tiere und Vögel, die in dem Großen Wald lebten. Doch obwohl sie glücklich und zufrieden war, hielten die Bewohner des nahe gelegenen Dorfs sie für sehr sonderbar. »Da stimmt doch etwas nicht«, flüsterten die Leute hinter vorgehaltener Hand, wenn sie sie kommen sahen, »eine Frau ganz allein? Es muss irgendetwas Seltsames und Unnatürliches an ihr sein. Sie sieht auch komisch aus – sie kann nicht älter sein als dreißig, und doch ist ihr Haar weiß wie Schnee.«

So erzählte man sich mit der Zeit immer mehr Geschichten über diese Frau, und jedes Mal, wenn eine neue Geschichte aufkam, war sie mit mehr Details ausgeschmückt und enthielt mehr Verdächtigungen als die vorige: »Sie muss eine Hexe sein. Habe ich nicht vor knapp drei Monaten gesehen, wie die Bäuerin sie besuchte? Wir alle wissen, dass sie nicht schwanger werden konnte, und jetzt erwartet sie ein Kind.« Und weiter: »Nach Sonnenuntergang verwandelt sie sich in einen Hasen und rennt mit ihrem langohrigen Gefährten über die Felder.«

Dann, eines Tages, ging der Gutsherr mit seinen Hunden auf die Jagd. Er war auf der Suche nach der Fährte eines seltenen weißen Hasen, den man in dieser Gemeinde gesehen hatte, der ihm aber schon seit Wochen immer wieder entkommen war. Der Gutsherr war fest entschlossen, diesen Hasen zu seinem Abendessen zu machen. Endlich hatte seine Hundemeute die Fährte aufgenommen und rannte los. Er gab seinem Pferd die Sporen und jagte den Hunden hinterher. Da sah der Gutsherr direkt vor sich etwas Weißes wie einen Blitz über die Felder huschen – den weißen Hasen! Doch so schnell sein Pferd auch rannte, es gelang ihm nicht, den Hasen einzuholen. Er galoppierte immer weiter und weiter durch Felder und in den Wald hinein. Nach langer Zeit schien der Hase müde zu werden. Er hielt in seinem Lauf inne, um wieder zu Atem zu kommen. Da witterte der Gutsherr seine Chance. Er hob sein Gewehr an die Schulter und feuerte einen Schuss ab. Doch er musste danebengeschossen haben, denn der Hase rannte wieder los.

Die Verfolgungsjagd ging weiter, aber diesmal lief der Hase langsamer. Der Gutsherr schien ihn mit seinem letzten Schuss gestreift zu haben. Die Hunde, denen der Geruch von Blut in die Nase stieg, bellten nun umso lauter und jagten mit neuer Kraft hinter dem Hasen her. Der Hase, der wusste, dass das seine letzte Chance war, flüchtete sich ins Dickicht der Bäume, um dort Schutz zu suchen.

»Verdammt«, dachte der Gutsherr. »Durch dieses dichte Unterholz zu reiten, wird viel schwieriger sein. Ich muss den Hasen jetzt erwischen, bevor mein Pferd lahm wird.«

Da sah er in der Ferne die Lichter einer Hütte. Dort lebte die seltsame Frau, über die alle Leute tuschelten; und genau auf diese Hütte rannte der Hase zu.

Doch als der Gutsherr das kleine Häuschen erreichte, war von dem Hasen keine Spur zu entdecken – und von der Frau auch nicht. Er sah nur ihre schwarze Katze, die ihn vom Fenster aus mit ihren gelben Augen beobachtete, während sie sich gemächlich die Vorderpfote leckte.

»Hallo!«, rief er, als er die Tür aufstieß. »Ist da jemand?« In diesem Augenblick hörte er ein Geräusch, das wie das Wimmern eines verletzten Tieres klang und aus einer Ecke hinter dem Tisch kam. Als die Augen des Gutsherrn sich an das dämmerige Licht gewöhnt hatten, fasste er Mut und durchquerte den Raum, um seine verletzte Beute endlich zu entdecken und ihr den Todesschuss zu geben. Und dort, in der Ecke des Zimmers, lag die Frau auf dem Boden ausgestreckt, und Blut strömte aus der Schusswunde an ihrer Hüfte.

Im Volksmund kursieren unzählige Geschichten dieser Art. Früher, als man in Westeuropa und den USA noch große Angst vor Hexen hatte, waren Gerüchte über Hexen, die sich in Hasen verwandelten oder in Begleitung ihrer Hasengefährten umherstreiften, weit verbreitet. Auf dem Frontispiz von Matthew Hopkins' berüchtigtem Buch *The Discovery of Witches* aus dem Jahr 1647 ist neben Pyewackett und Vinegar Tom auch Sacke & Sugar, ein Dämon in Hasengestalt, abgebildet. Tatsächlich war die Assoziation zwischen Hase und Hexe so weit verbreitet, dass die im Jahr 1662 wegen Hexerei angeklagte Schottin Isobel Gowdie gezwungen – oder genauer gesagt: genötigt – wurde, den Zauberspruch zu verraten, den sie aufsagte, um sich in einen Hasen und dann wieder zurück in einen Menschen zu verwandeln. »Ich werde mich in einen Hasen verwandeln, mit Kummer und Seufzen und großer Sorge«, erklärte sie ihren Peinigern daraufhin.

Warum habe ich unseren dritten Sabbat auf dem Jahresrad mit all diesem Gerede über Hexen und Hasen begonnen? Weil die Frühlings-Tagundnachtgleiche – bei der wir jetzt angelangt sind – mit dem Hasen in seinen vielen gestaltwandlerischen Formen assoziiert wird. Diese Lebewesen tauchen in unseren Mythen immer wieder auf – so auch in den Kindergeschichten von Brer Rabbit (Bruder Hase), dem cleveren Trickbetrüger, der nur allzu gern Leute überlistet, die ihn zu bändigen versuchen. Die Figur des Brer Rabbit hat ihren Ursprung in Westafrika, gelangte mit den versklavten Menschen zu den Westindischen Inseln und nach Amerika und wurde dann von weißen Autorinnen und Autoren wie Joel Chandler Harris und Enid Blyton in ein neues Gewand gekleidet.

In Asien erzählt der Volksmund nicht vom Mann im Mond,

sondern von einem weißen Hasen im Mond, der den Nachthimmel erhellt. In China soll der Hase im Mond angeblich Arzneimittel in einem Mörser zerstoßen, während er in Japan Leckereien aus süßem Reis herstellt. Dort gilt der Hase immer noch als Spitzbube; aber er ist auch selbstlos und ein Freund der Bauern. Daher stehen diese Tiere in Japan unter Schutz. Im alten Ägypten wurde die Gestalt des Hasen zur Hieroglyphe, die für die Existenz steht. Im Lauf der Zeit entwickelte sich der Hase nicht nur zu einem Symbol für den Mond, sondern auch für Weiblichkeit und Fruchtbarkeit, was vor allem auf die kurze Trächtigkeitsdauer dieser Tiere zurückzuführen ist: Junge Hasen wachsen nur 42 Tage lang im Mutterleib heran und kommen (im Gegensatz zu Kaninchen) voll behaart und mit weit geöffneten Augen zur Welt. Erstaunlicherweise kann die Häsin bereits während der Trächtigkeit wieder einen neuen Wurf Jungtiere empfangen. Somit ist es vielleicht kein Wunder, dass der Hase als heiliges Tier der griechischen Liebesgöttin Aphrodite galt.

In Devonshire, wo ich wohne, sind die Kirchen das ganze Jahr über mit einer geschnitzten Holzscheibe dekoriert, die die drei Tinner's Rabbits zeigt – ein Trio aus Kaninchen oder Hasen, die sich jeweils ein Ohr miteinander teilen und in einem niemals endenden Kreis herumlaufen. Jedes Kaninchen oder jeder Hase ist mit zwei Ohren dargestellt, und doch sind auf dem Bild insgesamt nur drei Ohren zu sehen. Dieses Dreiersymbol könnte (wie sein naher Verwandter, die Triskele) ein Verweis auf die Heilige Dreifaltigkeit oder auf die ewigen Kreisläufe des Lebens sein. Moderne heidnische Interpretationen sehen in den Tinner's Rabbits ein Symbol für das göttliche Weibliche, da die dreifache Mondgöttin ebenfalls mit dem Hasen in Verbindung gebracht wird.

Die Eigenschaften, die wir dem Hasen zuschreiben, sind also sehr vielfältig: Sie sind flink im Denken und schnell zu Fuß und können sich mit ihrer List aus jeder schwierigen Situation herauswinden. Sie bringen Licht und Leben, transformieren und verwandeln.

Der Hase wird von Merkur beherrscht – dem Planeten, der sich am schnellsten um die Sonne dreht, benannt nach dem ebenso flinken römischen Götterboten. Und Merkur ist gleichzeitig auch der Planet, der die Frühlings-Tagundnachtgleiche beeinflusst. Merkur herrscht über Reisen, Bankwesen und Handel, ist aber auch der Planet der Diebe. Er bringt uns neue Ideen, Inspiration und rasche Veränderungen, kann uns aber auch blitzschnell einen Tritt in den Hintern verpassen, wenn wir nicht aufpassen. Alles, was mit der Merkur-Energie zu tun hat, ist spielerisch, frech und mit einer Prise Humor gewürzt.

Aber die Frühlings-Tagundnachtgleiche wird auch mit der Tarotkarte des Magiers assoziiert, einer Figur, die mit allen Werkzeugen, die sie braucht, vor dem Altar steht. Wenn wir in diese neue Jahreszeit eintreten, erinnert uns diese Karte daran, dass auch wir in unserem privaten Werkzeugkasten alles haben, was wir benötigen.

Zum Ausprobieren: Die magische Wunderschachtel

Bei der Frühlings-Tagundnachtgleiche geht es um das Thema Inspiration: Jetzt sollten Sie Ihr Unterbewusstsein zum Nachdenken darüber anregen, was aus dem fruchtbaren Boden Ihres Lebens hervorsprießen soll. Diese Übung will Ihnen dabei helfen. Die magische Wunderschachtel ist ein Ausdruck Ihrer persönlichen Wünsche und Sehnsüchte und funktioniert so ähnlich wie ein Vision Board: Sie soll Ihrem Unterbewusstsein, das im Hintergrund ständig aktiv ist, bei der Umsetzung der Ziele helfen, die Sie im Lauf des Jahres erreichen möchten. Dadurch erhält Ihr Bewusstsein den Freiraum, den es benötigt, um sich um Ihr Alltagsleben zu kümmern.

Sie brauchen dazu:

- Eine Schachtel (ein alter Schuhkarton eignet sich sehr gut dazu)
- Dekoratives Geschenkpapier
- Einen Permanent-Marker
- Bilder, die Sie mit Erfolg assoziieren, zum Bekleben der Schachtel
- Ein paar kleine Zettel
- Eine inspirierende Sammlung besonderer Gegenstände, die Sie in Ihre Schachtel legen können: Muscheln, Kieselsteine, Kristalle, Tannenzapfen, Bänder und alles, was Ihnen sonst noch ins Auge fällt.

Nehmen Sie eine Schachtel – irgendeine alte Schachtel – und dekorieren Sie sie nach Belieben. Meine Wunderschachtel ist zum Beispiel mit goldenem Geschenkpapier umwickelt und mit Karten aus einem meiner Lieblings-Wahrsagekartensets beklebt, die für Visionen, Dankbarkeit, Verbundenheit, Geschenke und Bitten stehen. Ich liebe die Bilder auf diesen Karten und die positiven Botschaften, die sie vermitteln. Sie erinnern mich daran, dass es völlig richtig ist, um etwas zu bitten und Ziele und Wünsche zu haben. Ohne sie würden wir nicht weiterkommen. Sie müssen sich dazu aber nicht unbedingt extra ein Kartenset anschaffen, sondern können auch andere Bilder oder Fotos verwenden, die für Sie Erfolg und Dankbarkeit symbolisieren.

Schreiben Sie auf die Außenseite Ihrer Schachtel Botschaften, mit denen Sie sich für die wunderbaren Gaben bedanken, die sie Ihnen bringen wird. Wenn Sie sich auf magische Weise vor der Erfüllung von Wünschen schützen möchten, die Unheil bringen könnten, dann schreiben Sie zusätzlich auf die Innenseite des Deckels den Satz: »Möge nur das in Erfüllung gehen, was meinem höchsten Wohl dient. So soll es sein.«

Dann lege ich Kristalle in meine Schachtel, die liebevolle Gedanken anziehen oder Gutes in mein Leben bringen sollen. Ich verwende dafür ein Stück Rosenquarz, grünen Calcit, Malachit (um diesen Prozess zu beschleunigen) und ein paar Muscheln, die ich an Stränden gesammelt habe und die mir besonders gut gefallen. Sie können aber auch Steine, Tannenzapfen oder bunte Bänder in Ihre Schachtel legen. Das Wichtigste an einem guten Zauber ist, dafür Gegenstände zu verwenden, von denen Sie sich persönlich angesprochen fühlen. Denn diese Objekte und Bilder sollen Ihr unbewusstes magisches Denken leiten, das nicht in Worten, sondern in Bildern und Gefühlen kommuniziert.

Als Nächstes schreiben Sie Ihre Ziele für das kommende Jahr (oder die kommenden Jahre) auf kleine Zettel. Achten Sie darauf, diese Ziele in der Zeitform der Gegenwart und in positiven Worten zu formulieren – denn Ihr Unterbewusstsein versteht weder Verneinungen noch das Konzept der Zeit. Obwohl die Erfüllung meiner Wünsche und Ziele damals noch in der Zukunft lag, hätte ich vor einiger Zeit also zum Beispiel geschrieben: »Heute ist der 15. Februar 2023, und ich habe gerade die letzten Seiten meines Romans an meinen Verlag geschickt.« Wir legen die Fäden aus, die sich in der Geschichte unseres Lebens weiterspinnen sollen.

Für alle, die an ihrem Arbeitsplatz schon mal eine Leistungsbeurteilung erhalten haben: Wir setzen uns SMART-Ziele (das heißt, unsere Zielsetzungen sollen spezifisch, messbar, erreichbar, relevant und terminiert sein). Obwohl mit solchen Zielen normalerweise in Unternehmen gearbeitet wird, eignen sie sich auch hervorragend dazu, die Macht des Unterbewusstseins zu nutzen, und leisten einen wichtigen Beitrag zur Wirksamkeit eines Zaubers.

Sobald Sie sich Ihre Ziele überlegt und den Deckel auf Ihre Schachtel gesetzt haben, sollten Sie diese Zielsetzungen nicht irgendwo in einer Ecke verstauben lassen, da die darin enthaltene Energie sonst schal wird und sich nicht mehr bewegt. Es ist wichtig, Ihre Ziele hin und wieder zu überdenken. Sind sie noch aktuell?

Sobald Sie Ihre Ziele erreicht haben, können Sie die Zettel entweder in der Erde vergraben oder verbrennen, dabei ein paar Dankesworte sprechen und sich neue Ziele setzen.

Die Frühlings-Tagundnachtgleiche in der Natur

Die Frühlings-Tagundnachtgleiche findet am oder um den 21. März statt. Da es sich dabei nicht um etwas Kalendarisches, sondern um ein Naturereignis handelt, variiert das Datum von Jahr zu Jahr ein bisschen. Die Frühlings-Tagundnachtgleiche ist der erste von nur zwei Zeitpunkten im Jahr, an denen ein vollkommenes Gleichgewicht zwischen Licht und Dunkelheit herrscht (das zweite Ereignis dieser Art ist die Herbst-Tagundnachtgleiche). In den ländlicheren Gegenden ist das Pflügen, mit dem um Imbolc begonnen wurde, inzwischen abgeschlossen. Nun ist es Zeit für die Aussaat, um für die kommenden Ernten zu sorgen. Den Bauern stehen jetzt einige schlaflose Nächte bevor, weil die Mutterschafe lammen. Alle Menschen, die Vieh besitzen, müssen in dieser Zeit genau achtgeben; denn wenn Ziegen, Pferde und Kühe Junge bekommen, nehmen sie dabei keine Rücksicht auf unsere Pläne oder unseren Terminkalender.

In meiner Kindheit hoppelten auf dem Feld vor unserem Haus im Frühjahr morgens lauter junge Kaninchen umher, die ihre ersten, noch unsicheren Schritte im Freien wagten. Inzwischen kommen in Großbritannien auch die Hasen aus ihren Mulden hervor und werden nach einem ruhigen Winter jetzt wieder sehr aktiv. Wie ihre Namensvettern in *Alice im Wunderland* drehen die langohrigen, flinken Hasen im März förmlich durch. Wenn Sie – vor allem am frühen Morgen oder bei Sonnenuntergang – auf den Feldern unterwegs sind, haben Sie vielleicht das Glück, Hasen beim »Boxkampf« zu beobachten. Man könnte vermuten, dass es sich dabei um Rammler handelt, die sich vor der Paarung miteinander messen, um ihre männliche Stärke zur Schau zu stellen. Doch höchstwahrscheinlich ist das, was Sie da sehen, eher eine noch nicht paarungsbereite Häsin, die einen unliebsamen Freier vertreibt.

Auch die Vögel nisten jetzt und legen Eier – ein universelles Symbol für den Frühling und das neue Leben, das nun bald erwachen wird. Die Zugvögel machen sich auf den Weg zurück nach Norden, obwohl das Wetter noch recht unbeständig ist. Wenn Sie in den Wäldern spazieren gehen, hören Sie vielleicht das Keckern eines vorbeifliegenden Spechts und die musikalischen Darbietungen der Singdrossel, die in den Baumwipfeln tiriliert. Als ich in den Wäldern rund um London spazieren ging, hörte ich immer wieder eine Drossel, die in ihren Gesängen Amseln und einen Bussard nachahmte. Die Insektenwelt beginnt sich jetzt ebenfalls zu regen und man kann die ersten Schmetterlinge (zum Beispiel den Kommafalter) und den Großen Wollschweber beobachten.

Auch die Gärten erblühen nun in bunten Frühlingsfarben. Die grünen Blattspeere der Narzissen stehen Wache, auch wenn sie noch nicht die goldgelben Blüten austreiben, die bald an die Stelle der Schneeglöckchen und Krokusse von Imbolc treten werden. In den Hecken und an anderen schattigen Plätzchen öffnen sich jetzt auch die Primeln und die sternförmigen Blüten der Buschwindröschen überziehen die Böden uralter Wälder wie ein Teppich. Der Saft steigt in den Bäumen auf, die nun endlich wieder erkennbare Lebenszeichen zeigen. Obwohl die meisten Bäume ihre Blätter erst Mitte bis Ende April austreiben, haben Schlehe, Kirsche und Pflaume ihre Blütenpracht bereits entfaltet. In allen Blumenkästen und auch in den Stadtparks kann man jetzt erste Anzeichen neuen Wachstums beobachten. Zwischen den Lücken in der schweren grauen Wolkendecke leuchtet der blaue Himmel hervor.

Zum Ausprobieren: Tagebuch schreiben, um Ihr inneres Gleichgewicht wiederzufinden

Bei den Themen, die wir heute in unserem Tagebuch erforschen wollen, geht es um das Gefühl des inneren Gleichgewichts zur Zeit der Frühlings-Tagundnachtgleiche. Diese Zeit des Jahres ist eine Chance, inmitten all der lebhaften Frühlingsaktivitäten wieder mit sich selbst in Verbindung zu treten und sich neu zu kalibrieren.

Jetzt ist also eine gute Gelegenheit, um den Stift in die Hand zu nehmen und einfach abzuwarten, welche Gedanken Ihnen in die Feder fließen. Denken Sie nicht zu lange darüber nach, was Sie zu Papier bringen möchten, denn dabei handelt es sich um eine der Übungen, bei denen Sie mit Ihrem Unterbewusstsein in Kontakt treten sollen. Wenn Sie sich zu viele Gedanken darüber machen, stehen Sie sich nur selbst im Weg.

Falls Sie bei dieser Übung ein Gefühl der Angst oder Beklemmung überkommt, halten Sie inne und atmen Sie dreimal tief durch.

Hier ein paar Fragen, die Sie sich stellen können, wenn Sie über Ihre eigene Geschichte nachdenken:

- In welchen Bereichen brauchen Sie mehr Beständigkeit in Ihrem Leben?
- An welcher Stelle ist die Waage zu sehr auf eine Seite gekippt?

- Wo gibt es in Ihrem Leben Licht und Schatten?
- In welchen Lebensbereichen würden Sie sich gerne freier ausdrücken?
- Wenn Sie einen Zauberstab hätten und auf wundersame Weise ein Gleichgewicht in Ihrem Leben herstellen könnten, wie würde das aussehen?
- Was würden Sie sehen, hören, riechen, schmecken und fühlen, wenn Sie dieses Gleichgewicht erreicht hätten?
- Fällt Ihnen etwas ein, was Sie heute tun können, um sich in diese Richtung zu bewegen? (Falls Sie bei dieser Frage nicht weiterkommen, fragen Sie sich stattdessen: »Wenn ich die Antwort wüsste, wie würde sie lauten?«)

Ostern und Ostara

Folklore und das Erzählen von Geschichten spielen im menschlichen Leben eine wichtige Rolle. Unser Unterbewusstsein liebt Geschichten; und wenn wir etwas erzählen, stellen wir uns selbst dabei stets in den Mittelpunkt des Geschehens. So lernen wir durch Assoziationen und durch unsere Vorstellungskraft. Allerdings können Geschichten manchmal auch ein Eigenleben entwickeln und uns an der Nase herumführen.

Zu diesem Zeitpunkt des Jahreskreises tauchen im Internet immer wieder Geschichten darüber auf, dass das christliche Osterfest seinen Namen dem heidnischen Fest Eoster oder Ostara verdankt, das wiederum nach der germanischen Göttin Eostre oder Ostara benannt worden sein soll – einer Gottheit, die mit der Ankunft des Frühlings assoziiert wird. Die Ursprünge dieser Geschichte werden normalerweise auf den Ehrwürdigen Beda zurückgeführt, einen Benediktinermönch, der im 8. Jahrhundert n. Chr. in Northumbria lebte. Er behauptete, dass der Monat, den wir heute April nennen, einst zu Ehren der Göttin den Namen »Eosturmonath« trug. Eine Zeit lang stritt man sich darüber, ob Beda diese Figur erfunden hatte, obwohl es inzwischen Belege für entsprechende Überlieferungen gibt, die älter sind als er. Viel wahrscheinlicher ist es jedoch, dass das Wort »Ostern« sich von dem althochdeutschen Wort für Osten (*eostarum*) herleitet, das wiederum vom lateinischen Wort für »Morgendämmerung« abstammen soll.

Obwohl es keine Beweise dafür gibt, dass die Göttin Ostara mit der Auferstehung und mit Eiern, Kaninchen oder gar Hasen in Verbindung gebracht wurde, hat diese Geschichte im Lauf der Jahrhunderte unter dem Einfluss von Verfechtern dieses Mythos wie beispielsweise Jacob Grimm (dem berühmten Märchenerzähler) eine enorme Verbreitung gefunden. In den letzten Jahren wurde Ostara in Memes sogar mit der altbabylonischen Liebes- und Kriegsgöttin Ishtar in Verbindung gebracht, deren Namen der christliche römische Kaiser Konstantin angeblich in »Ostern« umgewandelt haben soll.

Das ist zwar eine nette Idee; doch in Wirklichkeit feiern die Christen um diese Zeit nicht die Tagundnachtgleiche (und nennen sie Ostern), sondern den Tod und die Auferstehung Christi. Und obwohl es heutzutage – um die Verwirrung komplett zu machen – zu diesem Fest Ostereier und den Osterhasen gibt, hatte Ostern ursprünglich nichts mit dem Thema Fruchtbarkeit zu tun. Der einzig wichtige Zusammenhang zwischen der Frühlings-Tagundnachtgleiche und dem Osterfest besteht darin, dass Letzteres immer am ersten Vollmond nach der Frühlings-Tagundnachtgleiche stattfindet – jenem Augenblick, in dem die Sonne ein Gleichgewicht zwischen dunklen und hellen Stunden erreicht.

Das wirft die Frage auf, warum wir unbedingt ein solches Konglomerat an volkstümlichen Geschichten erfinden mussten, um das Jahresrad älter erscheinen zu lassen, als es wirklich ist, oder um ein Fest zu rechtfertigen, mit dem die Menschen schlicht und einfach das feiern, was in der Natur gerade geschieht. Die Natur ist schließlich die Inspirationsquelle, an die unsere Vorfahren sich seit Beginn der menschlichen Zivilisation gehalten haben. Die Rituale selbst müssen nicht unbedingt uralt sein, um einen Sinn zu haben.

Magische Themen, die zur Zeit der Frühlings-Tagundnachtgleiche eine wichtige Rolle spielen

Was geschieht um diese Zeit an magischen Dingen? In unserem Hexenzirkel feiern wir jetzt das Wiedererwachen der Welt und schmücken den Raum mit Frühlingsblumen und jungem Laub. Die Kerze, die wir an Imbolc entzündet hatten, ist inzwischen niedergebrannt. Nun ist der altgriechische Gott Pan – halb Mensch, halb Ziege – wieder unterwegs. Genau wie der Hase steckt auch Pan voller hinterlistiger Streiche – ein impulsiver Unruhestifter, den wir mit Fruchtbarkeit und Frühling assoziieren. Die griechische Mythologie ist voll von Geschichten über die ausgelassenen Possen, die dieser zottige Geselle im Frühjahr treibt. Als Sohn des zweiten Trickster-Gottes der Antike, Merkur, liegen Pan diese Schelmenstreiche im Blut.

Jetzt ist es an der Zeit, sich um die aufkeimenden neuen Ideen oder Projekte zu kümmern, für die Sie an Imbolc den Boden bereitet haben. Sie sollten an diesem Sabbat also alle Ziele, die Sie erreichen (oder denen Sie mehr Raum geben) möchten, weiterhin fleißig gießen und ihnen Nahrung geben. Denn jetzt ist es besonders wichtig, konkrete Schritte zur Verwirklichung Ihrer Ziele zu unternehmen. Magie kann zwar die Räder Ihrer Maschine schmieren; aber Sie müssen trotzdem dahinterstehen und ihr einen kräftigen Anschub geben. Wenn Sie zum Beispiel eine neue Fähigkeit erlernen möchten, dann melden Sie sich zu einem Kurs an und legen Sie los! Wenn Sie Ihren Lebensunterhalt mit Fotografie verdienen wollen, arbeiten Sie einen Plan dafür aus, wo und wie Sie Ihre Arbeiten ausstellen könnten. Verlassen Sie Ihr warmes Winternest, und nehmen Sie Kontakt zu Menschen auf, die Ihnen bei der Umsetzung Ihrer Pläne helfen können.

Zum Ausprobieren:
Das Inspirationsbuch

Inspiration – ein Thema, das an diesem Sabbat auf dem Jahresrad eine wichtige Rolle spielt – ist ein weiterer Begriff, den wir aus der Antike übernommen haben. Es hat seine Wurzeln in dem lateinischen Wort *inspirare*, das so viel wie »einhauchen« bedeutet. Diese Etymologie gibt uns gleich mehrere Hinweise darauf, wie Inspiration funktionieren könnte (ich habe schon oft die Erfahrung gemacht, dass bereits ein paar Minuten, in denen ich mich auf meine

Atmung konzentriere, mich innerlich befreien, wenn ich mich ein bisschen festgefahren fühle); und ich sehe in diesem Wort auch eine Verbindung zu der göttlichen Kraft, die uns beseelt und alles beeinflusst, was wir erschaffen.

Sie brauchen dazu:

- Eine Mappe oder einen Ordner, in den Sie Seiten einfügen oder wieder herausnehmen können. Ich habe die Erfahrung gemacht, dass ein Ringbuch oder Schnellhefter sich sehr gut für diesen Zweck eignet.
- Ein paar lose Blätter, die in den Ordner hineinpassen
- Gedichte und Bilder, die Sie inspirieren
- Einen schönen Stift zum Schreiben

Ich persönlich muss, um mich inspiriert zu fühlen, in eine Galerie gehen, auf einen Berg steigen oder in einem See umherschwimmen. Ich bin sicher, auch Sie kennen solche Aktivitäten, die Ihre Kreativität beflügeln. Nur leider haben wir nicht immer die Gelegenheit, so etwas zu tun; oder es fällt uns schwer, eine Aktivität zu finden, die uns inspiriert. Für solche Tage habe ich mein Inspirationsbuch, zu dem meine weise Hohepriesterin mich während meiner Ausbildung in meinem Hexenzirkel angeregt hat. Dabei handelt es sich um einen schwarzen Schnellhefter, dem ich nach Belieben Seiten hinzufügen oder entnehmen kann. Im Lauf der Zeit habe ich diesen Hefter mit meinen Lieblingsgedichten, -gebeten, -songtexten, -zitaten und -bildern gefüllt. Immer wenn ich einen Denkanstoß brauche, beschäftige ich mich eine Zeit lang mit diesem ganz besonderen Buch und blättere die Seiten durch. Manchmal setze ich mich auch vor meinen Altar und lese die Gedichte laut. Dieses Buch ist meine wichtigste Inspirationsquelle für den Beginn von Projekten oder wenn ich an irgendeinem Punkt meines Lebens nicht weiterkomme.

Versuchen Sie es doch auch einmal damit! Dieses Buch erfordert regelmäßige Pflege, sonst werden Sie seine Inhalte mit der Zeit als langweilig und »ausgelutscht« empfinden; aber Sie können ja immer wieder etwas Neues hinzufügen. Beginnen Sie mit ungefähr sechs Seiten und erweitern Sie Ihr Buch dann im Lauf der nächsten Wochen und Monate oder sogar Jahre allmählich.

Wie wird der Frühling rund um den Globus gefeiert?

Überall auf der Welt werden zur Zeit der Frühlings-Tagundnachtgleiche die verschiedensten Feste gefeiert. In Japan findet jetzt das Kirschblütenfest in Kyoto statt, während die Hindus in Indien Holi feiern, um das Frühjahr und die Liebe, Fruchtbarkeit und Erneuerung willkommen zu heißen. Dieses Fest ist berühmt für den Regenbogen aus bunten Pigmenten, den die Menschen dann durch die Luft fliegen lassen, wobei jede Farbe für etwas anderes steht – Rot für das Leben und die Heirat, Blau für das Göttliche, Grün für die Natur. Das Datum, an dem Holi stattfindet, variiert von Jahr zu Jahr.

Im zoroastrischen Glauben, einer viertausend Jahre alten persischen Religion, die in Familien iranischer Abstammung auch heute noch praktiziert wird, feiert man am Tag der Frühlings-Tagundnachtgleiche Nowruz. Im Monat davor unterzieht man das Haus einem gründlichen Frühjahrsputz, um es auf einen Neuanfang vorzubereiten, und die Anhänger dieser Religion nehmen an einem von Priestern geleiteten Dankgottesdienst namens Jashan teil. Ruby, eine aus London stammende Finanzprüferin, stellt an Nowruz bei sich zu Hause einen »Haft Sin«-Tisch auf: ein Arrangement aus sieben Gegenständen (*haft* bedeutet »sieben«), die alle mit dem Buchstaben S beginnen (den man »sin« – mit langem I – ausspricht). Jeder dieser Gegenstände hat eine besondere Bedeutung und steht für die sieben Schöpfungen der zoroastrischen Gottheit Ahura Mazda: Feuer, Himmel, Wasser, Erde, Pflanzen, Tiere und Menschen.

»An Nowruz feiern zoroastrische Familien und deren Freunde den Neuanfang – jene Zeit, zu der der Winter ins Frühjahr übergeht und Pflanzen und Blumen zu wachsen und zu blühen beginnen, was für Erneuerung, Hoffnung und Freude steht – mit reichlich Essen, Trinken und Liebe«, erklärt Ruby.

In Osteuropa gibt es eine Tradition, bei der es (wie bei so vielen Sitten und Gebräuchen zur Zeit der Frühlings-Tagundnachtgleiche) um das Ei als Symbol für Fruchtbarkeit und Schöpfung, aber auch für Schutz geht. Dabei handelt es sich um einen uralten heidnischen Brauch, der die Jahrhunderte überdauert hat und in der Ukraine, in Russland, Tschechien, Rumänien, in der Slowakei und in Polen auch heute noch gepflegt wird. »Pysanka« bedeutet auf Deutsch »beschriebenes Ei«. Pysanka oder Pisanki sind magische Eier und werden von einer Pysanarka – einer in dieser Kunst ausgebildeten Frau – hergestellt.

Die Herstellung der Pysanka umfasst mehrere vorbereitende Rituale. Die Pysanarka muss das Wasser für die Farben um drei Uhr morgens aus sieben oder neun speziellen Brunnen oder an einer Kreuzung von drei Bächen holen oder es aus im März gesammeltem Schnee gewinnen; denn das Wasser darf nicht die geringsten Spuren von Energie enthalten, die das Ergebnis dieses magischen Akts verfälschen könnte. Die Farben für die Eier selbst werden aus Wurzeln, Kräutern und Rinden hergestellt. Als Nächstes muss die Pysanarka ein rituelles Reinigungsbad nehmen und ganz neue, saubere Kleider anlegen. Erst dann darf sie mit der Herstellung der Pysanka beginnen, indem sie zunächst geschmolzenes Wachs auf weißen Eierschalen verteilt, um die Flächen zu markieren, die nicht gefärbt werden sollen, und dann die Farbstoffe aufträgt. Die Farben sind traditionsgemäß Weiß, Gelb, Rot und Schwarz und werden mit einem speziellen Werkzeug aufgetragen. Während der Herstellung der Pysanka spricht die Pysanarka Gebete oder Zaubersprüche.

Pysanka werden niemals verkauft, sondern immer nur verschenkt. Man vergräbt sie entweder auf den Feldern, um eine gute Ernte zu erzielen, oder legt sie als Schutz für die Bewohner auf den Hausaltar. Wenn das Ei explodiert, bedeutet dies, dass es sein Werk vollbracht hat. Man kann diese Eier aber auch zu anderen Jahreszeiten herstellen. In den slawischen Kulturen gibt es viele Varianten dieser Eierdekoration, zum Beispiel die Krashanka – hart gekochte, einfarbig bemalte rohe Eier.

Diese Eiersymbolik gibt es weltweit in unzähligen verschiedenen Formen. Schöpfungsmythen der amerikanischen Ureinwohner und der Chinesen zufolge ist das Universum aus einem großen kosmischen Ei hervorgegangen.

Obwohl Eier zur Zeit der Frühlings-Tagundnachtgleiche ein

beliebtes Thema sind, können Sie dieses Fest auf verschiedene Art und Weise feiern:

- Bemalen Sie am Morgen der Frühlings-Tagundnachtgleiche ein hart gekochtes Ei mit Lebensmittelfarbe und denken Sie dabei in aller Ruhe darüber nach, was Sie sich im kommenden Jahr in Ihrem Leben aufzubauen hoffen. Um den Zauber zu besiegeln, essen Sie das Ei und holen die Magie auf diese Weise in sich hinein.
- Schmücken Sie Ihren häuslichen Altar mit ein bisschen Frühlingsgrün! Um diese Jahreszeit findet man in den Geschäften sehr preisgünstige Frühlingsblumen aus der Region.
- Frühjahrsputz – ja, dieser Brauch ist keineswegs von gestern! An jedem Sabbat entrümple und reinige ich meine Wohnung gründlich, damit wieder neue Energie in sie einkehren kann.
- Wenn Sie musikalisch sind, ist das ein sehr guter Zeitpunkt, um Musik zu machen. Falls nicht, erfreuen Sie sich einfach an den musikalischen Darbietungen anderer Menschen oder tanzen Sie ein bisschen in Ihrer Küche herum – das passt sehr gut zur Atmosphäre der Frühlings-Tagundnachtgleiche.
- Lesen Sie wieder einmal das alte Kinderbuch *Der Wind in den Weiden*, und achten Sie darauf, dass Ihre Ausgabe das Kapitel »Der Pfeifer an den Toren der Morgendämmerung« enthält – eine wunderschöne Geschichte, in der Maulwurf und Ratte dem großen Gott Pan in der Natur begegnen.
- Und wenn Sie wollen, können Sie sich jetzt natürlich auch Ostereier kaufen und nach Herzenslust drauflosfuttern!

Zum Ausprobieren: Ein Ritual zur Feier der Frühlings-Tagundnachtgleiche

Die Themen dieses Sabbats erinnern stark an das Erwachen der Jugend. Auch wenn viele von uns diesen Lebensabschnitt bereits hinter sich haben, hat es doch etwas für sich, mit einer jüngeren Version Ihrer selbst in Kontakt zu kommen. Was hat Ihnen damals gutgetan und was nicht? Welche Muster, die Sie in Ihrer Entwicklung behinderten, haben Sie in Ihrem Leben mehrfach wiederholt? Warum lassen wir diese uralten Programme immer wieder aufs Neue ablaufen, und was könnten wir tun, um endlich einen neuen Kurs einzuschlagen?

Wenn unser inneres Ich oder unser Gott/unsere Götter uns auffordern, etwas an unserem Leben zu verändern, so ist das selten eine angenehme Erfahrung, sondern eher ein Prozess des Glaubens – ein Akt des Vertrauens darauf, dass das, worin wir uns verwandeln, besser für uns sein wird als das, was wir vorher waren; und ein Akt des Glaubens daran, dass dieser Veränderungsprozess uns langfristig zugutekommen wird, auch wenn wir den Weg, der vor uns liegt, zurzeit noch nicht sehen und nicht wissen, wohin er uns führen wird.

Die Frühlings-Tagundnachtgleiche ist eine Zeit neuen Wachstums – eine Phase der Wiedergeburt und des Wandels. Genau wie die Frühlingsblumen müssen auch wir erst einmal aus unseren grünen Hüllen hervorbrechen, um erblühen zu können; und genau wie der quecksilbrige Hase müssen auch wir jetzt schnell, wendig und listig sein.

Denken Sie in der Woche vor diesem Ritual einmal darüber nach, welche Muster Sie in Ihrem bisherigen Leben gedankenlos wiederholt haben, ohne sie zu hinterfragen, und wie Ihr Leben sein könnte, wenn Sie den Mut hätten, aus diesen Gewohnheiten auszubrechen.

Sie brauchen dazu:

- Einen Altar, den wir während des Rituals dekorieren werden. Stellen Sie ihn (wenn möglich) in den östlichen Teil Ihres Zimmers.
- Ein weißes Tuch (optional)
- Frühlingsblumen und Frühlingslaub – genug, um etwas davon in eine Vase zu stellen und den Rest während des Rituals auf dem Altar zu verteilen
- Einen Korb oder eine Schale mit Eiern – das müssen nicht unbedingt echte Eier sein; Sie können auch (vegane) Schokoladeneier verwenden, falls Ihnen das lieber ist
- Eine gelbe und eine grüne Kerze. Wenn Sie keine Kerzen in diesen Farben bekommen können, verwenden Sie stattdessen weiße Kerzen.

Setzen oder stellen Sie sich für ein paar Sekunden an den leeren Altar – das ist Ihre *Tabula rasa*.

Wenn Sie ein weißes Altartuch verwenden möchten (das muss nicht unbedingt sein – manche Menschen bevorzugen einen unbedeckten Altar), legen Sie das Tuch jetzt darauf. Ansonsten legen Sie einfach beide Hände auf Ihren Altar und sagen:

Im Tanz zwischen Dunkel und Licht
Weicht die Nacht dem Morgen,
Und die Tage werden allmählich länger,
Bringen wieder Wärme in unsere vor Kälte erstarrten Körper.
Wir balancieren
Auf dem schmalen Pfad zwischen Schatten und Licht.
Der Hase huscht über unseren Weg, ein weißer Blitz auf braunem Grund,
Bienen erwachen
Und tummeln sich in den frisch geöffneten Frühlingsblumen.

Beginnen Sie nun, die Blumen auf dem Altar zu arrangieren. Stellen Sie sich dabei vor, wie Sie die leere Leinwand Ihres eigenen Lebens bemalen: Die Hoffnung, die wir an Yule in unserem Herzen entfacht haben, und das fruchtbare Feld, das wir an Imbolc geschaffen haben, erwachen nun dank Ihrer Inspiration zum Leben.

Welche neuen Muster legen Sie in Ihrem Leben aus, während Sie die Blumen und das Laub auf dem Altar anordnen? Was verändern Sie an Ihrem Umfeld? Welche grünen Triebe sind aus den Samen, die Sie in die Erde gelegt haben, hervorgegangen? Sie legen die Frühlingsblumen auf den Altar, um sich selbst wieder in Ihrem Leben willkommen zu heißen – und zwar mit den allerbesten Vorsätzen.

Sobald Sie die Blumen auf dem Altar arrangiert haben, stellen Sie die Kerzen dazwischen und ziehen den Korb mit den Eiern zu sich heran.

Dann zünden Sie die grüne Kerze an, nehmen eines der Eier in die Hand und stellen sich vor, dass es einen bestimmten Aspekt Ihrer neuen Lebenseinstellung repräsentiert. Flüstern Sie ihm einen Willkommensgruß zu. Anschließend legen Sie es vorsichtig in den Korb zurück und nehmen ein anderes Ei heraus. Für welchen Aspekt Ihres Lebens steht es? Flüstern Sie auch diesem Ei ein herzliches Willkommen zu. So nehmen Sie ein Ei nach dem anderen aus dem Korb und wiederholen diesen Vorgang dabei jedes Mal. Wenn Sie damit fertig sind, halten Sie den Korb an Ihr Herz und sagen:

Frühling, Jahreszeit des Seelenwachstums.
Gesang, luftige Stille, ein lebhaftes Gespräch.
Was auch immer jetzt gesagt oder nicht gesagt wird –
es hat keine Eile.
Wir versenken uns in die Erde und den Himmel,
In das, was sich von innen heraus entfaltet.
Heute früh durchbrechen die Blumen
Die braune Schale der Erde.

Stellen Sie den Korb auf den Altar und zünden Sie die gelbe Kerze an. Dabei stellen Sie sich vor, wie Ihre eigenen Blumen sich von innen heraus öffnen, und wenden Ihr Gesicht der wärmenden Sonne zu, die uns nach den langen, kalten Wintermonaten wieder zum Leben erweckt.

Und nun nehmen Sie sich bitte eine Sache fest vor, die Sie im Umgang mit sich selbst künftig anders machen, um sich liebevoller zu behandeln.

Zum Beispiel, indem Sie etwas an Ihren inneren Dialogen verändern: Wenn Sie bisher in hartem, kritischem Ton mit sich selbst gesprochen haben, nehmen Sie sich vor, von jetzt an nur noch liebevolle Worte zu gebrauchen. Sie können aber auch den Plan fassen, sich jeden Tag mit einem Akt der Selbstfürsorge zu verwöhnen. Das muss nicht unbedingt viel Aufwand erfordern. Es kann auch etwas ganz Einfaches sein – zum Beispiel, den Weg zur Arbeit zu nehmen, der Ihnen besser gefällt, auch wenn Sie dafür ein bisschen mehr Zeit brauchen. Oder vielleicht sollten Sie Ihrer Familie jetzt endlich klarmachen, dass Sie sich von nun an jeden Tag dreißig Minuten Zeit für sich selbst nehmen müssen, um an Ihrem Altar zu sitzen oder sich ein Salzbad zu gönnen – oder was auch immer Ihnen Ihrer Meinung nach bei der nächsten Etappe Ihrer Reise durch den Jahreskreis weiterhelfen könnte.

Sobald Sie dieses Gelübde abgelegt haben, atmen Sie dreimal tief durch und beenden Ihr Ritual mit den Worten:

Wieder einmal werde ich von dem Pfeifer an den
Toren der Morgendämmerung und seinen schalkhaften
Geistern aus dem Schlummer geholt
Er weckt in mir die Kräfte, die mich in meinem Leben vorwärtsbringen,
Der Hase in mir wird zum kreativen Funken,
Der Frühling wird in den Sommer übergehen, so wie der Saft in den Bäumen des Waldes aufsteigt,

> *Und mich zur nächsten Ebene meines Lebens bringen.*
> *Ich wandere immer weiter am großen Rad des Jahres entlang.*
>
> Erden Sie sich, indem Sie irgendetwas essen und trinken, das Sie besonders gern mögen. Sie können Ihren Altar mit seinem Schmuck ein paar Tage lang stehen lassen, um sich an Ihr Gelübde zu erinnern. Falls Ihnen das lieber ist, können Sie aber auch ein Foto davon machen, bevor Sie ihn wieder wegräumen, und das Foto in Ihr Inspirationsbuch legen.

Wenn Sie sich in den nächsten Tagen dabei ertappen, dass Sie trotzdem wieder in alte Gewohnheiten zurückfallen, gehen Sie deshalb nicht zu streng mit sich ins Gericht. Nehmen Sie das einfach zur Kenntnis und ermahnen Sie sich dann dazu, in einer Haltung liebevoller Güte dem nächsten Sabbat auf dem Jahresrad entgegenzugehen.

VIER

NACHT ZUM 1. MAI ODER BELTANE

30. APRIL/1. MAI (NÖRDLICHE HALBKUGEL)
31. OKTOBER/1. NOVEMBER (SÜDLICHE HALBKUGEL)

Vereint euch, vereint euch, lasst uns alle zusammenkommen,
Denn der Sommer steht vor der Tür,
Und wohin wir auch gehen, wir vereinen uns jetzt alle
An diesem fröhlichen Maimorgen.

Ich warne euch, ihr jungen Männer alle,
Denn der Sommer steht vor der Tür,
Geht in den grünen Wald und holt euch den Mai ins Haus,
An diesem fröhlichen Maimorgen.

Steh auf, junge Frau … in deinem grünen Kleid,
Denn der Sommer steht vor der Tür,
Du bist eine so feine Dame, du könntest der Königin
Deine Aufwartung machen
An diesem fröhlichen Maimorgen.

The Padstow May Day Night Song

THEMEN: Freude, Ekstase, Liebe und das heilige Weibliche
PLANET: Venus
HIMMELSRICHTUNG: Südosten
TAROTKARTE: Die Herrscherin
ASTROLOGIE: Stier

Wenn Sie die Natur aufmerksam beobachten, ist Ihnen vielleicht aufgefallen, dass die Welt gerade in lauter Grüntönen explodiert. Innerhalb weniger Tage haben Weißdorn, Eiche und Eberesche ihre Blätter entfaltet, und die Platanen, die immer zuletzt austreiben, folgen ihrem Beispiel nun allmählich. In den Parks raschelt das Laub der Bäume jetzt wieder im Wind. Gerade als wir uns zu fragen begannen, ob es in diesem Jahr wohl überhaupt je wieder grün werden wird, hat die Natur nun, da Beltane über uns hereinbricht, Wurzeln geschlagen und sich weit geöffnet.

Der Saft, der im zeitigen Frühjahr in allen Gewächsen der Welt aufgestiegen ist, hat nicht nur die Bäume verwandelt, sondern auch unseren eigenen Körper. Im hinduistischen Glauben bezeichnet man das als »Aufstieg der Kundalini« – jener göttlichen weiblichen Energie, die im Wurzelchakra an der Basis unserer Wirbelsäule ruht, sich bei ihrem Erwachen schlangenartig nach oben windet und uns neue Energie und spirituelle Befreiung bringt.

Die Lämmer auf den Feldern werden immer dicker und fühlen sich allmählich immer sicherer auf den Beinen, wenn sie fröhlich herumspringen, und auch die Vogelbabys in ihren Nestern zeigen jetzt erste Lebenszeichen. Der Löwenzahn, der zur Frühlings-Tagundnachtgleiche erstmals geblüht und den ersten bestäubenden Insekten eine dringend benötigte Nahrungsquelle geboten hat, steht nun wieder überall in voller Blüte; und die Wiesen sind voller Gänseblümchen. In den Wäldern blühen würziger Bärlauch und wunderschöne Glockenblumen im Schatten der Eichen und Buchen.

Erinnern Sie sich noch an meinen Hinweis darauf, dass einige Feste unseres Jahreskreises weit in die Vergangenheit zurückreichen? Beltane ist ein uralter keltischer Festtag, an dem man das Ende des Winters und die darauffolgende Geburt des Sommers feiert – am 30. April/1. Mai auf der nördlichen und am 31. Oktober/1. November auf der südlichen Halbkugel. (Früher feierten die Wicca-Hexenzirkel dieses Fest eher am Abend vor dem 1. Mai – also dem 30. April –, doch im Lauf der Zeit haben sich die Feierlichkeiten stärker auf Beltane – den 1. Mai – verlagert.) Es liegt ein Duft von üppigem Sommergrün in der Luft; Schmetterlinge mit cremefarbenen Flügeln, deren Spitzen orange leuchten, beginnen von Blüte zu Blüte zu flattern; das Licht verändert sich und die Tage werden länger. Ein nasser Hund paddelt vergnügt im Bach herum und vermittelt mir – wie alle Hunde – ein Gefühl purer Lebensfreude, während Schwebfliegen in der Luft stillstehen und so tun, als wären sie Bienen.

Obwohl heidnische Traditionen im Gegensatz zu anderen Religionen kein heiliges Buch kennen und Orthopraxie uns Heiden wichtiger ist als Orthodoxie (das heißt, wir messen dem Verhalten eines Menschen mehr Bedeutung bei als seinem

Glauben), gibt es doch ein oder zwei Schriften, die für uns eine wichtige Rolle spielen. Eine davon ist *The Charge of the Goddess*, ein von mehreren Autorinnen und Autoren (unter anderen Aleister Crowley, Gerald Gardner, Doreen Valiente und Charles Leland) verfasster Text, den wir sehr verehren. Einfach ausgedrückt enthält *The Charge* Anweisungen der Göttin an ihre Anhänger. Es gibt viele Sprüche in diesem Buch, die mir ganz besonders am Herzen liegen; doch die Version von Valiente enthält eine besonders schöne Beschwörung:

> *Lasst meine Verehrung in dem Herzen sein, das Freude in sich trägt – denn seht ihr: Alle Akte der Liebe und des Vergnügens sind Rituale, mit denen ihr mich anbetet. Also tragt Schönheit und Stärke, Kraft und Mitgefühl, Ehre und Demut, Fröhlichkeit und Ehrfurcht in euren Herzen.*

Die Wiccans zitieren an Beltane besonders gerne Sprüche aus *The Charge*, und das ist eigentlich auch kein Wunder, wenn man bedenkt, welchen Themen dieser Sabbat auf dem Jahresrad gewidmet ist und welche Freuden damit einhergehen. Beltane wird vom Planeten Venus regiert – der Energie, die uns Liebe und Lebensfreude schenkt und von der auch die Tarotkarte »Die Herrscherin« inspiriert ist, die inmitten von Luxus und Überfluss bequem auf ihrem Thron sitzt.

In diesem Kapitel wollen wir also darüber nachdenken, was Sie tun können, um wieder mit Ihrer persönlichen Lebensfreude in Kontakt zu kommen. Wir sind so sehr daran gewöhnt, fleißig zu arbeiten und verantwortungsvolle Erwachsene zu sein (jedenfalls meistens!), dass wir manchmal vergessen, uns mit Dingen zu beschäftigen, die uns Vergnügen bereiten. Natürlich hat diese Jahreszeit, in der alles wächst und blüht, auch eine offensichtliche körperliche oder sexuelle Dimension; doch manchmal ist es besser, sich langsam und schrittweise darauf vorzubereiten. Bevor Sie also wirklich Freude zusammen mit einem anderen Menschen erleben können, wollen wir Sie zunächst einmal ganz sanft und behutsam mit diesem Gefühl in Kontakt bringen.

Zum Ausprobieren:
Ein Rezept für Rosen-Hibiskus-Tee

Eine der einfachsten Möglichkeiten, ein bisschen Magie in unser tägliches Leben hineinzubringen, ohne dass es jemand merkt, sind Kräutertees oder -aufgüsse. Natürlich kann man auch aus einem einfachen Kräuterteebeutel einen guten Tee zubereiten; doch wenn ich Magie praktizieren möchte (was ich eigentlich ständig tue), verwende ich lieber lose Kräuter. Sie können dies hier einfach nur als Rezept für eine Tasse Rosen-Hibiskus-Tee betrachten; aber Sie können auch einen Liebeszauber daraus machen, der Ihnen hilft, Ihre Lebensfreude wiederzufinden. Die Entscheidung liegt bei Ihnen.

Sie brauchen dazu:

- Eine Teekanne oder eine Teetasse und ein Tee-Ei
- Ein paar getrocknete Rosenblütenblätter
- Ein paar getrocknete Hibiskusblüten
- Ihre Lieblingstasse

Ich verwende für meine Tees eine schöne Teekanne aus Glas, weil ich gern die Kräuter darin herumschwimmen sehe; aber im Grunde eignet sich jede Teekanne für diesen Zweck. Wenn Sie keine Teekanne haben, können Sie stattdessen auch eine Teetasse und ein Tee-Ei verwenden, in das Sie von jedem Kraut nur einen Teelöffel hineingeben.

Denken Sie daran: Bei dieser Aktivität kommt es auf Ihre Absicht an. Wenn man einen entsprechenden Vorsatz fasst, kann selbst eine einfache Tasse Tee zu etwas Magischem werden.

Wenn Sie in der Stadt wohnen, gehen Sie in den nächsten internationalen Supermarkt oder orientalischen Lebensmittelladen und schauen Sie in der Tee- oder Kräuterabteilung nach – dort findet man oft lose Rosenblätter und Hibiskusblüten. Falls Ihre Wohngegend nicht ganz so multikulturell ist, müssen Sie vielleicht die nächste Gewürzhandlung besuchen oder die Zutaten im Internet bestellen.

Sie können auch ein bisschen mit Ihren Kräutern herumexperimentieren. Rose und Hibiskus sind beide heilige Gewürze der Venus. Ein Tee aus Rosenblättern allein ist zwar auch etwas Wunderbares, aber ich finde es noch besser, Hibiskus dazuzugeben, denn er verleiht dem Tee eine geradezu magische Farbe, wenn man das kochende Wasser aufgießt: Zuerst färbt er sich dunkelviolett, dann leuchtend rot.

Um Ihren Liebestee zuzubereiten, bringen Sie Wasser in einem Kessel zum Kochen und stellen Sie sich beim Erhitzen des Wassers vor, dass der Kessel Ihre Freude anheizt. Geben Sie sieben Hibiskusblüten und sieben Prisen von den getrockneten Rosenblütenblättern in Ihre Teekanne – denn sieben ist die heilige Zahl der Venus. Dann gießen Sie das heiße Wasser auf und stellen sich dabei vor, dass das Wasser von Freude und Liebe durchtränkt wird. Rühren Sie das Wasser in der Kanne siebenmal im Uhrzeigersinn um.

Lassen Sie den Tee sieben Minuten lang ziehen und trinken Sie ihn dann.

Dieser Tee eignet sich hervorragend dazu, Ihre Stimmung und Ihr Wohlbefinden zu verbessern; und dadurch werden Sie vielleicht auch Ihre Lebensfreude wiederentdecken. Während Sie den Tee trinken, überlegen Sie sich ein paar schöne Dinge, die Sie in den nächsten Tagen und Wochen unternehmen könnten, um mehr Freude in Ihr Leben zu bringen.

Handfasting und Weißdorn

Die traditionellen Feiern an Beltane oder am 1. Mai waren wirklich ein freudiger Anlass, denn um diese Zeit begrüßten die Menschen die Rückkehr des Sommers und freuten sich auf die wärmeren Monate des Jahres. Zu den an Beltane üblichen Festlichkeiten gehörte es, den Mai willkommen zu heißen, indem man wichtige Lokalitäten – zum Beispiel sein eigenes Haus, Fischerboote und die Kirche – mit blühenden Weißdornzweigen (einer Pflanze, die auch unter dem Namen »Hagedorn« bekannt ist) schmückte. In manchen Gegenden auf den Britischen Inseln hieß es früher, dass man die Heimat der Feen entdeckt hat, wenn man auf ein heiliges Dreieck aus Eiche, Esche und Weißdorn stößt, während man Weißdornzweige in anderen Regionen als Schutzamulett aufhängte. Doch im Zusammenhang mit Beltane wird dieser Strauch mit Sexualität und Tod assoziiert: Denn der Duft der Blüten des Zweigriffeligen Weißdorns erinnert an Verwesung, während der Eingriffelige Weißdorn angeblich nach Sexualflüssigkeiten riechen soll. Wie Sie sich sicherlich vorstellen können, wurden angesichts solcher Assoziationen viele an Beltane übliche rituelle Praktiken von den Puritanern schief angesehen. In seinem Buch *Stations of the Sun* erwähnt Ronald Hutton um das Jahr 1240 eine Beschwerde des Reformbischofs von Lincoln, »der sich bei seinen Erzdiakonen über Priester beschwerte, welche sich erniedrigten, indem sie an Spielen teilnahmen, die man als ›Willkommenheißen des Monats Mai‹ bezeichnete«.

Einer der Geschichten über Beltane zufolge war dies der erste Zeitpunkt des Jahres, an dem es warm genug war, um die ganze Nacht draußen auf den Feldern zu verbringen, was bedeutete, dass ungefähr neun Monate später Beltane-Babys zur Welt kamen. In Wirklichkeit waren die Temperaturen auf den Britischen Inseln vor Hochsommer aber wahrscheinlich noch nicht warm genug für solche Aktivitäten im Freien.

Trotzdem war es vor langer Zeit in unserer damals noch eher landwirtschaftlich geprägten Vergangenheit, als die nächste Gemeinde vielleicht weit entfernt auf der anderen Seite irgendeiner Hügelkette lag, üblich, dass junge Paare an Beltane zusammenkamen und in einer »Handfasting«-Zeremonie miteinander vereint wurden – ein Versprechen, das angeblich ein

Jahr und einen Tag lang halten sollte. Man geht davon aus, dass dieser Brauch in unserer keltischen, nordischen und englischen Geschichte bis in das Jahr 7 000 v. Chr. zurückreicht; und er hatte den Vorteil, dass man für diese Zeremonie keinen Geistlichen benötigte. Man brauchte einfach nur zwei Menschen, die einander dieses Versprechen geben wollten, und das konnte auch in privatem Rahmen geschehen – möglicherweise mit mehreren Armen voll Weißdornblüten als Dekoration (also auch hier wieder ein Brauch, mit dem der Mai willkommen geheißen wurde). Falls die beiden am Ende dieses Zeitraums zusammenbleiben wollten, konnten sie ihrer Verbindung einen offiziellen Anstrich geben; wenn nicht, gingen sie wieder getrennte Wege.

Doch Monarchen und religiöse Oberhäupter haben diesen Traditionen im Lauf der Zeit einen Riegel vorgeschoben: Man war der Meinung, dass die Frivolität der allgemeinen Bevölkerung (einschließlich der Priester, die sich zu solchen Bräuchen herabließen) in den Augen Gottes ungehörig war. Bereits im 16. Jahrhundert schrieb die Kirche einen Priester sowie Trauzeugen, Eheversprechen und die Verlesung eines Hochzeitsbanns 30 Tage vor der offiziellen Eheschließungszeremonie vor. Bis heute ist das heidnische Handfasting (das inzwischen oft von einem Geistlichen zelebriert wird und bei dem man die Hände des Paares tatsächlich mit einer Schnur oder einem Band zusammenbindet) auf den Britischen Inseln rechtlich nicht anerkannt.

Um diesen Sabbat auf dem Jahresrad mit ein bisschen Magie zu begrüßen, könnten Sie Folgendes tun:

- Sammeln Sie am Morgen von Beltane den ersten Tau mit einem Tuch auf, das Sie dann über einem kleinen Gefäß auswringen. Früher hieß es, dass dieser Tau schön macht, wenn man sich damit das Gesicht wäscht.
- Baden Sie in einem natürlichen Gewässer oder schmücken Sie eine heilige Quelle mit Blumengirlanden, so wie es an Beltane traditionell üblich ist.
- Schmücken Sie Ihr Haus oder Ihren Altarraum mit Maiblumen, Ebereschen- oder Birkenzweigen.
- Überlegen Sie sich ein neues Projekt für das kommende Jahr (oder für das kommende Jahr plus einen Tag, falls Sie es mit der Tradition ganz genau nehmen möchten).
- Wenn Sie Ihr Leben mithilfe des Jahresrads enger an den Mustern der Natur in Ihrer Region ausrichten möchten, sollten Sie gleich zu Beginn der Sommersaison innehalten, einen Blick auf die Natur werfen und sich fragen: »Was passiert in der Natur in dem Teil der Welt, in dem ich lebe, gerade?«

Liebe und Verlust, Ekstase und Schmerz

Das Leben ist eine chaotische und manchmal auch ziemlich schwierige Angelegenheit. Unsere alten Vorfahren in Ägypten wussten das, als sie ihren Gott Osiris als Gott des Todes und des Lebens darstellten: das grüne Gesicht freundlich und die Arme über der Brust gekreuzt (eine Haltung, die heute unter dem Namen »Osiris-Stellung« bekannt ist), wobei er den Krummstab und den Dreschflegel – den Führungsstab des Hirten und die Geißel, die uns die Gabe des Schmerzes bringt – in den Händen hält. Dieses Bild vermittelt uns die Botschaft, dass wir nur dann existieren können, wenn wir in unserem Leben zu gleichen Teilen Liebe und Verlust, Ekstase und Schmerz erfahren.

In ähnlicher Weise liegt Beltane im Jahreskreis genau gegenüber Samhain. Einfach ausgedrückt spiegeln diese beiden Sabbate sich gegenseitig wider, wobei der eine den Beginn des Sommers ankündigt und der andere den Winter einläutet. Wie Osiris schaffen sie ein Gleichgewicht zwischen Sexualität und Tod, Liebe und Trauer. Während Samhain die Zeit ist, in der wir unsere aus dem Leben geschiedenen Vorfahren ehren, feiern wir an Beltane die Verschmelzung von Ei- und Samenzellen, die uns ins Leben gerufen hat – egal unter welchen Umständen das geschehen ist. Doch das Ganze geht weit über bloße Biologie hinaus. Während manche heidnischen Kreise die Allegorie dieses Prozesses in der (heteronormativen) Vereinigung von Gott und Göttin widergespiegelt sahen, ehrt man an Beltane die Art und Weise, wie *Sie* in Ihrem heutigen Leben sexuelle Lust erfahren, als wichtige Voraussetzung für Ihr seelisches und körperliches Wohlbefinden.

Wissenschaftlichen Untersuchungen zufolge erhöht sexuelle Aktivität den Serotoninspiegel. Das hilft uns bei der Bekämpfung von Depressionen, hebt unsere Stimmung und spielt auch eine wichtige Rolle für die Bindung zwischen zwei Partnern. Außerdem bringt Sex verschiedene körperliche Vorteile: Er senkt den Blutdruck, stärkt die Muskeln, reduziert das Risiko für Herz-Kreislauf-Erkrankungen, Schlaganfälle und

Bluthochdruck und stärkt das Immunsystem. Was soll daran schlecht sein? Trotzdem geht es bei Beltane um die Feier der Ekstase in all ihren Formen – nicht nur der sexuellen – und um die unzähligen (einvernehmlichen) Möglichkeiten, diese zu erleben. Oder wie die Schriftstellerin und Naturmystikerin Mary Webb im Jahr 1911 schrieb:

> *Schönheit, Freude und Gelächter sind für unser Dasein unverzichtbar, und in der Natur begegnet man diesen Dingen auf Schritt und Tritt … Die Maitage bringen uns dieses ungetrübte Glück – wenn große weiße Wolken gemächlich über den Himmel segeln; wenn der »Brennende Busch« den Höhepunkt seiner Schönheit erreicht hat; wenn der weiße Flieder blüht und der violette Flieder aus seinen Knospen hervorbricht; wenn die Blütenkerzen der Kastanienbäume allmählich immer länger werden und auch die Weißdornblüte nicht mehr lange auf sich warten lässt. Draußen in der frischen grünen Welt, wo die Drosseln wie verrückt singen, warten die süßen Leckerbissen des Morgens darauf, gepflückt zu werden. Die Freude kommt mit der regengeschwängerten Luft hereingeweht, wenn Sie das Fenster frühmorgens weit aufreißen und sich in die klare Reinheit des noch jungen Tages hinauslehnen, um dem »Zirp-zirp-zirp« der Amseln zu lauschen und zu beobachten, wie der Puls der Farben im Osten allmählich immer schneller schlägt.*

Zum Ausprobieren: Tagebuch führen, um Ihre Lebensfreude zu entdecken

Unter dem ständigen Druck und Stress des modernen Lebens entfremden wir uns manchmal von den Dingen, die uns Freude bereiten. Vor allem erwachsenen Menschen passiert so etwas sehr leicht. Irgendwann haben Sie vielleicht sogar das Gefühl, gar nicht mehr zu wissen, wo Sie diese Lebensfreude finden können.

Deshalb möchte ich Ihnen hier eine Variante einer Übung vorstellen, die mir einer meiner Lehrer namens David Shephard beigebracht hat. David leitet »The Performance Partnership«, ein Unternehmen, das Menschen darin schult, ihr Unterbewusstsein mithilfe der Methode des neurolinguistischen Programmierens (NLP) besser zu verstehen.

Das Ziel dieser Übung besteht darin, an folgende Abschnitte Ihres Lebens zurückzudenken (bis zu dem Alter, in dem Sie jetzt sind): 0–12 Jahre; 13–17 Jahre; 18–22 Jahre; 23–30 Jahre; 31–40 Jahre; 41–50 Jahre; 51–60 Jahre und 61+ Jahre. Listen Sie für jeden dieser Zeiträume die Leistung auf, die Ihnen die größte Freude bereitet hat – also nicht das, was andere Menschen für gut hielten, sondern das, was Sie selbst begeistert hat.

Versuchen Sie, nicht zu lange darüber nachzudenken – Ihr Unterbewusstsein wird die Antwort wissen, auch wenn Sie glauben, keine Ahnung zu haben. Die »richtige« Antwort ist normalerweise das Erste, was Ihnen in den Sinn kommt; und das muss keineswegs etwas besonders Spektakuläres sein.

Stellen Sie sich für jede Altersgruppe die unten stehenden Fragen. Sie können die Antworten zum Beispiel in Ihr Notizbuch schreiben:

- Welche Aktivität hat Ihnen am meisten Freude gemacht?
- Was genau haben Sie dabei getan?
- War das Gefühl der Freude mit einem bestimmten Element verbunden?
- Welche Fähigkeiten haben Sie mit Ihrer Leistung unter Beweis gestellt?

Vielleicht erkennen Sie in den Antworten auf diese Fragen ein Muster. (Das kann auch ein ganz allgemeines Muster sein.) Um ein besseres Gefühl für die Zusammenhänge zu bekommen, können Sie sich noch ein paar zusätzliche Fragen beantworten:

- Welche Aktivitäten haben Ihnen im Lauf Ihres Lebens immer wieder am meisten Freude bereitet?
- Welchen Ihrer Fähigkeiten oder Talente gehen Sie am liebsten nach?
- Was mögen Sie an sich selbst am meisten?
- Welche Muster oder Tendenzen fallen Ihnen bei Ihren bisherigen Antworten auf? Gibt es einen roten Faden, der sich durch alle Antworten hindurchzieht?

Vielleicht können Sie keinen solchen roten Faden erkennen. Doch auch das ist ein Muster: Möglicherweise sind Sie dann eben einfach ein Mensch, der Abwechslung und Vielfalt braucht.

Als ich diese Übung zum ersten Mal machte, stellte ich fest, dass ich am glücklichsten war, wenn ich mir erlaubte, kreativ zu sein und Abenteuer zu erleben. Das bedeutet, dass ich aktiv nach solchen Aktivitäten suchen und mir andere Aufgaben, die mir vielleicht nicht so gut gefallen, mithilfe solcher Qualitäten schmackhaft machen könnte. (Wenn Sie mich dazu auffordern, irgendeine Routinearbeit zu erledigen, diese aber als kreatives Abenteuer darstellen, werde ich Ihrer Bitte garantiert widerspruchslos nachkommen.)

Sobald Sie die Quelle Ihrer Lebensfreude gefunden haben, sollten Sie diese so oft wie möglich in Ihre Alltagsaktivitäten einbauen.

Das leidige Streben nach Perfektion

Ein muslimischer Freund beschrieb mir einmal eine architektonische Besonderheit von Moscheen auf der ganzen Welt: Wenn eine Moschee gebaut wird, soll sie – wie alle Glaubenshäuser – schön und Ehrfurcht gebietend aussehen. Denn sie repräsentiert nicht nur die Vorstellung des Architekten vom Göttlichen, sondern auch den Glauben und die Liebe der Gemeinde zu Gott. Innen ist sie mit den prächtigsten geometrischen Mustern verziert. Doch jede Moschee birgt ein Geheimnis: Inmitten ihrer wunderschönen architektonischen Gestaltung ist irgendwo ein absichtlicher Fehler (eine nicht perfekt geformte Fliese, ein nicht genau in der Mitte liegendes Fenster oder eine falsch abgemessene Stufe) eingebaut – so gut versteckt, dass man es Ihnen sicherlich nicht übel nehmen würde, wenn Ihnen dieser kleine Schnitzer nicht auffiele. Und warum das alles? Um uns daran zu erinnern, dass nur das Göttliche perfekt ist. Und ich persönlich bin mir noch nicht einmal beim Göttlichen sicher, ob es wirklich nach Perfektion strebt, denn in der Natur wimmelt es von Beispielen für das »vollkommen Unvollkommene«. Wäre ein hundertprozentig symmetrischer Baum oder ein Tier mit völlig symmetrischer Zeichnung auf seinem Fell wirklich so schön wie die ganz normalen Bäume und Tiere, die wir tagtäglich sehen? Verleihen nicht gerade die winzig kleinen Verzerrungen in Tonhöhe und Rhythmus einem Musikstück seine atemberaubende Schönheit? In psychologischen Untersuchungen zu der Frage, was wir bei unseren Mitmenschen als schön empfinden, hat sich gezeigt, dass vollkommen symmetrische Gesichter niemals so attraktiv wirken wie leicht unvollkommene.

Jemand wie ich, der sein kreatives Leben und seinen »Tagesjob« unter einen Hut bringen muss, hat nicht viel Zeit, um gezielt auf solche kleinen Unvollkommenheiten zu achten. Das bedeutet zwar nicht, dass ich nicht so lange an meiner Arbeit herumfeile, bis sie wirklich gut ist; aber ich weiß auch, dass das Streben nach Perfektion uns blockieren kann. Wenn wir uns darauf versteifen, dass immer alles perfekt sein soll, entgeht uns leicht der eigentliche Sinn der Sache und wir verzetteln uns. Wenn Sie schon mal an einer Schreibblockade oder etwas Ähnlichem gelitten haben, erinnern Sie sich bestimmt noch an das Gefühl der Hoffnungslosigkeit und Verzweiflung, das einen überkommt, wenn man mit leerem Blick auf ein Blatt Papier starrt. Und solche Blockaden manifestieren sich nicht nur in den kreativen Künsten, sondern können sich auf alle Lebensbereiche ausdehnen: Unser Perfektionsstreben versperrt uns den Weg zu der Freude, die wir empfinden können, wenn wir das tun, was uns am meisten begeistert.

In der Spiritualität der Wiccans spielt auch der Körper eine wichtige Rolle. Das bedeutet, dass wir uns mit der ganzen Bandbreite unserer physischen Erfahrungen beschäftigen – nicht nur mit den positiven, sondern auch mit den negativen. Wir feiern unsere Körper, egal welche Form sie haben, mitsamt allen Freuden und Schmerzen, die sie uns bringen. Wir ehren also auch unsere »Unvollkommenheiten« und lernen, uns selbst (und die Welt um uns herum) mit neuen, ehrfürchtigen Augen zu betrachten. Wenn unser Körper »unvollkommen« ist (in wessen Augen?) oder uns zum Erröten bringt, dann erinnert unser Hexenzirkel uns daran, dass wir schön sind – oder »vollkommen unvollkommen«, wie ich es gerne nenne.

Angesichts der Tatsache, dass wir alle (auch Männer und nicht binäre Menschen) ständig mit Bildern von perfekten Körpern und perfekten Leben bombardiert werden, die wir niemals haben werden – makellose Haut und durchtrainierte Muskeln –, kann es schon ein ziemlicher Paradigmenwechsel sein, wenn man sich selbst dazu einlädt, sexuelle Freiheit, Ekstase und Freude zu feiern. Wenn Sie an dieser Stelle ein leichtes Unbehagen verspüren, lesen Sie bitte trotzdem weiter. Ich möchte Sie an einen Punkt führen, an dem Sie hoffentlich ein bisschen mehr Nachsicht gegenüber Ihren menschlichen Schwächen aufbringen können.

Wenn man Ihnen schon als Kind beigebracht hat, Ihrer Körperlichkeit oder Ihren eigenen Bemühungen sehr kritisch gegenüberzustehen, wird es vielleicht eine ziemliche Herausforderung für Sie sein, sich an Ihrem Körper und der körperlichen Ausgelassenheit und Freiheit, die er Ihnen an Beltane bringen kann, zu freuen. Es ist nämlich gar nicht so einfach, die leise Stimme in Ihrem Kopf abzuschalten, die Sie an Ihre vielen Unzulänglichkeiten erinnert.

Shirley – eine Beraterin aus meinem Bekanntenkreis – stellt ihren Klienten gern folgende Frage: »Wessen Stimme hören Sie, wenn in Ihren inneren Dialogen dieser scharfe Ton anklingt?« Es könnte zum Beispiel die missbilligende Stimme eines Elternteils oder irgendeines anderen Menschen sein, der sehr hohe Ansprüche an Sie stellt – einschließlich der vielen Botschaften aus dem Internet, die uns einzureden versuchen, dass wir uns um ein bestimmtes Aussehen bemühen oder bestimmte Gefühle haben sollten. »Wenn man sich diesen ständigen Strom der Selbstkritik bewusst macht, kann das manchmal schon der erste Schritt dazu sein, ihn zum Schweigen zu bringen«, meint Shirley.

Beltane lädt uns dazu ein, uns von unserem Perfektionsstreben zu verabschieden. Es ist, als müssten unsere Seelen erst wieder an die Freude erinnert werden, die unserem Körper und in uns selbst innewohnt – und zwar genau so, wie wir sind. Wenn Sie sich erlauben, diese Freude zu erleben – und sei es auch nur für einen kurzen Augenblick –, werden Sie wieder wissen, wie dieses Erlebnis sich anfühlt, und Ihr kleines Boot dorthin lenken.

Zum Ausprobieren: Ein Apfelzauber für die Liebe

Obwohl Äpfel früher traditionsgemäß um die Herbst-Tagundnachtgleiche herum geerntet und dann so lange wie möglich gelagert wurden, sind sie heute das ganze Jahr über erhältlich. Sie sind der Göttin Venus heilig; und wenn man einen Apfel in der Mitte durchschneidet, sieht man, dass die Kerne eine vollkommen symmetrische fünfzackige Sternform ergeben – genau das gleiche Muster, das der Planet Venus und die Erde bilden, wenn sie zusammen um unsere Sonne tanzen.

Diese Idee für einen Apfelzauber hat ihre Wurzeln in traditionellen Zaubern, die von den schlauen Vorgängerinnen und Vorgängern unserer modernen Hexen jahrhundertelang praktiziert wurden. Diese weisen Menschen haben die Dorfbewohner früher aufgesucht, wenn sie wollten, dass ihre Hühner mehr Eier legten oder ihre Kühe mehr Milch gaben – oder um sich ihre Warzen wegzaubern oder einen Zauber lösen zu lassen, der ihnen von einer bösen Hexe auferlegt worden war.

Die traditionellen Liebeszauber gingen oft mit recht bizarren Aktivitäten einher: Zum Beispiel musste man sich dazu einen getrockneten Frosch beschaffen und heimlich irgendwelche Gegenstände unter das Bett der angebeteten Person legen. Doch da wir Wiccans nicht in den freien Willen anderer Menschen eingreifen oder sie manipulieren, praktizieren wir diese Art von Magie normalerweise nicht. Statt uns auf eine bestimmte Person zu konzentrieren, sollten wir also lieber einen Zauber wirken, der die Liebe im allgemeineren Sinn herbeilockt. Wenn Sie eine Zeit lang allein waren, aber nun bereit sind, die Liebe in ihrer ganzen Vielfalt in Ihr Leben zurückzuholen, kann dieser Apfelzauber ein sehr guter Ausgangspunkt dafür sein.

Sie brauchen dazu:

- Einen schön geformten ganzen Apfel ohne Druckstellen
- Einen Apfelausstecher
- Ein kleines Blatt Papier in der Größe eines quadratischen kleinen Klebezettels
- Grünen Faden (vorzugsweise aus einer Naturfaser wie Wolle, Baumwolle oder Hanf)
- Einen grünen Stift

Sitzen Sie zunächst ein paar Minuten lang still da, und stellen Sie sich vor, was Sie manifestieren möchten. Sehen Sie es genau vor Ihrem geistigen Auge. Wenn Sie möchten, dass die Liebe in Ihr Leben kommt – wie würde das aussehen? Was würden Sie sehen, hören und empfinden, wenn Sie sich wirklich geliebt fühlten? Was würden Sie zusammen mit dem geliebten Menschen gerne tun?

Sobald Sie dieses Bild vor Augen haben, schreiben Sie Ihre Initialen und eine kurze Beschreibung der Liebe, die Sie finden möchten, auf das Blatt Papier – zum Beispiel »gesunde, glückliche Liebe« oder »gütige, großherzige Liebe«. Halten Sie sich dieses innere Bild ständig vor Augen, während Sie es beschreiben.

Dann nehmen Sie den Apfel und schneiden mit dem Entkerner das Kerngehäuse heraus, sodass in der Mitte der Frucht von oben nach unten ein längliches Loch entsteht. Machen Sie sich nichts daraus, wenn die Schnittkanten nicht ganz gerade sind! Bewahren Sie alle Apfelkerne auf – wir werden für diesen Zauber insgesamt sieben Kerne brauchen.

Nun rollen Sie das Stück Papier zusammen und schieben es in das Loch in dem entkernten Apfel. Schneiden Sie ein langes Stück von Ihrem Faden ab, und wickeln Sie ihn um den Apfel, als würden Sie ein Paket verschnüren. An der Unterseite des Apfels sollen sich die Fäden kreuzen, und am oberen Ende (wo der Stiel sitzt) binden Sie eine Schleife, damit der Zettel nicht herausfallen kann. Währenddessen sprechen Sie vor sich hin: »Eine wertvolle Liebe rufe ich zu mir. So, wie ich sie haben will, so soll sie sein!«

Zum Schluss suchen Sie sich ein Plätzchen im Freien, um den Apfel in der Erde zu vergraben. Das Loch sollte so tief sein, dass Sie den Apfel mit Erde bedecken können, wenn er darin liegt; aber legen Sie zuerst die sieben Apfelkerne in die Erde und dann den Apfel obenauf. Während Sie alles mit Erde bedecken, sagen Sie noch einmal den gleichen Spruch auf wie oben beschrieben. Damit ist der Zauber vollbracht.

Aber lassen Sie sich nicht dazu verleiten, den Apfel wieder auszugraben oder zwischendurch immer wieder nachzuschauen, ob die Kerne gekeimt sind! Falls Tiere ihn ausbuddeln sollten, machen Sie sich deshalb keine Sorgen – dann ist Ihr Apfel eben einfach zu einem Teil des bunten Teppichs des Lebens geworden und hat die Magie dabei für Sie freigesetzt.

Geschichte und Volksbräuche an Beltane

Das Wort »Beltane« bedeutet so viel wie »helles Feuer«. Bevor die Menschen im Zuge der industriellen Revolution in die Städte zogen, entzündeten unsere Vorfahren in ländlichen Gegenden auf den Anhöhen große Leuchtfeuer, die bis in den Himmel hinein loderten. In Irland wurde jedes Jahr zu Beltane ein großes Feuer auf dem Uisneach Hill entzündet. Vertreter aller Stammesgruppen versammelten sich auf dem Gipfel, in der Hand eine Fackel, die sie an dem brennenden Feuer entzündeten und dann wieder in ihr Heimatdorf zurückbrachten. Mit dieser Flamme entzündete jeder Haushalt seine Feuerstelle neu – auf diese Weise waren alle Familien und Gruppen für das kommende Jahr miteinander verbunden. Andernorts entzündete man Feuer auf den Feldern und trieb das Vieh hindurch, um Unreinheiten zu verbrennen und die Tiere für die kommenden Monate vor Infektionen zu schützen.

Wie so viele Traditionen wurden auch diese Rituale in der Frühen Neuzeit abgeschafft, obwohl das Bealtaine-Feuerfest auf dem Uisneach Hill im Jahr 2009 wiederbelebt worden ist und nun wieder das Ende des Winters und den Beginn des Sommers anzeigt. In Edinburgh hat man den Brauch des Entzündens von Bale- oder Bel-Feuern in einer »dynamischen Neuinterpretation und Modernisierung eines alten keltischen

Rituals aus der Eisenzeit« wiederbelebt. Das Festival wurde im Jahr 1988 mit einer kleinen Gruppe von Darstellern und einem Publikum von ungefähr 50 Personen wieder ins Leben gerufen. Heute umfasst es Hunderte von Darstellern und zieht Tausende von Zuschauern an. Riesige Bale-Feuer werden entzündet, während die Menschen tanzen, die Geburt des Sommers feiern und die Maigöttin erscheint, die für Mutter Natur oder für die Souveränität steht.

Wenn Sie in Deutschland, Tschechien, Estland, Finnland, den Niederlanden oder Schweden leben, sind Sie es vielleicht gewohnt, am Maifeiertag die Walpurgisnacht oder das Walpurgisfest zu feiern. Überall in Europa werden Feuer zum Gedenken an die englische heilige Walburga entzündet, die in meiner Heimatgrafschaft Devon geboren wurde. Walburga war Medizinstudentin und reiste als Missionarin nach Deutschland, wo sie ein Kloster gründete und maßgeblich an der Bekehrung der Bevölkerung zum Christentum beteiligt war. Man geht davon aus, dass ihr Fest absichtlich mit den älteren Riten der damaligen Zeit zusammengelegt wurde. Walburga ist auch als Heilige bekannt, die Hexerei abwehrt – was bedeutet, dass die Feuer, die heute in ihrem Namen entzündet werden, gleichzeitig den Vorteil haben, Hexen fernzuhalten. In manchen Ländern verbrennt man in dieser Nacht in den Freudenfeuern sogar Hexenfiguren. In Großbritannien bezeichnete man den 2. Mai früher als »Eve of the Invention of the Cross« [Abend der Erfindung des Kreuzes]. An diesem Tag sammelten die Leute Hexenholzzweige (Ebereschenzweige) und formten sie mit rotem Faden zu einem Kreuz, um sich vor Hexerei zu schützen. In Monmouthshire verwendete man dafür statt der

Ebereschen Maibäume (was angesichts der anderen Assoziationen dieser Bäume vielleicht ein bisschen paradox anmutet) und hängte sie an der Haustür auf. Falls Ihnen das alles etwas zu düster erscheint, möchte ich Sie an dieser Stelle daran erinnern, dass der Maimorgen als Tag der Liebe gefeiert wird.

In Großbritannien gibt es auch heute noch ein paar Gemeinden, die Beltane feiern, auch wenn sich die volkstümlichen Traditionen dort manchmal ziemlich weit von ihrer ursprünglichen Bedeutung entfernt haben. In Hastings gibt es einen traditionellen Mai-Umzug, bei dem die Leute als Grüner Mann gekleidet sind – die Gesichter grün bemalt und mit Blättern bedeckt. Man geht davon aus, dass der Grüne Mann oder Jack-in-the-Green aus der Zeit zwischen 1300 und 1500 stammt, obwohl Ronald Hutton in seinem Buch *Stations of the Sun* anmerkt, dass er wahrscheinlich nicht als naturverbundene alte Gottheit, sondern als dämonische Figur in die Außendekorationen spätmittelalterlicher Kirchen hineingeschnitzt wurde. Trotzdem bleiben die Ursprünge dieser Figur unklar; vielen Menschen gilt sie als Symbol der Wiedergeburt und Fruchtbarkeit. In Padstow (Cornwall) nimmt das Fest der Ekstase mit dem »'Obby 'Oss« einen etwas subversiveren Charakter an. Dieses unheimlich wirkende schwarze Kostüm wird durch die Straßen der Stadt getragen und sucht nach jungen Mädchen, die es unter seinen Mantel nehmen kann. Wenn »'Obby 'Oss« so ein Mädchen erwischt, wird das arme Opfer erst wieder freigelassen, nachdem es eine Geldstrafe gezahlt hat und mit Holzkohle beschmiert wurde.

Auch die Volkslieder, die man anlässlich der Beltane-Rituale singt, können eine düstere Seite haben – mit allegorischen Geschichten von jungen Frauen, die ihren sexuellen Impulsen nachgegeben und dieses Vergnügen dann mit dem Leben bezahlt haben. In einem dieser Lieder namens »Gay Green Gown« begegnet eine Frau im Wald dem Teufel, der ihr ein schönes Kleid verspricht, wenn sie sich dafür mit ihm auf den Waldboden legt.

Die stolze Dame ritt durch den Wald,
Da stellte sich ihr der Böse in den Weg.
Willkommen, meine Dame, steig ab, steig ab!
Ich schenke dir ein fröhliches grünes Kleid
Um dich für deinen Stolz zu bestrafen
Denn keine Braut
Trägt so ein Kleid,
So ein fröhliches grünes Kleid.

Als ihr klar wird, wie töricht es war, sich auf den Teufel einzulassen und ihre Jungfräulichkeit für ein grasbeflecktes Kleid zu opfern, nimmt sie sich das Leben. Unsere stolze Dame dient uns als Warnung dafür, was einem passieren kann, wenn man gegen die Regeln verstößt. Nicht nur, dass sie sich in den Augen der Moralisten sittenlos verhalten (und somit ihr schlimmes Ende verdient) hat – sie hat sich gleichzeitig auch des größten Vergehens schuldig gemacht, das eine Frau in den Augen des Patriarchats begehen kann: stolz und frei zu sein. Viele Jahre lang wurde die Farbe Grün – das Symbol der grünen Natur – mit verderbten Frauen, lockerer Moral und Feen assoziiert. Es gibt ein berühmtes Porträt aus dem Jahr 1889, das die Schauspielerin Ellen Terry in der Rolle der Lady Macbeth zeigt. Das kostbare grüne Kleid, in dem John Singer Sargent sie malte, war als Warnung gedacht.

Sharon Blackie – Psychologin, Mythologin und Autorin der Bücher *If Women Rose Rooted* und *The Enchanted Life* – geht in ihren Werken ausführlich auf die vorchristliche Mythologie der keltischen Völker ein. Im Kontext ihrer Bücher könnten wir solche Geschichten von »leichten Mädchen« als Unterwanderung der Rolle sehen, die die weiblichen Gottheiten in den älteren Mythen spielten: Denn in diesen Geschichten werden sie für ihre Macht nicht gefeiert, sondern bestraft. Wie Blackie erklärt, war die schöpferische spirituelle Kraft, die hinter dem Universum stand, bei diesen Völkern von Natur aus weiblichen Geschlechts. Diesem Modell des Universums zufolge glaubte man, dass der König vom Geist der Souveränität (das ist ein Name für das weibliche Göttliche) ausgewählt wurde. Bei seiner Krönung ging der König eine heilige Ehe mit der Souveränität ein, in deren Rahmen er für das Wohlergehen des Landes und seines Stammes verantwortlich war. »Die Macht der Souveränität hatte absoluten Vorrang«, schreibt Blackie:

> »Wenn man die von ihr verliehene Macht missbrauchte, zog das verheerende Katastrophen nach sich. Während der Herrschaft eines von der Göttin begünstigten Königs war das Land fruchtbar, blühte und gedieh, und der Stamm des Königs trug bei Kriegen stets den Sieg davon. Doch wenn der König nicht den Erwartungen der Göttin entsprach, blieb er nicht lange an der Macht. In erster Linie erwartete sie von ihm, dass er (und – seinem Beispiel folgend – auch das Volk) das Land lieben würde. So kam es, dass die uralten Königsriten in Irland eine zeremonielle Hochzeit, die banais

ríghi, zwischen dem König und der Göttin des Landes umfassten. Diese Idee spielte im Leben der Iren eine so wichtige Rolle, dass diese Riten bis ins 16. Jahrhundert hinein erhalten blieben.«

Das scheint weit von unseren Machtkonstruktionen im 21. Jahrhundert entfernt zu sein; doch manche Volksbräuche, die man an Beltane pflegt, sind auch heute noch von diesen Ideen geprägt – der Maikönig und die Maikönigin, die auf landwirtschaftlichen Maimärkten gekrönt werden, sind vielleicht der archetypische Gott und die archetypische Göttin. Und zu Beginn meiner Zeit als Mitglied eines Wicca-Covens sprach man hinter vorgehaltener Hand auch von der Hierogamie – der heiligen sexuellen Vereinigung, die dem Hörensagen nach während dieser Nacht in Hexenkreisen stattfinden sollte.

Beltane-Bräuche rund um den Globus

Venus ist zwar der Herrscherplanet von Beltane, doch die Göttin Venus – nach der dieser Planet benannt wurde – hat viele Vettern und Cousinen auf der ganzen Welt. Wenn Sie also nach religiösen oder spirituellen Festen suchen, bei denen man Lebensfreude, Liebe und Ekstase feiert, werden Sie die Energie von Beltane überall auf dem Erdball entdecken.

In der japanischen Stadt Hamamatsu entstand vor Jahrhunderten ein Drachenfest, als der dortige Herrscher einen Drachen steigen ließ, um die Geburt seines Sohnes zu feiern; und dieses Fest wurde bald zu einer beliebten Tradition. Es fällt mit der Goldenen Woche zusammen, in der vier Nationalfeiertage liegen – beginnend am 3. Mai (dem Gedenktag der Verfassung) über den 4. Mai (Tag des Grüns, an dem man Umwelt und Natur feiert) bis hin zum 5. Mai, dem Kindertag, an dem Familien die Geburt ihrer kleinen Söhne feiern. (Falls Sie sich über diese Ungerechtigkeit ärgern sollten: Mädchengeburten werden am 3. März gefeiert.)

In manchen Teilen Großbritanniens werden auf Stadt- oder Dorfplätzen immer noch Maibäume aufgestellt, an deren Spitze lange Bänder befestigt sind. Die Tänzerinnen und Tänzer flechten die Bänder um den Stamm des Maibaums, während sie in verschiedenen Formationen umeinander herumtanzen. Das ist schwer machbar, ohne sich ineinander zu verheddern; daher gibt es heutzutage normalerweise immer jemanden, der die Anweisungen für den Tanz ausruft oder ihn den Teilnehmenden vorher beibringt. Manche Leute sagen, dass der Maibaum ein Symbol für Sexualmagie ist und traditionsgemäß am Maifeiertag von den jungen Leuten im Dorf umtanzt wurde, die die Pubertät erreicht hatten, aber noch nicht verheiratet waren. Der Baum wurde oft von den jungen Männern der Gemeinde angefertigt und mit einer Krone aus Blumen geschmückt, die von den jungen Frauen gepflückt worden waren und das Weibliche symbolisieren sollten. Obwohl in der Volkskunde häufig die Meinung vertreten wird, der Maibaum sei ein Phallussymbol oder zumindest die Darstellung eines Phallus, hat der Historiker Ronald Hutton, der in seinen Werken einen Großteil der heidnischen und rituellen Geschichte Großbritanniens und anderer Regionen aufzeichnete, keinerlei Beweise für diese Behauptung gefunden.

Wenn am 1. Mai die Sonne aufgeht, versammeln sich auch

die Morris-Teams, um in der Morgendämmerung zu tanzen. Sie tragen farbenfrohe Wappenröcke, Taschentücher oder Stöcke und an ihren Knöcheln bimmeln Glöckchen. Heute praktizieren Tanzteams wie die »Boss Morris«, die ausschließlich aus Frauen bestehen, mit ihrer auffälligen Kleidung und ihrer ganz besonderen Interpretation dieses Brauchs eine moderne Variante des uralten Tanz-in-den-Mai-Rituals. Man nimmt an, dass der Morris im 15. Jahrhundert in Großbritannien eingeführt wurde und aus Spanien, Frankreich oder Flandern stammt; aber wir können nur darüber spekulieren, ob es sich dabei ursprünglich um eine Zurschaustellung von Männlichkeit handelte.

In Indien findet alljährlich der Weltlachtag statt, um das Bewusstsein der Menschen dafür zu schärfen, wie wichtig Freude und Gelächter für unser Wohlbefinden sind. Auch wenn das eigentlich eine Selbstverständlichkeit sein sollte – manchmal müssen wir daran erinnert werden, welch wichtige Bedeutung ganz einfache Dinge für unsere allgemeine Gesundheit haben. Der Weltlachtag wurde im Jahr 1998 von Dr. Kataria in Mumbai eingeführt und wird am ersten Sonntag im Mai begangen. Er kann uns übrigens auch als Erinnerung daran dienen, dass eine bestimmte Gepflogenheit nicht weniger wichtig wird, auch wenn es sich dabei (so wie beim Edinburgh Fire Festival oder beim Jahreskreis selbst) um eine moderne Neuerfindung einer älteren Idee handelt.

Zum Ausprobieren: Ein Ritual zur Feier von Beltane

Meiner Meinung nach gehören Rituale untrennbar zu einem achtsamen, körperbewussten, naturverbundenen

Leben dazu; doch das Wort »Ritual« jagt Menschen, für die diese Dinge noch Neuland sind, oft Angst ein. Das bringt mich zurück zu meinen Ausführungen zum Thema Perfektion – und wie sehr wir uns mit unserem Perfektionsstreben oft im Weg stehen (siehe Seite 146 ff.).

Im Wörterbuch wird der Begriff »Ritual« zwar als »feierliche Zeremonie« definiert; aber ich bin da ganz anderer Meinung. Ein Ritual muss keine todernste Angelegenheit sein, bei der man Texte aus verstaubten alten Wälzern vorliest. Manchmal bevorzuge ich Rituale, die sich ganz spontan aus der Situation heraus ergeben; und das bedeutet, dass dabei auch herzlich gelacht werden darf. Bei einem der Rituale in meinem Hexenzirkel, das ich noch in besonders guter Erinnerung habe, wurde mir vom vielen Tanzen plötzlich schwindelig, und ich fiel über den Altar. In unserem Hexenzirkel heißt es, dass Rituale zu gleichen Teilen aus Heiterkeit und Ehrfurcht bestehen sollten; und ich glaube, dass es mir ganz gut gelingt, diesen Grundsatz mit Leben zu erfüllen.

Das bedeutet, dass Sie, wenn ich Ihnen ein bestimmtes Ritual empfehle, nicht das Gefühl haben sollten, die Anleitungen dazu wortwörtlich befolgen und alle Handlungen auf eine bestimmte Art und Weise ausführen zu müssen. Lassen Sie Ihr inneres Kind zum Vorschein kommen und ein bisschen herumspielen; und wenn Ihnen bei diesem Ritual irgendetwas komisch vorkommt, dann verändern Sie es ruhig.

Ein Ritual kann etwas so Einfaches sein wie das Zubereiten des Rosen-Hibiskus-Tees, das ich weiter oben beschrieben habe (siehe Seite 136); wenn Sie möchten, kann es aber auch kunstvoll und zeitaufwendig sein und auswendig gelernte Sprüche und Bewegungsabläufe umfassen. Dabei geht es darum, eine bestimmte Handlung mit einer zusätzlichen Bedeutungsebene anzureichern; und obwohl es gut ist, solche Rituale in einer Haltung der Ehrfurcht auszuführen, darf man dabei ruhig auch fröhlich sein.

Für dieses Ritual brauchen Sie:

- Ihren Altar, den Sie im südöstlichen Teil des Raums aufstellen, geschmückt mit einem grünen oder weißen Tuch
- Eine grüne oder weiße Kerze
- Einen Cocktailspieß oder Bleistift
- Etwas ätherisches Rosenöl
- Eine Tasse Rosen-Hibiskus-Tee (falls Sie diesen Tee selbst zubereitet haben, siehe Seite 137) oder ein Glas von Ihrem Lieblingsgetränk – sei es Champagner oder Holunderblütenlimonade. Es kommt nur darauf an, dass Sie dieses Getränk mögen; es soll ein kleiner Genuss für Sie sein.
- Etwas zu essen im Anschluss an das Ritual – wenn es sich dabei um Ihre Lieblingsspeise handelt, umso besser.

Wenn Sie die Möglichkeit haben, zunächst ein Bad zu nehmen, in das Sie eine Handvoll Salz (oder Ihr Lieblingsbadesalz) streuen, dann tun Sie das bitte. In Kapitel 2 finden Sie ein praktisches Rezept für ein Salzbad (siehe Seite 83); ersetzen Sie die Jasminblüten darin einfach durch Rosenblütenblätter. Rituale müssen nicht unbedingt etwas

Todernstes sein, aber sie sind stets etwas Heiliges, und durch ein reinigendes Bad heben Sie diesen besonderen Charakter Ihres Rituals hervor. Wenn Sie dabei Musik hören möchten, achten Sie darauf, dass es kein zu trauriges oder getragenes Musikstück ist, sondern etwas, das Sie beflügelt. Die »Ode an die Freude« von Beethoven könnte zum Beispiel eine gute Vorbereitung auf dieses Ritual sein.

Wenn Sie frisch gebadet sind und das Gefühl haben, für Ihr Ritual bereit zu sein, ziehen Sie sich etwas Bequemes an – am besten ein Kleidungsstück, in dem Sie sich wohlfühlen. Wir Hexen praktizieren Rituale so, wie Gott uns geschaffen hat (ja, wirklich!), und im Sinn der Freude an unserer Körperlichkeit, die wir jetzt feiern, könnte Beltane eine gute Gelegenheit sein, das einmal auszuprobieren. Das Ziel besteht darin, sich in Ihrer eigenen Haut so ruhig, entspannt und glücklich wie möglich zu fühlen – egal ob mit oder ohne Kleidung. (Diese Entscheidung bleibt Ihnen überlassen!)

Sobald Sie für Ihr Ritual bereit sind, setzen oder stellen Sie sich an Ihren Altar und nehmen die noch nicht angezündete Kerze in die Hand. Denken Sie ein paar Minuten lang an das üppige Grün der Natur und daran, welch innere Ruhe Sie verspüren, wenn Sie sich in einer grünen Umgebung befinden. Falls Sie eine Lieblingsgottheit oder ein Lieblingsgebet haben, können Sie diese Gottheit jetzt anrufen oder das Gebet aufsagen. Wenn Sie sich mit dem Konzept des Göttlichen schwertun, können Sie stattdessen auch Ihr höheres Selbst oder Ihr Unterbewusstsein anrufen und es bitten, Ihnen bei diesem Teil des Rituals zu helfen.

Nehmen Sie sich fest vor, zwischen Beltane und dem

nächsten Sabbat auf dem Jahresrad – der Sommersonnenwende – Ihre Lebensfreude zur obersten Priorität zu erheben! Geben Sie sich das Versprechen, jeden Tag irgendetwas zu tun, das Ihnen Freude macht: Sie können zum Beispiel in der Küche zu Ihrem Lieblingslied tanzen, unter der Dusche laut singen, sich am Abend ein schönes Schaumbad gönnen oder in der Mittagspause einen Spaziergang im Park machen. Das brauchen keine großartigen Unternehmungen zu sein – kleine Schritte sind oft der beste Weg zu einem größeren Ziel.

Wenn Sie bereit sind, diese Verpflichtung sich selbst gegenüber einzugehen, nehmen Sie den Bleistift oder Cocktailspieß, ritzen Ihre Initialen zusammen mit dem Wort »Freude« in die Kerze ein und sprechen dabei vor sich hin: »Ich nehme mir fest vor, meine Lebensfreude nicht zu vergessen.« Sie können diese Botschaft so oft in Ihre Kerze einritzen, wie Sie mögen. (Drei- oder siebenmal ist immer gut, aber einmal reicht völlig aus, wenn es sich um eine kleine Kerze handelt.)

Dann beträufeln Sie die Kerze mit sieben Tropfen Rosenöl und verteilen das Öl so, dass die Kerze (und Ihre Hände) sich damit überziehen. Atmen Sie den Duft des Rosenöls ein und denken Sie dabei wieder an die Verpflichtung, die Sie sich selbst und Ihrer Lebensfreude gegenüber jetzt eingehen.

Zünden Sie die Kerze an und stellen Sie sie auf eine ebene Fläche, wo Sie sich ein paar Sekunden lang auf die Flamme konzentrieren können. Während Sie die Kerze betrachten, können Sie ein Gedicht, das der Freude gewidmet ist, laut vorlesen. Wenn Sie sich nicht sicher sind, welches Gedicht Sie wählen sollen, schauen Sie sich »Gesang von mir selbst« oder »Lied der offenen Straße« von Walt Whitman, »Liebe« von William Wordsworth oder »Der Triumph des Lebens« von Percy Bysshe Shelley an. Falls Ihnen ein Gedicht von einer Frau lieber sein sollte, versuchen Sie es mit »Der Sommertag« oder »Die Sonne« von Mary Oliver.

Wenn Sie das Gedicht fertig gelesen haben und glauben, Ihren Entschluss gefasst zu haben, sagen Sie: »Und so sei es.« An diesem Punkt lassen Sie die Kerze am besten ganz herunterbrennen; oder wenn Sie sie ausblasen müssen, sagen Sie: »Wie oben, so unten.« Damit bekräftigen Sie, dass die Kerze zwar in dieser Welt (unten) erloschen ist, in der Welt Ihrer Vorstellungskraft und Magie (oben) aber immer noch brennt. Sie können die Kerze dann jeden Tag für kurze Zeit wieder anzünden, um sich in den kommenden Tagen an Ihren Vorsatz zu erinnern.

Wenn Sie fertig sind, gönnen Sie sich Ihr Lieblingsessen und -getränk und entspannen Sie sich. Ungetrübte Wonne.

Versuchen Sie immer wieder zu diesem Gefühl der Freude und des Genusses zurückzukehren, während sich das Rad weiter in Richtung Sommersonnenwende dreht – zu dem Sabbat, an dem wir uns mit unserem Wohlbefinden und unserem Gefühl der Souveränität beschäftigen werden.

FÜNF

Mittsommer oder Sommersonnenwende

CA. 21. JUNI (NÖRDLICHE HALBKUGEL)
CA. 21. DEZEMBER (SÜDLICHE HALBKUGEL)

Oh, sagt dem Priester nichts von unserer Not
Denn er würde es Sünde nennen
Aber wir waren die ganze Nacht in den Wäldern
und haben den Sommer herbeigerufen
Wir bringen euch gute Nachrichten,
gute Nachrichten für Vieh und Korn
So sicher, wie die Sonne von Süden kommt,
bei Eiche, Esche und Dorn

Singt »Eiche und Esche und Dorn«, liebe Leute
Alle am Mittsommermorgen
Wir singen von keiner Kleinigkeit
In Eiche, Esche und Dorn

Rudyard Kipling/Peter Bellamy

THEMEN: Gesundheit, Heilung, Kraft und Souveränität
PLANET: Sol
HIMMELSRICHTUNG: Süden
TAROTKARTE: Die Sonne
ASTROLOGIE: Krebs

Über den Zeitpunkt des Mittsommers herrscht immer ein bisschen Verwirrung. Die Leute wünschen mir oft noch mehrere Tage, nachdem die Sommersonnenwende im heidnischen Kalender stand, »Frohen Mittsommer«. Das liegt daran, dass es bei den Daten eine Diskrepanz gibt: In einigen Ländern wird der Mittsommertag am 23. oder 24. Juni gefeiert, doch auf dem Jahresrad ist Mittsommer mit der Sommersonnenwende identisch, die am oder um den 21. Juni herum liegt. Im heidnischen Kalender ist Beltane der erste Tag des Sommers, und die Sonnenwende fällt genau zwischen Beltane und Lammas (dem Sabbat, der den Übergang in die Herbstmonate markiert). Und um die ganze Angelegenheit noch ein bisschen verwirrender zu machen, ist der 21. Juni der *erste* Tag des astronomischen Sommers – er liegt also nicht in der Sommermitte.

Wie es sich an einem sonnigen Tag gehört, dreht sich bei unseren Mittsommerfeiern alles um den Sonnengott-Archetyp – von Sol und Apollo bis hin zu Aten und Helios. An Yule wird der Sonnengott geboren; an Mittsommer erreicht er den Höhepunkt seiner Kraft.

Vielleicht sind Sie schon einmal auf den angelsächsischen

Namen »Litha« für diesen Sabbat gestoßen. Litha gehört zu einer ganzen Reihe von Namen, die in den 1970er-Jahren zu den Jahresradfesten hinzugefügt wurden, um sie authentischer klingen zu lassen. Doch in meiner gardnerianischen Wicca-Tradition neigen wir nach wie vor dazu, diesen Sabbat schlicht und einfach Mittsommer – oder Sommersonnenwende – zu nennen.

Doch wo wir gerade bei Namen sind: Das englische Wort für Sonnenwende (»solstice«) stammt – wie so viele Wörter – aus dem Lateinischen: Das lateinische *solstitium* ist eine Bezeichnung für diesen scheinbaren Stillstand der Sonne. Wir haben das Gleichgewicht zwischen Sonnen- und Nachtstunden, das bei der Tagundnachtgleiche herrschte, nun überschritten und den längsten Tag – und somit die kürzeste Nacht – des Jahres erreicht.

Die Länge von Tag und Nacht verändert sich, weil die Rotationsachse der Erde gekippt ist – und das ist auch der Grund für die Existenz unserer Jahreszeiten. Wenn der Nordpol der Sonne zugewandt ist, erleben wir auf der Nordhalbkugel unsere längeren, wärmeren Sommertage. Im Winter dagegen ist der Südpol der Sonne zugewandt, wodurch die Tage bei uns kürzer und auf der Südhalbkugel länger werden. Wenn auf der einen Seite des Erdballs Hochsommer ist, herrscht auf der anderen Seite tiefster Winter.

Vielleicht fragen Sie sich, warum die Temperaturen zu der Zeit, in der wir die längsten Tage erleben, trotzdem immer noch nicht heiß, sondern eher mild sind. Das liegt an der sogenannten saisonalen Verzögerung: Die Lufttemperatur hängt nämlich nicht nur von der Sonne ab, sondern auch von der Wärme, die vom Land und von den Ozeanen ausgeht; und es dauert eine Weile, bis beide – vor allem das Meer – sich erwärmt haben.

Daher erleben wir unsere heißesten Tage normalerweise erst später im Sommer.

Je weiter nördlich oder südlich des Äquators ein Land liegt, desto ausgeprägter sind die Unterschiede bei den Tageslichtstunden. Wenn Sie im Hochsommer in Gebiete reisen, die vom Polarkreis durchquert werden – die nördlichsten Punkte Kanadas, Alaskas, Islands, Finnlands, Norwegens, Schwedens, Dänemarks und Russlands –, können Sie das Schauspiel der Mitternachtssonne beobachten, bei der die Sonne überhaupt nicht unter den Horizont sinkt. Im Mittwinter erlebt man genau das Gegenteil – die Polarnacht, in der die Sonne den ganzen Tag unterhalb des Horizonts bleibt.

Beide Sabbate werden vom Planeten Sol regiert. Obwohl der Mittsommer wärmer ist, besitzen daher beide Sonnenwenden ähnliche Eigenschaften, was auch dem Mittwinter einen Hauch von Gesundheit, Glück und Erfolg verleiht.

Doch obwohl die Sommersonnenwende ein Fest ist, das die Natur auf ihrem Höhepunkt zeigt, trägt sie auch bereits die bittersüße Intensität der kürzer werdenden Tage in sich, wenn das Jahresrad sich wieder der dunklen Jahreshälfte zuwendet. Deshalb wohnt diesem Sabbat stets eine »Lasst uns das Eisen schmieden, solange es heiß ist«-Stimmung inne.

ZUM AUSPROBIEREN: MITTSOMMER-RÄUCHERUNG

Eine der traditionellen Methoden, um das Haus von der alten Energie der vorigen Jahreszeit zu reinigen, ist das Verbrennen von Räucherwerk; übrigens handelt es sich dabei gleichzeitig auch um eine der ältesten Methoden,

den Göttern ein Opfer darzubringen. Da Mittsommer das zweite der beiden Sonnenwendfeste ist, werden wir dazu die gleichen Zutaten verwenden wie für das Öl, das wir zur Wintersonnenwende hergestellt haben.

Um loses Räucherwerk zu verbrennen, brauchen Sie eine Rolle Holzkohletabletten und ein Räuchergefäß. Aber keine Sorge, Sie brauchen sich dafür kein spezielles Räuchergefäß zu kaufen! Sie können auch selbst ein Gefäß aus einem alten Tee- oder Kaffeekrug basteln, der nicht zerspringt, wenn er heiß wird. Solche Krüge sind sehr praktisch, weil sie einen Griff haben, an dem man sie gefahrlos hin und her tragen kann.

Füllen Sie den Krug bis ungefähr zwei Zentimeter unterhalb des Randes mit Erde, Sand oder Salz, damit er nicht zu heiß wird, wenn man die Holzkohletablette drauflegt. Doch zunächst einmal wollen wir das Räucherwerk herstellen.

Sie brauchen dazu:

- 1 Teelöffel Weihrauchperlen
- 6 Tropfen ätherisches Orangenöl
- 1 Lorbeerblatt (in kleine Stückchen zerbröselt)
- 1 Prise Kamille (zum Beispiel aus einem Teebeutel)

Zerkleinern Sie zunächst die Lorbeerblätter und Kamillenblüten in einem Mörser, fügen Sie dann die Weihrauchperlen und schließlich das ätherische Öl hinzu.

Zünden Sie die Holzkohletablette an und legen Sie sie auf Ihr Räuchergefäß oder Ihren Krug. Verwenden Sie dazu am besten eine Küchenzange, weil Sie die Tablette leicht schräg halten müssen, um mit der Flamme gut an sie heranzukommen. Die Holzkohletablette sprüht beim Anzünden Funken. Warten Sie, bis sie grau wird, und geben Sie dann eine Prise Weihrauchmischung oben auf die warme Holzkohle – ein kleines bisschen reicht völlig aus.

Am besten ist es, dabei zum Lüften ein Fenster geöffnet zu halten und Kinder und Haustiere von dem Rauch fernzuhalten.

Dadurch, dass Sie die alte Energie mit Weihrauch aus Ihrer Wohnung vertreiben, bereiten Sie den Weg für eine neue, reine Energie, die die Räumlichkeiten mit einer Atmosphäre Ihrer eigenen Souveränität erfüllt.

Ein Sommernachtstraum

Wenn Sie das erste Kapitel dieses Buches gelesen haben, wissen Sie schon etwas von der Bedeutung, die die beiden Sonnenwenden für unsere Vorfahren hatten; ich habe ja bereits berichtet, dass man Beweise für rituelle Festmähler und Feierlichkeiten gefunden hat, die in früheren Zeiten an diesen beiden Tagen stattfanden. Manchmal liegen diese Beweise buchstäblich unter unseren Füßen; doch die Details sind unter Schichten von Erde und längst vergangenen Jahrhunderten verloren gegangen.

In dem Moor in der Umgebung meines Hauses wandere ich oft zu einer Ansammlung steinzeitlicher Monumente und frage mich, was dort vor Beginn der Geschichtsschreibung wohl passiert sein mag. Dort steht ein sehr hoher Menhir, der kilometerweit zu sehen ist; ich nenne ihn den »Alten Mann« oder »Wächter«. Unmittelbar nördlich davon liegt ein kleiner Steinkreis. Daran schließt sich ein fein säuberlich angeordnetes Paar doppelter Steinreihen an und außen herum liegen Steinkisten – oder Grabkammern – verstreut. Da all diese Steine offensichtlich in bestimmten Mustern angeordnet worden sind, hatten sie für unsere Vorfahren eindeutig eine rituelle Bedeutung; doch ohne Hilfe einer Zeitmaschine (tss!) lässt sich nur schwer herausfinden, ob sie aufgrund von Ley-Linien, Sternenkonstellationen oder aus anderen Gründen, die wir heute nicht mehr nachvollziehen können, auf diese Weise platziert worden sind.

Prähistorische Steinreihen, Steinkreise und Menhire begegnen uns auf den Britischen Inseln und in anderen Teilen Europas, aber auch in Afrika und im Nahen Osten auf Schritt und Tritt. Wenn Sie die Möglichkeit haben, zu einem solchen uralten Monument zu reisen, so ist das durchaus eine würdige Pilgerstätte für ein Mittsommerfest. Angesichts dieser prähistorischen Stätten fragt man sich nicht nur, wie unsere Vorfahren sich bei ihren Sonnenwendfeiern wohl gefühlt haben mögen; die wohldurchdachte Platzierung der Steine und ihre Fähigkeit, Jahrtausende von Veränderungen zu überdauern, kann auch sehr inspirierend wirken. Bei der Sonnenwende hat man das Gefühl, dass die Zeit für einen Augenblick stillsteht. Das kann uns eine gewisse Erleichterung bringen, wenn unser Leben sich ansonsten in einem Zustand ständiger Veränderung befindet. Während ich zur Mittsommerzeit neben dem »Alten Mann« stehe, kann ich die Angst, die diese permanenten Veränderungen mir einflößen, aus einer realistischeren Perspektive betrachten: Für ihn ist meine Lebenszeit nur ein winzig kleines

Staubkorn, das über den Himmel weht und dann wieder verschwindet; doch er selbst existiert bis in alle Ewigkeit.

Sommersonnenwendfeste, die im Freien stattfinden, berühren uns ganz besonders: Die langen Tageslichtstunden und die milderen Abende verleihen diesem Sabbat eine Atmosphäre mystischer Zeitlosigkeit. Eine meiner liebsten historischen Darstellungen des Mittsommers stammt von einem Herrn namens William Shakespeare. Obwohl man argumentieren könnte, dass Shakespeare in der Reihe der Mittsommerdarstellungen einen relativ späten Platz einnimmt, griff er in vielen seiner Stücke auf ältere volkstümliche Traditionen zurück; und an diesem Sabbat des Jahresrads denkt man dabei natürlich sofort an seine Komödie *Ein Sommernachtstraum*.

Die Handlung spielt in einem von Feen bewohnten Wald. Die Feen manipulieren die Menschen, die den Wald besuchen, und spinnen dabei gleichzeitig ihre eigenen Intrigen. Mit insgesamt fünf Nebenhandlungen ist der *Sommernachtstraum* eine sehr komplexe, in sich verschlungene Geschichte; doch von den Handlungssträngen – mit Figuren wie dem Feenkönig Oberon, seiner Königin Titania, dem unglücklichen Weber Nick Bottom und dem spitzbübischen Robin »Puck« Goodfellow – geht eine geradezu berauschende Faszination aus. Wer von uns erinnert sich nicht an Puck, der Bottoms Kopf in den eines Esels verwandelt, und an Titania, die sich daraufhin unter der Einwirkung eines Liebestranks in Bottom verliebt?

Dieses kleine literarische Kunstwerk ist so beliebt, dass Hexen sich um diese Jahreszeit gerne von den Geschichten über Robin Goodfellow und der traumartigen Atmosphäre des Feenwalds inspirieren lassen. Die Themen des Stücks bringen eine Saite in unserem Inneren zum Klingen – das Gefühl der Verwandlung, der Zeitlosigkeit und der ungeahnten Möglichkeiten, die sich uns eröffnen, wenn wir uns von allen Hemmungen und Blockaden befreien. Die Wanderungen der Figuren in diesem Stück erinnern uns daran, dass auch wir, wenn wir aus der Enge der Stadtmauern heraustreten und in den Wald gehen, eine Zwischendimension betreten. Dort können wir unsere alltäglichen Rollen ablegen wie ein Kostüm und herausfinden, was passiert, wenn wir aufhören, uns selbst Grenzen zu setzen. Der Wald wird auf diese Weise natürlich zu einem Raum zwischen den Welten, genau wie der Kreis, den Hexen bei ihren magischen Aktivitäten ziehen. Jahresrad-Sabbate sind Zeiten der Liminalität – sie liegen zwischen dem Reich der Götter und der Welt der Menschen. In diesen Zeiten können wir die Waldschlucht unserer eigenen Fantasie betreten und zusammen mit den Feen tanzen – wenn auch nur für kurze Zeit. Und bei unserer Rückkehr haben wir uns oft auf eine Art und Weise verändert, von der wir in unserem täglichen Leben nur träumen können.

Während manche Mittsommertraditionen (zum Beispiel der Brauch, sich an diesem Tag an heiligen Stätten zu versammeln) uralte Wurzeln haben, sind die Ursprünge oder Bedeutungen anderer Traditionen unklar. In verschiedenen Regionen der Britischen Inseln (sowohl in der Stadt als auch auf dem Land) ist es üblich, zur Sommersonnenwende Feuer anzuzünden. Diese Tradition, die mindestens bis ins 16. Jahrhundert zurückreicht, könnte auf unsere nordeuropäischen Vorfahren und auf einen Brauch zurückgehen, der vielleicht durch die Überfälle und Invasionen der Wikinger zwischen dem 8. und

11. Jahrhundert eingeführt wurde; doch eigentlich kennen wir die ursprüngliche Bedeutung dieser Mittsommerfeuer nicht.

Das heidnische Mittsommerfest wurde auch durch das Aufkommen des Christentums beeinflusst und in die neuen christlichen Glaubensvorstellungen integriert. Heute feiert man das Mittsommerfest in vielen nordeuropäischen Ländern und darüber hinaus am 23./24. Juni als Festtag des Heiligen Johannes des Täufers. Es ist nach wie vor eines der wichtigsten Ereignisse des Jahres, das mit Lagerfeuern, Festmählern und dem Flechten und Tragen von Blumenkränzen begangen wird – teilweise könnte es sich bei diesen Bräuchen um Überbleibsel jener älteren mittsommerlichen Festivitäten handeln. In Island bezeichnet man die Mittsommernacht als Jónsmessa und glaubt, dass dann die Kühe sprechen können und Selkies aus den kalten Gewässern des Nordatlantiks auftauchen – auch hier klingt also wieder eine liminale, transformative Energie an. Außerdem gibt es eine Legende, der zufolge Elfen versuchen, einen mit Essen und anderen Geschenken wegzulocken, wenn man an einer Kreuzung sitzt, an der alle vier Straßen zu einer Kirche führen.

Bei einigen unserer verrücktesten Mittsommertraditionen sind die spirituellen oder mystischen Ursprünge längst verloren gegangen (falls sie überhaupt jemals existiert haben). In Devon herrschte im 19. Jahrhundert der Brauch, ein mit Stroh umwickeltes Wagenrad in Brand zu setzen, das dann einen Hügel hinuntergerollt wurde. Man hoffte, dass es in Richtung eines Flusses rollen würde (worauf man sich eigentlich auch fast immer verlassen konnte, da die meisten Täler von einem Wasserlauf durchzogen sind) und dass die Flammen dann erlöschen würden, was der Gemeinde angeblich Glück bringen sollte.

In Coopers Hill in Gloucestershire halten die Schaulustigen beim Käserollen, das jedes Jahr zur Sommersonnenwende stattfindet, den Atem an. Große Käselaibe werden einen sehr steilen Abhang hinuntergeworfen, wobei sie eine Geschwindigkeit von über 100 Stundenkilometern erreichen – und die Teilnehmenden des Wettkampfs rollen ihnen hinterher. Manche Leute behaupten, dieser Brauch sei heidnischen Ursprungs; doch höchstwahrscheinlich reicht er nur bis zum Beginn des 19. Jahrhunderts zurück, und man feiert mit diesem wilden Treiben einfach das Ende des Winters und den Beginn des Sommers.

Zum Ausprobieren: Einen Mittsommerkranz flechten

Zur Sommersonnenwende geht es um das Thema Selbstbestimmung: Man soll die Chancen ergreifen, die sich einem bieten, und sich von allen selbst auferlegten Beschränkungen befreien. In meinem Hexenzirkel lassen wir uns von unseren nordeuropäischen Vettern oft zum Flechten von Mittsommerkränzen inspirieren.

Dafür brauchen Sie Folgendes:

- Sammeln Sie ein paar kräftige, aber biegsame Zweige der Saison, zum Beispiel Weidenruten (die langen, herabhängenden Triebe der Trauerweide)
- Pflücken Sie Blumen der Saison (aber nehmen Sie dabei Rücksicht auf die Natur, und nehmen Sie nur Blumen, die reichlich vorhanden und nicht vom Aussterben bedroht sind)

- Floristen-, Garten- oder Schmuckdraht
- Eine gute Gartenschere

Flechten Sie zunächst den unteren Teil des Kranzes. Wenn Sie dafür trockene, holzige Triebe verwenden, müssen Sie diese vielleicht erst einmal in warmem Wasser einweichen, damit sie biegsamer werden, und sie dann um Ihren Kopf herum formen. Falls Sie mit Weidenruten oder dünnerem Laubwerk arbeiten möchten, flechten Sie mehrere Triebe zu einem groben Zopf zusammen. Von robusteren Pflanzenteilen brauchen Sie vielleicht nur einen einzigen Zweig. Wenn Sie einen holzigen Trieb oder Zweig mit Blättern verwenden, wird der Kranz besonders schön.

Verleihen Sie dem unteren Teil Ihres Kranzes Stabilität, indem Sie den Draht entweder ganz um ihn herumwickeln oder die beiden Enden mit dem Draht aneinander befestigen. Wir legen keinen Wert auf Perfektion – in meinem Hexenzirkel finden gerade die schiefen Kränze großen Anklang, weil sie einen besonderen Charme haben; und wenn die Kränze während unserer Festlichkeiten auseinanderfallen, trägt das sogar zur ausgelassenen Mittsommerenergie bei. Eine Zeile aus *The Charge of the Goddess* erinnert uns daran, dass auf diesem spirituellen Weg »Fröhlichkeit und Ehrerbietung« gleichermaßen wichtig sind; und ich nehme diese Anweisung, bei unseren Festlichkeiten Spaß zu haben, sehr ernst.

Sobald der untere Teil des Kranzes fertig ist, können Sie die Sommerblumen und -blüten hineinflechten. Achten Sie dabei darauf, alle Lücken im Kranz zu füllen!

Tragen Sie Ihren Kranz während Ihres Mittsommerrituals oder Ihrer Mittsommerfeier mit Stolz und stellen Sie ihn dann als Erinnerung an die wunderbaren Möglichkeiten, die vor Ihnen liegen, auf Ihren Altar.

Feiern Sie Ihre Souveränität

Gesundheit und Energie sind zwar zentrale Themen dieses Sabbats, der eng mit der Sonne in Verbindung steht; doch ob es uns gut geht oder nicht, liegt leider nicht immer in unserer Macht. In meinem Hexenzirkel begehen wir das Fest der Sommersonnenwende daher lieber, indem wir uns überlegen, was wir tun können, um uns unsere Selbstbestimmung vor Augen zu halten.

Dies könnte ein guter Zeitpunkt sein, um Ihr Tagebuch hervorzuholen und darüber nachzudenken, was alles in Ihrer Macht steht:

- Welche Bereiche Ihres Lebens unterstehen Ihrer Kontrolle?
- Worin besteht die Quelle Ihrer Energie? Was zehrt an dieser Energie?
- Was müssen Sie loslassen (und wie)?
- Welche Vorsätze möchten Sie für den jetzigen Augenblick und für die kommenden Wochen fassen?

Dies könnte auch eine gute Gelegenheit sein, über die Tarotkarte »Die Sonne« zu meditieren und sich Gedanken über die damit zusammenhängenden Themen (Erfolg, Optimismus und positive Lebenseinstellung) zu machen.

Die langen Sommertage bieten verschiedene schöne Gelegenheiten, diesen Sabbat zu feiern.

- Seit einigen Jahren ist es zu einem Trend geworden, den Sonnenaufgang an einer heiligen Stätte zu beobachten. Man muss dazu nicht unbedingt nach Stonehenge oder Abu Simbel reisen. Blasen Sie lieber ein bisschen weniger CO_2 in die Luft, stehen Sie frühmorgens auf und beobachten Sie den Sonnenaufgang, egal wo Sie gerade sind. (Oder schauen Sie sich eine der Live-Übertragungen von Sommersonnenwend-Veranstaltungen in Stonehenge an.)
- Falls Sie ein Traumtagebuch führen, achten Sie in dieser Zeit ganz besonders auf Ihre Träume: Sie könnten nämlich eine Botschaft Ihres Unterbewusstseins enthalten. Legen Sie Ihr Traumtagebuch griffbereit neben Ihr Bett, wenn Sie schlafen gehen.
- Aufenthalte in der freien Natur tun unserer Seele immer gut; doch die Mittsommerzeit, in der das Wetter warm und trocken ist, eignet sich besonders gut für Spaziergänge in Wald oder Heide.
- Veranstalten Sie ein Picknick und lesen Sie zusammen mit den anderen Teilnehmenden Ihre Lieblingsgedichte, in denen es um die Sonne geht. Vielleicht ist es Shakespeares »Sonnet 33«, Keats' »Hymne an Apollo« oder auch etwas weniger Klassisches (»Here Comes the Sun« von den Beatles wird garantiert großen Anklang finden).
- Kochen Sie eine von der Sonne inspirierte Mahlzeit mit mediterranen Aromen oder Lebensmitteln aus gemäßigten Klimazonen, da diese normalerweise unter der Schirmherrschaft

der Sonne stehen (zum Beispiel Oliven, Olivenöl, Orangen, runde Brotlaibe und sonnengetrocknete Tomaten).

- Gehen Sie in der freien Natur schwimmen. Falls Sie die Gegend nicht kennen, lassen Sie sich von Einheimischen beraten; hüten Sie sich vor Strömungen, verschmutzten oder gefährlichen Stellen und halten Sie sich stattdessen lieber an bekannte Bademöglichkeiten an Stränden oder Seen. Wenn Sie in London sind, sollten Sie sich die wunderschönen Teiche in Hampstead Heath anschauen.
- Veranstalten Sie eine von der Sonne inspirierte kleine Zeremonie. Das kann ein ganz einfaches Ritual sein, bei dem die Teilnehmenden ihre Lieblingsgedichte über die Souveränität oder die Sonne vorlesen, gefolgt von einem gemeinsamen Essen. Gestalten Sie Ihre Zeremonie spontan und einfach.
- Schauen Sie sich eine Aufführung im Freien an – falls irgendeine Freilichtbühne den *Sommernachtstraum* zeigt, umso besser. Wenn Sie in Cornwall sind, sollten Sie das spektakuläre Minack Theatre hoch oben auf einer Klippe besuchen, um ein magisches Erlebnis mit Blick auf das Meer zu genießen.
- Erweisen Sie dem Geist des Mittsommers Ihre Ehre, indem Sie die Lebensmittel essen, die in Ihrem Teil der Welt gerade Saison haben – pflanzen Sie entweder eigenes Obst und Gemüse an oder kaufen Sie Lebensmittel, die nicht von weit her eingeflogen, sondern vor Ort angebaut wurden.
- Veranstalten Sie ein Grillfest zu Ehren des längsten Tages. Die Natur zu ehren, muss nicht unbedingt ein geheimnisvolles oder kompliziertes Unterfangen sein. Es reicht völlig aus, Ihren üblichen sommerlichen Lieblingsbeschäftigungen

nachzugehen; aber tun Sie das mit Achtsamkeit, und widmen Sie diese Aktivitäten der Sonnengottheit, mit der Sie sich am engsten verbunden fühlen.

Zum Ausprobieren: Ein Rezept für Löwenzahn-Orangen-Limonade

Löwenzahn wird in der Kräuterheilkunde schon seit Langem eingesetzt und soll für alles Mögliche gut sein. Er ist reich an Vitamin A und K, hat einen hohen Gehalt an Antioxidanzien, hilft bei der Bekämpfung von Infektionen und schützt die Knochen. In magischer Hinsicht unterstehen diese Pflanzen gleich zwei planetarischen Mächten – der Sonne (wenn sie ihre leuchtend goldenen Blüten tragen) und dem Mond (wenn aus den Blüten »Pusteblumen« geworden sind). Daher verwendet man Löwenzahn in Zaubern für Gesundheit, Erfolg, Wohlbefinden und zur Steigerung der Energie. Perfekt für eine Zeit, in der Sie sich zu Ihrer eigenen Selbstbestimmtheit bekennen und sich vornehmen, in den kommenden Wochen und Monaten ein bisschen heller zu strahlen.

Erinnern Sie sich noch an den Gedanken, in einem Zustand des Fließens und ständiger Veränderung zu sein, mit dem wir uns an Imbolc beschäftigt haben? In diesem Zusammenhang möchte ich Ihnen jetzt noch eine weitere Idee vorstellen, nämlich die *baraka*. Das ist ein islamisches Konzept, das bedeutet, dass Ihre Lebenskraft (und Ihre Selbstbestimmtheit) in alles hineinfließt, was Sie berühren und worauf Sie sich konzentrieren. Stark vereinfacht ausgedrückt, ist das genau das Prinzip, nach dem Magie und Kreativität funktionieren: Wenn Sie Ihre Aufmerksamkeit auf ein bestimmtes Ziel richten und ganz im Wunder der Aufgaben aufgehen können, denen Sie sich widmen – egal ob Sie etwas Kompliziertes schaffen oder einfach nur Orangenlimonade in einer Kanne umrühren –, setzen Sie Magie ein. Oder wie die Buchautorin Denise Linn sagt: »Wo die Absicht hingeht, dahin fließt auch die Energie.«

Für dieses Rezept brauchen Sie:

- 12 Löwenzahnblüten
- 6 Orangen
- Eine große Kanne
- Aufgekochtes Wasser (ungefähr 2 Liter)
- Honig nach Belieben

Sammeln Sie die Löwenzahnblüten möglichst früh am Morgen. Aber achten Sie darauf, sie nicht in der Nähe viel befahrener Straßen oder an Stellen zu pflücken, die höchstwahrscheinlich von Hunden bewässert worden sind (zum Beispiel nicht in der Nähe von hohen Bäumen oder Laternenpfählen). Diese Blumen sind eine wichtige Pollenquelle für Bienen, also pflücken Sie nicht alles ab, sondern sorgen Sie dafür, dass noch genug für die Natur übrig bleibt.

Nehmen Sie die Blumen mit nach Hause, waschen Sie sie gründlich und entfernen Sie die Stiele von den Blüten. Kochen Sie das Wasser auf, und lassen Sie es ein bisschen abkühlen, um die Blüten nicht zu verbrühen. Geben Sie die Blüten in Ihre Kanne, gießen Sie ungefähr ein Drittel des Wassers auf und stellen Sie eine Untertasse oder einen Teller darüber, damit der Dampf nicht entweicht; denn Sie wollen ja nicht, dass das köstliche Aroma und die wertvollen Inhaltsstoffe des Löwenzahns verdunsten. Während der Tee abkühlt, entsaften Sie die Orangen und fügen den Saft hinzu. Wenn das Wasser etwas abgekühlt ist, nehmen Sie die Untertasse von der Kanne und rühren um. Konzentrieren Sie sich dabei auf Ihre Absicht, um sicherzugehen, dass möglichst viel von Ihrer *baraka* in den Zauber hineinfließt. Wenn Sie diesen Zauber in einer Gruppe zubereiten, sollten Sie darauf achten, dass alle Teilnehmenden ihre Absichten mit einbringen.

Sobald Sie mit dem Umrühren fertig sind, gießen Sie das restliche Wasser dazu und stellen die Untertasse wieder auf den Krug. Wenn Sie so lange warten können, lassen Sie die Mischung noch eine Stunde ziehen. Dann seihen Sie sie ab, kompostieren die Blütenköpfe und gießen die Limonade in Gläser. Süßen Sie sie nach Belieben mit Honig oder (falls Sie ein veganes Süßungsmittel bevorzugen) mit Rohrzucker.

Mittsommer in der Natur

Damit die Feierlichkeiten zur Sommersonnenwende bei Sonnenaufgang stattfinden können, müssen Sie morgens natürlich viel früher aufstehen als bei der Wintersonnenwende. Trotzdem hat es etwas Magisches, morgens schon vor der Sonne wach zu sein. Ich habe mir bereits vor langer Zeit angewöhnt, vor Sonnenaufgang aufzustehen, um zu schreiben (das gehört zu den Gefahren, wenn man versucht, einen Tagesjob und ein Hobby unter einen Hut zu bringen!); und während der Lockdowns in der Stadt zur Zeit der COVID-Pandemie verlegte ich auch meine Spaziergänge auf den frühen Morgen, um großen Menschenmengen aus dem Weg zu gehen. Einige meiner magischsten Begegnungen mit der Natur erlebte ich lange »bevor der Tag dem Menschen gehört«, wie Mary Webb es ausdrückt. Wenn Sie morgens früh genug unterwegs sind, sehen Sie vielleicht einen Eisvogel, der am Fluss auf Fischfang geht, einen Bussard, der gerade lange genug am Boden verweilt, um hastig sein Frühstück hinunterzuschlingen, oder ein Reh, das sich leichtfüßig seinen Weg durch den Wald bahnt. Das Glück, solche Tiere beobachten zu können, hat man zwar nur selten, doch am häufigsten sind diese Begegnungen kurz nach Sonnenaufgang, wenn kaum jemand auf den Beinen ist.

In meinen Naturtagebüchern für diesen Monat habe ich folgende Beobachtungen festgehalten:

> *… ein Reiher im Flug, dessen Form mich verblüffend an die Abbildungen von Flugsauriern erinnert, vor allem, wenn er mich mit einem seiner heiseren Schreie über die Baumkronen hinweg begrüßt. Drei riesige grauhäutige Karpfen schwimmen auf mich zu und haben Hunderte von goldenen Fischbabys im Gefolge, die übermütig aus dem Wasser springen. Bienen, die an den vielen Wildblumen auf der Wiese – Flockenblumen, Betonien, Wiesenkerbel, Butterblumen und Klee – geduldig*

ihren Nektar sammeln. Kamerascheue Schmetterlinge, die von Ast zu Blüte huschen. Brombeerblüten und grünes Laub, so weit das Auge reicht. In den Gärten Lilien, betörend duftende Rosen und Lavendel, der seine Blütenspeere in die Höhe reckt. Der erste Fingerhut, in dessen Blüte sich eine dicke Hummel tummelt und beim Nektarsaugen förmlich in Ekstase gerät.

Genau wie die Natur müssen auch wir lernen, wann wir unsere Energie in den Akt der Schöpfung stecken und wann wir uns ausruhen sollten – wann es an der Zeit ist, ruhig, leise und wachsam zu sein (so wie die Vögel, die sich auf ihre Sommermauser vorbereiten) und sich einfach nur im Sonnenschein zu aalen. Obwohl die Rückkehr in die dunkle Jahreshälfte sich manchmal ein bisschen traurig und entmutigend anfühlt, kann es für manche Menschen auch eine Erleichterung sein, sich von der hektischen Zeit zu verabschieden, in der man das sprichwörtliche Eisen schmieden muss, solange die Mittsommerfeuer brennen. Die neue Hochsommerenergie kann wieder ein bisschen mehr Ruhe in unser Leben bringen.

Auf der ganzen Welt kann der Hochsommer eine Zeit der Expansion und des Wachstums in der Natur sein. Nach Meinung der Reisebloggerin Jurga, die unter dem Namen »Full Suitcase« schreibt, eignet sich der Juni hervorragend dazu, ein paar Nationalparks in den USA zu besuchen. Auch dort haben die Temperaturen noch nicht ihren Höhepunkt erreicht; doch in einigen höher gelegenen Regionen des Yellowstone-Nationalparks ist der Schnee schon geschmolzen. »Da Bisons und Elche im späten Frühjahr und im Frühsommer kalben, gibt es um diese Jahreszeit viele Tierbabys im Yellowstone-Nationalpark«, schreibt Jurga, und das vermittelt uns ein positives Gefühl ganz neuer Möglichkeiten. Sie weist auch darauf hin, dass man um diese Zeit im Yellowstone-Nationalpark Bären beobachten kann; und an der Westküste ist jetzt Walsaison. In ganz Nordeuropa sind weite Landstriche von blühendem wildem Mohn, Gänseblümchen und Butterblumen übersät. Auf der Südhalbkugel blühen im Dezember (wenn dort Hochsommer ist) leuchtend rote Zylinderputzer, Weihnachtskakteen und Waratahs – das offizielle Wahrzeichen von New South Wales.

Auch wenn unsere Naturbeobachtungen stark von den geografischen Verhältnissen abhängen, die in unserer kleinen Welt herrschen, möchte ich Sie dazu ermuntern, sich Ihre Beobachtungen zu notieren – und mir davon zu erzählen. Ich höre gerne, wie sich die Tier- und Pflanzenwelt in den verschiedenen Regionen unseres wunderschönen Erdballs voneinander unterscheidet. Für den erfahrenen Naturliebhaber ist die Welt im Hochsommer – egal wo man sich befindet – voller Wunder.

Und doch sollten wir in Anbetracht der Themen dieses Sabbats (Heilung und positive Lebenseinstellung) ganz besonders auf das Wohlergehen unseres Planeten achten und uns die drastischen Spuren vor Augen halten, die wir Menschen auf dieser Erde hinterlassen. Obwohl die Natur im Hochsommer den Höhepunkt ihrer Blüte und Schönheit erreicht, strotzt die Erde keineswegs vor Gesundheit und üppigem Wachstum. Wenn wir Gesundheit und Überfluss für uns selbst manifestieren möchten, müssen wir die Gesundheit der eng miteinander verflochtenen Ökosysteme und Netzwerke der Natur sehr viel ernster nehmen, denn ohne sie können die ökologischen Systeme, die uns Luft, Wasser, Nahrung und Obdach bieten, nicht existieren. Letztlich wird es uns allen nur dann gut gehen, wenn es auch der Natur gut geht.

Zum Ausprobieren: Ein Ritual zur Feier der Sommersonnenwende

Denken Sie in der Woche vor Ihrem Mittsommerritual an die Erfolge, die Sie in diesem Jahr erzielt haben – vor allem an diejenigen, die zu feiern Sie sich bisher nicht erlaubt haben. Denn oft gehen wir nach unseren kleinen Erfolgen gleich wieder zur Tagesordnung über und denken »Na gut, das war's – und was kommt als Nächstes?«, ohne kurz innezuhalten und uns anerkennend auf die Schulter zu klopfen. Jetzt ist eine gute Gelegenheit gekommen, *alle* Ihre Erfolge in den Vordergrund zu rücken und sich bei sich selber dafür zu bedanken. Nehmen Sie sich ein paar Minuten Zeit, um spontan in Ihr Tagebuch zu schreiben, was Sie in den letzten Monaten stolz gemacht hat. Dabei kann es sich um ein großes Ereignis handeln (beispielsweise den Abschluss einer wichtigen Arbeit oder das Eintreten für Ihre eigenen Interessen in einer schwierigen Situation), vielleicht aber auch nur um eine kleine Leistung wie die Herstellung des weiter vorne beschriebenen Räucherwerks.

Bei diesem Ritual werden wir die Sonnengötter anrufen, die mit der natürlichen Mittsommerwelt in Verbindung stehen – Apollo, Helios, Ra oder eine andere Sonnengottheit Ihrer Wahl –, um unsere Erfolge zu würdigen. Wenn Sie einer anderen Religion angehören, können Sie den Gott oder die Götter anrufen, die Ihnen am nächsten stehen; und falls Sie Agnostiker sind, berufen Sie sich bei diesem Ritual auf Ihre Souveränität.

Sie brauchen dazu:

- Ihren Altar, den Sie nach Möglichkeit im südlichen Teil des Raumes aufstellen und mit einem gelben oder goldenen Tuch schmücken sollten
- Ein gelbes oder goldenes Tuch
- Eine gelbe Kerze
- Ein Glas von der Löwenzahn-Orangen-Limonade, die Sie vorher zubereitet haben (stattdessen können Sie auch Orangensaft verwenden)

Wenn Sie sich einen Mittsommerkranz gebastelt haben, dann setzen Sie ihn für dieses Ritual auf. Zünden Sie zunächst Ihre gelbe Kerze an und sagen Sie dabei:

Die alles verschlingende Zeit macht die Tatze des Löwen stumpf,
Doch diejenigen, die rittlings auf dem breiten Kamm des Berges stehen,
Die zu einem Gipfel am westlichen Bergrücken emporklettern,
Wenn die große Sonne in den Zenit steigt,
Werden den Erfolg haben, der ihnen zusteht.

In Gold gebadet, steht Mutter Natur vor uns,
Der Mais ist noch grün; in den Obstgärten reifen allmählich die Früchte
Und verheißen eine gute Ernte.
Das Land strotzt vor saftigem Grün, und die Luft ist duftgeschwängert.
Heute stehe ich am Mittag des Jahres,
Bevor die schnellfüßige Zeit mich wieder weitertreibt.
Vielleicht spüre ich das Gold der Krone, die ich trage, noch nicht;
Also will ich innehalten und für meine Lektionen danken
Denn was wäre ich ohne sie?
Denn auch wenn diese Lektionen manchmal aus Schmerz geboren werden –
Selbst im Dreck glitzert Gold und grüne Triebe schieben sich aus der Erde.

Erzählen Sie anhand der Notizen, die Sie sich in Ihrem Tagebuch gemacht haben, laut eine Erfolgsgeschichte, die Sie in diesem Jahr erlebt haben. Sie können auch noch mehr solche Geschichten aufzählen; und nach jedem Erfolg, den Sie auf diese Weise würdigen, heben Sie Ihren Becher und trinken darauf.

Als Nächstes wollen wir uns vom antiken Griechenland inspirieren lassen, wo es üblich war, eine Gottheit in einem aus vier Schritten bestehenden Ritual anzubeten. Knien Sie vor Ihrem Altar nieder und beginnen Sie mit Ihrem Ritual:

1. Begrüßen Sie die von Ihnen gewählte Gottheit und rufen Sie sie dabei mit möglichst vielen Namen an

(vor allem mit Bezeichnungen, die für dieses Ritual und diese Jahreszeit relevant sind).

2. Erinnern Sie die Gottheit an all das Gute, das Sie im vergangenen Jahr für sie oder ihn getan haben (vor allem an die Dinge, die Sie bisher *nicht* gefeiert haben, weil Sie noch keine Zeit dafür hatten). Wenn Sie für dieses Ritual eine Gottheit wählen, die mit der Natur in Verbindung steht, können Sie beispielsweise hervorheben, wie Sie die Natur in Ihrer näheren Umgebung geschützt und gefördert haben. Oder wenn Sie eine Gottheit anrufen, die mit der Beseitigung von Hindernissen assoziiert wird (wie beispielsweise Ganesha), beschreiben Sie eine Situation, in der Sie sich aus Ihrer Komfortzone herausgewagt und etwas Neues erreicht haben.
3. Bitten Sie die Gottheit für die kommenden zwölf Monate um eine besondere Gunst.
4. Danken Sie der Gottheit für die Hilfe, die Sie bisher von ihr erhalten haben, und verpflichten Sie sich zu einem offiziellen Akt ihrer Anbetung, sobald die Gunst gewährt worden ist. Das bedeutet nicht, dass Sie ihr ein Lebewesen opfern müssen, sondern dass Sie ihr als Gegenleistung für ihre Hilfe ein bestimmtes Vorhaben widmen werden. Niemand außer Ihnen braucht etwas davon zu wissen – das ist lediglich ein Abkommen zwischen Ihnen und dieser Gottheit. Aber vergessen Sie nicht, Ihr Gelübde zu erfüllen, wenn der Zeitpunkt dafür gekommen ist!

Wenn Sie damit fertig sind, lesen Sie die unten stehende Anrufung der Sonnengottheit laut vor. Sie stammt aus den alten Hymnen an Horus; bei dem Text handelt es sich um eine Transkription der Inschrift an den Tempelwänden in Ägypten:

Du schreitest freudig über den Himmel, all deine Feinde niedergeschlagen.
Die niemals ruhenden Sterne huldigen dir
Wenn du am Horizont herabsinkst.
Du bist schön am Morgen und am Abend,
Du sprichst, und die Erde verstummt in ehrfürchtigem Schweigen.
Oh großer Falke mit den bunten Federn,
Strahlender Herrscher von Delphi,
Träger der Sonnenscheibe,
Wunderbares Wesen, das mit dem Sonnenwagen über den Himmel reitet
Vom Morgengrauen bis zur Abenddämmerung,
Ich weiß deine Stille zu würdigen.
Schenke mir die Fähigkeit, zu erkennen, wo meine Stärke liegt,
Damit ich den Mut habe, in dein strahlendes Antlitz emporzuschauen.
Riegel der Tore, schiebt euch zurück;
Schlüssel, öffnet die Türen, denn der Gott ist nicht mehr fern.
Wenn ich die Sicherheit meines Altars verlasse
Und wieder in die Welt da draußen zurückkehre,

Tue ich das mit dem goldenen Licht der Hoffnung
Auf die bevorstehende Ernte in meinem Herzen.

In den kommenden Tagen und Wochen – zwischen der Sommersonnenwende und Lammas – ist es besonders wichtig, sich immer wieder an Ihre Leistungen und Errungenschaften zu erinnern. Vielleicht glauben Sie, bei Weitem nicht genug zu tun; doch manchmal haben gerade die kleinen Dinge, die wir zu feiern vergessen, einen besonderen Wert. Wenn Sie das Gefühl haben, Ihre Souveränität zu vernachlässigen, dann zünden Sie eine Kerze auf Ihrem Altar an und setzen Sie sich (und wenn auch vielleicht nur in Ihrer Fantasie) für kurze Zeit Ihre Sonnenkrone auf. Der nächste Sabbat auf unserem Jahresrad wird uns vom Zenit des Sommers zur ersten Ernte führen – aber nehmen Sie sich einstweilen ruhig noch ein bisschen Zeit, die Ziele, die Sie innerhalb so kurzer Zeit erreicht haben, zu genießen und zu würdigen!

SECHS

LAMMAS

1. AUGUST (NÖRDLICHE HALBKUGEL)
1. FEBRUAR (SÜDLICHE HALBKUGEL)

Es kamen drei Männer aus dem Westen
Um ihr Glück zu versuchen
Und diese drei Männer schworen einen heiligen Eid:
Hans Gerstenkorn muss sterben

Sie pflügten, sie säten, sie eggten ihn in die Erde hinein
Warfen Ackerschollen auf sein Haupt
Und diese drei Männer schworen einen heiligen Eid:
Hans Gerstenkorn sei tot

Robert Burns

THEMEN: die erste Ernte, das Schneiden des Korns, Opfer, Nahrung, Geben
PLANET: Mars
HIMMELSRICHTUNG: Südwesten
TAROTKARTE: Die Kraft
ASTROLOGIE: Löwe

Am 1. August in der nördlichen Hemisphäre – und am 1. Februar auf der Südhalbkugel – feiert man Lammas oder die erste Ernte. Denjenigen, die den Jahreskreis noch nicht kennen oder sich vielleicht nicht viele Gedanken über die Gesetzmäßigkeiten des landwirtschaftlichen Jahres machen, mag das alles nicht viel sagen; doch man braucht nicht weit aus der Stadt herauszufahren, um die Kornfelder zu sehen, die in den Tagen vor Lammas golden in der Sommersonne leuchten.

An Lammas feiern wir die erste von drei Ernten, die sich über die drei nächsten Sabbate hinweg erstrecken: Getreideernte (Lammas), Obsternte (Herbst-Tagundnachtgleiche) und Bluternte (Samhain). Wir haben die Sommersonnenwende nun bereits hinter uns; die Tage werden also allmählich kürzer, aber wahrscheinlich stöhnen wir trotzdem immer noch unter der Sommerhitze. Auf den Wiesen zirpen die Grillen; in den Wäldern und an den Gewässern tummeln sich Insekten. Die Bauern ernten Mais, Weizen und Gerste, bevor sie das Getreide trocknen, um es dann zu dreschen – die Spreu vom Weizen zu trennen.

Auf den ersten Blick mag es überraschen, dass Lammas von Mars (dem Planeten und römischen Gott des Krieges) regiert wird; doch in unserer landwirtschaftlichen Vergangenheit kamen die Fußsoldaten normalerweise aus den Reihen der Bauern. Wenn um die Zeit des Erntedankfests ein Krieg stattfand, musste man das Kriegsgeschehen ruhen lassen, damit die Soldaten nach Hause zurückkehren konnten, um die Ernte einzubringen. Damals herrschten noch Gemeinschaftssinn und Zusammenhalt, denn die ganze Bevölkerung musste an einem Strang ziehen, um die Ernte einzubringen, bevor das Wetter regnerisch wurde. Denn wie mein Tagebuch um die Zeit von Lammas zeigt, geht es inzwischen bereits auf den Herbst zu:

Lammas-Wochenende – und die Lavendelblüten werden allmählich braun. Wie schnell die Zeit doch plötzlich vergeht, wenn der Herbst herannaht. Die ersten noch unreifen Eicheln, die ersten Brombeeren – säuerlich, aber lecker. Der Wind raschelt durch das Eichenlaub und das dumpfe Brummen des Großstadtverkehrs wird von Martinshörnern unterbrochen. Ich habe mich wieder einmal über meine Komfortzone hinausgewagt und neue Gegenden erkundet. An den Bäumen hängen Weißdorn-, Schleben- und Holunderbeeren, auch wenn sie noch grün sind; und die Weidenröschen reichen mir inzwischen schon bis an die Schultern und stehen in voller Blüte. Die Gerüche sind an diesem Wochenende sehr intensiv und schwer zu beschreiben: würzig, grün, Vetiver und Patschuli, mit einer Andeutung von Veilchenblatt und einer Kopfnote aus Jasmin oder Neroli. Als Seifenherstellerin würde ich eine ganz neue Mischung entwickeln und sie »Lammas in den Wäldern« nennen. An den Stämmen der Eichen auf den Bauernhöfen liegen kleine abgeblätterte Rindenstücke, sodass die Baumstämme wie Elefantenfüße aussehen; und ein Teil der Wurzeln liegt frei. Das ist die Stelle, wo die Schweine ihre Rüssel in die Erde gesteckt und sich mit dem Rücken an den Bäumen gerieben haben.

Und was passiert in Ihrem Teil der Welt an Lammas?

Hans Gerstenkorn und ein paar Gedanken zum Thema »Opfer«

Dieser Sabbat wird stets in einer etwas traurigen Stimmung gefeiert. Dahinter steckt der Gedanke, dass man für jede Ernte ein Opfer bringen muss. Tatsächlich ist »Blut auf dem Korn« – eine Anspielung auf das Blutrot der Mohnblumen, die in den Gerstenfeldern wachsen (und heute symbolisch für das Gedenken an unsere gefallenen Soldaten stehen) – ein typisches Lammas-Thema.

Als das Getreide noch im Wachstum begriffen war, bot es der Tierwelt, die in seinem Schutz gedieh, eine sichere Zuflucht: Feldmäuse und Vögel nisteten, Grillen zirpten und Hasen hüpften unsichtbar zwischen den hohen Getreidehalmen umher. Doch nun, da die anmutigen langen Halme abgeschnitten werden, stehen die aufgeschreckten Kreaturen plötzlich ohne jeden Schutz da und werden von den Erntemaschinen überrascht oder sogar eingeschlossen, wenn man das Feld nicht von innen nach außen aberntet. Das Zirpen der Grillen verstummt und die Felder sehen jetzt kahl und stoppelig aus.

Früher war es üblich, nach der Ernte eine letzte Getreidegarbe auf dem Feld stehen zu lassen, die dann als Symbol für den Opfercharakter der Lammas-Feierlichkeiten zuallerletzt abgeerntet wurde. Im Volksmund war das die Garbe, die den Geist der Ernte repräsentierte – Hans Gerstenkorn.

Hans Gerstenkorn ist das Äquivalent des Ernte- oder Opfergottes, der in der Blüte seiner Jahre sein Leben lässt, um uns zu ernähren. Möglicherweise stammt er von der angelsächsischen Sagengestalt Beowa ab – deren Name sich wiederum von einem altenglischen Wort für »Gerste« herleitet –, obwohl dieser Korngeist in verschiedenen Teilen Nordeuropas in unterschiedlichen Gestalten vorkommt.

Wir Wiccans akzeptieren den Tod als Teil des natürlichen Lebenszyklus. Die Lebenskraft selbst ist ewig und stellt ein Kontinuum dar; doch jedes einzelne Lebewesen muss sterben – oder wie der bengalische Universalgelehrte Rabindranath Tagore es so schön formuliert hat:

Der Mensch ist unsterblich, deshalb muss er immer wieder sterben.
Denn das Leben ist ein schöpferischer Gedanke;
es kann sich nur in wechselnden Formen wiederfinden.

Wir alle sind den natürlichen Zyklen von Geburt und Tod unterworfen; und manchmal bringt der Tod eine Kraft mit sich, die den Hinterbliebenen zugutekommt: Wir opfern Hans Gerstenkorn, um Brot und Schnaps oder Ale daraus herzustellen.

Falls Ihnen dieses Thema bekannt vorkommen sollte: Der Opfergott kommt in vielen Religionen vor – als Sonnengott (oder Sohn Gottes), der der Erde übergeben wird, um die Menschheit zu erhalten oder zu retten; und nach diesem Opfer ersteht er wieder auf, um uns neue Hoffnung auf das ewige Leben unserer Seele zu geben.

Das englische Volkslied, das die Geschichte von Hans Gerstenkorn (John Barleycorn) erzählt, wurde von verschiedenen Sängern und Bands aufgenommen. Auch darin geht es um diesen Opfergedanken:

Sie ließen ihn bis zum Mittsommertag stehen
Bis er blass und fahl aussah
Und dem kleinen Sir John wuchs ein langer, langer Bart
Und er wurde ein Mann

Sie heuerten Männer mit scharfen Sensen an,
Um ihn am Knie abzuschneiden
Sie haben ihn zusammengerollt, am Wegrand gefesselt
und ihm übel mitgespielt.

Von der Opferung des Hans Gerstenkorn einmal abgesehen, fordert die Erntezeit aber auch noch einen anderen Preis. Das Ernten des Getreides ist an sich schon ein hartes Stück Arbeit;

doch bevor man an die guten Sachen im Inneren der Körner gelangt, sind noch weitere Arbeitsschritte erforderlich.

Nachdem das Korn mit Sichel oder Sense geschnitten wurde, muss man es verarbeiten – ebenfalls ein mühsames Unterfangen, dem eine wichtige symbolische Bedeutung innewohnt. Man muss es trocknen und dann durch Dreschen oder Worfeln von den Halmen trennen. Früher wurden die Ähren auf dem Land mit einem Dreschflegel geschlagen, um das Korn herauszulösen. Der letzte Teil dieses Verarbeitungsprozesses – eine wahre Sisyphusarbeit – war das Mahlen mit einem Mühlstein (oder einem Mahlstein, wenn man diese Arbeit von Hand erledigen musste), um das Getreide zu Mehl zu verarbeiten.

In dieser mühseligen Arbeit, die die Menschen an Lammas leisten mussten, spiegelt sich der Gedanke wider, dass alles, was Leben spendet, oft auch mit Schmerzen einhergeht. Das mag sich zwar ziemlich deprimierend anhören, kann uns aber helfen, in den komplizierten oder unerfreulichen Seiten unseres Lebens einen Sinn zu erkennen. Nach einer besonders unschönen Trennung von einem Partner durchlebte ich eine längere Phase der Einsamkeit. Damals empfand ich dieses Alleinsein als unkompliziert und fühlte mich dadurch vor Enttäuschungen und Verletzungen gefeit. Doch irgendwann musste ich einsehen, dass mir nichts anderes übrig blieb, als mich der Gefahr eines weiteren Verlusts auszusetzen, wenn ich wieder Liebe finden wollte. Damit will ich nicht sagen, dass Selbstgeißelung etwas Gutes ist; doch sein Herz für die Liebe zu öffnen, bedeutet gleichzeitig auch, dass man für Kummer offen sein muss. So wird das Dreschen von Hans Gerstenkorn zu einer Metapher für den Entwicklungsprozess, den wir alle im Leben durchmachen müssen:

Inneres Wachstum und die Entfaltung unserer Kräfte und Fähigkeiten als voll entwickelte Erwachsene können ein schmerzhafter Prozess sein, uns aber auch eine reiche Ernte bringen.

Zum Ausprobieren: Tagebuch führen, um Ihre Opfer aus einer anderen Perspektive zu betrachten

»Reframing« ist ein Vorgang, bei dem man die positiven Seiten einer scheinbar negativen Erfahrung betrachtet. Keine Sorge: Ich will Sie hier nicht von der deprimierenden Idee überzeugen, dass schlimme Dinge niemals ohne Grund passieren. Aber manchmal müssen wir unser Leben doch wieder aus einer etwas hoffnungsvolleren Perspektive betrachten und uns vor Augen halten, dass unsere Opfer oder Prüfungen uns stärker machen oder unser Leben sogar bereichern können – genau wie die Ernte.

Als ich im Alter von 40 Jahren an meiner Doktorarbeit zu schreiben begann, sehnte ich mich verzweifelt nach einer beruflichen Veränderung. Ich bewarb mich überall; doch leider gab es da ein Hindernis, an dem ich immer wieder scheiterte: Obwohl ich einen Master-Abschluss hatte, Doktorandin war und gut mit meinem Studium vorankam, fehlte mir eine wichtige Voraussetzung, um einen Job an einer Universität zu finden – ich hatte keine Lehrerfahrung als Dozentin oder Professorin. Das wurmte mich lange Zeit. Die magischen Zauber, mit denen ich es versuchte, funktionierten nicht; und die Vorstellungsgespräche, zu denen ich eingeladen wurde, brachten mich auch nicht weiter. Schließlich wurde mir klar, dass meine Frustration mich nur noch unglücklicher machte; also legte ich den Plan, mich beruflich zu verändern, vorerst ad acta und konzentrierte mich stattdessen auf die Lehrtätigkeit in meiner Gemeinde (Hexenkurse), meine Karriere in einer wohltätigen Organisation und meine schriftstellerischen Aktivitäten. Später, als die Umstände sich veränderten, die COVID-Pandemie unser Leben auf den Kopf stellte und die meisten Menschen online arbeiten mussten, zog ich wieder in mein früheres Zuhause im Dartmoor, ganz in der Nähe meiner Familie. Und jetzt – ein paar Jahre später – sitze ich in meinem Arbeitszimmer und schreibe, nachdem ich gerade einen Spaziergang gemacht habe und schwimmen gegangen bin (meine Vorstellung vom Paradies!). Mein junger Hund sitzt zu meinen Füßen unter dem Schreibtisch, und ich weiß, dass ich jetzt nicht hier wäre und dieses Buch nicht schreiben könnte, wenn mein damaliger Wunsch sich erfüllt und ich den ersehnten Job bekommen hätte.

Denken Sie nun über die größten Opfer nach, die Sie in Ihrem Leben gebracht haben. Beschreiben Sie sie in Ihrem Tagebuch, und betrachten Sie diese Opfer aus einer umfassenderen Perspektive. Überlegen Sie sich, ob Sie sie »reframen« und als Geschenk an Ihre Familie, an die Menschen, die Sie lieben, an die Gemeinschaft oder sogar an sich selbst betrachten könnten.

- Was war das für ein Opfer?
- Was hat es damals für Sie bedeutet? Und welche Bedeutung hatte es ein Jahr später? Fünf Jahre später? Zehn Jahre später?

- Wie verändert sich Ihre Sichtweise dieses Ereignisses, wenn Sie es in einen größeren Zusammenhang einordnen?

Egal, wie Ihr jüngeres Ich mit einer bestimmten Situation umgegangen ist und wie Sie dieses Verhalten heute beurteilen – denken Sie daran, mitfühlend mit sich selbst umzugehen! Ein bestimmtes Ereignis rückblickend – aus Ihrer heutigen Perspektive – zu betrachten, kann etwas Wunderbares sein, wenn Sie diese jetzige Sichtweise dazu nutzen, etwas aus dieser Erfahrung zu lernen, und nicht als Geißel, um sich selbst zu bestrafen.

Lammas feiern

An Lammas greift unser Hexenzirkel die Themen dieses Sabbats auf und verwendet Mohnblumen, Sonnenblumen und Getreidegarben als Dekoration. Wir stoßen auf Hans Gerstenkorn an und genießen dabei die Früchte seines Opfers: Wir essen Brot und trinken Schnaps, und vielleicht spielen wir sein Opfer in einem Ritual symbolisch nach.

Doch auch für allein praktizierende Hexen gibt es viele Möglichkeiten, dieses Fest zu feiern:

- Backen Sie Ihr Brot selbst – das ist eine wunderbare Möglichkeit, am eigenen Leib zu erleben, wie aufwendig es ist, ein so einfaches Grundnahrungsmittel wie Brot herzustellen (siehe Seite 207).

- Basteln Sie eine Strohpuppe: Es gibt verschiedene sehr schöne (und einfache) Anleitungen dazu im Internet.
- Schmücken Sie Ihren Altar mit Pflanzen und landwirtschaftlichen Produkten der Saison wie beispielsweise Weizen, Gras, Mohn, Sonnenblumen oder Sonstigem, was in Ihrem Garten oder Ihrer Umgebung wächst (und womit Sie den bestäubenden Insekten keine dringend benötigte Nahrung wegnehmen).
- Meditieren Sie über die Tarotkarte »Schicksalsrad« und den Gedanken, dass sich dieses Rad immer weiterdreht, wir uns also von Mangel zu Überfluss und wieder zurück bewegen: Diese Symbolik kann Ihnen helfen, sich die Bedeutung dieses Fests bewusst zu machen.
- Krönen Sie sich zur Herrscherin oder zum Herrscher Ihrer eigenen Ernte (warum sollte man zur Abwechslung nicht auch einmal sich selbst ein bisschen Anerkennung zollen?) und flechten Sie sich in Anlehnung an den Mittsommerkranz (siehe Seite 178) eine Krone aus Laubwerk der Saison.
- Veranstalten Sie ein Erntedankfest für Ihre Lieben. Das ist ein guter Grund, ein paar Freunde oder Verwandte zum Essen einzuladen. Wenn Sie nicht gerne kochen, können Sie auch eine Potluck-Party daraus machen, bei der jeder irgendetwas mitbringt und mit den anderen Gästen teilt. Und wie wäre es nach diesem Festmahl mit dem »Toast, Eigenlob und Gelübde«-Ritual auf Seite 211?
- Recherchieren Sie, welche traditionellen Erntedankfest-Volkslieder es in Ihrer Heimat gibt.

Zum Ausprobieren: Ein einfaches Brotrezept

Das Brotbacken ist eine traditionelle Methode, um die Lammas-Ernten und das daraus gewonnene Mehl zu feiern. (Das Wort Lammas stammt von einem altenglischen Wort ab, das so viel wie »Laibmasse« bedeutet.) Im Rahmen der »Ein Jahr und ein Tag«-Ausbildung, die ich absolvierte, bevor ich einem Hexenzirkel beitrat, lernte ich, Brot zu backen, um mich mit allen Stufen des Verarbeitungsprozesses zwischen Feld und Teller vertraut zu machen.

Sie brauchen dazu:

- Eine große Rührschüssel
- Ein sauberes Geschirrtuch
- Etwas Butterbrotpapier
- Ein Backblech
- Ein feuchtes Tuch (denn die Hände werden beim Backen ziemlich klebrig)
- 500 g Weizenmehl (Sie können stattdessen auch andere Mehle verwenden: Ich arbeite zum Beispiel gerne mit Dinkel, einem alten, ballaststoffreichen Getreide, das seit 5 000 v. Chr. angebaut wird.)
- 1 Teelöffel Salz
- 1 Teelöffel Honig oder Zucker
- 1 Päckchen schnell wirkende Trockenhefe
- 3 Esslöffel Öl (Ich verwende am liebsten Olivenöl, aber auch hier gilt: Sie können gerne das Öl verwenden, das Sie gerade im Haus haben.)

- 300 ml Wasser
- Eine Handvoll Himbeeren oder andere Beeren der Saison (wahlweise)

Vermengen Sie die trockenen Zutaten (ohne die Beeren) in der Schüssel und achten Sie darauf, dass sich alles gut miteinander vermischt. Drücken Sie eine Vertiefung in die Mitte der Mehlmischung und geben Sie das Öl und das Wasser hinein. Vermengen Sie nochmals alle Zutaten gründlich mit den Händen.

An diesem Punkt ist Ihr persönliches Urteilsvermögen gefragt: Wenn die Mischung sehr fest ist, fügen Sie teelöffelweise noch ein bisschen mehr Wasser hinzu. Wenn sie zu feucht ist, geben Sie in ebenso kleinen Portionen Mehl dazu. Der Teig sollte gut zusammenhalten. Lassen Sie ihn zehn Minuten lang in der Schüssel und decken Sie ihn mit einem sauberen Geschirrtuch ab.

In der nächsten Phase geht es dann richtig an die Arbeit: Jetzt wird geknetet. Legen Sie den Teig auf eine flache, saubere Oberfläche, die Sie mit etwas Mehl bestäubt haben, und stäuben Sie auch Ihre Hände leicht mit Mehl ein. Kneten Sie den Teig gute zehn Minuten lang, damit die Zutaten aktiviert werden und ihren magischen Zauber entfalten können. Am Ende sollte der Teig geschmeidig und biegsam sein.

Wenn Sie mit dem Kneten fertig sind, geben Sie den Teig in die Schüssel zurück, decken ihn wieder mit dem Geschirrtuch ab und lassen ihn ungefähr eine Stunde lang gehen, bis er doppelt so groß ist. Gegen Ende der Gehzeit legen Sie Ihr Backblech mit Backpapier aus und heizen den Ofen auf 220 °C vor.

Jetzt ist es an der Zeit, die Luft aus Ihrem Teig herauszuschlagen und ihn wieder in eine Kugelform zu bringen. Dieser Arbeitsschritt eignet sich hervorragend zum Abbau von Frustration! Wenn Sie das Bild des Blutes auf dem Korn heraufbeschwören möchten, werfen Sie in dieser Phase des Brotbackens eine Handvoll Himbeeren, Brombeeren oder Holunderbeeren in den Teig hinein.

Nun ist der Augenblick gekommen, um zu entscheiden, was für eine Art Brot Sie backen möchten. Sie können den Teig in mehrere Stücke portionieren und diese zu Brötchen formen oder ihn in drei lange Wurstformen teilen und zu einem Zopf flechten. Oder falls Sie die schnörkellose Variante bevorzugen, legen Sie einfach eine einzige Teigkugel auf das Backblech.

Wenn es Brötchen werden sollen, können Sie die Oberseite mit etwas Milch bestreichen. Oder wenn Sie stattdessen lieber einen einzelnen Laib formen möchten, bestäuben Sie die Oberseite mit etwas zusätzlichem Mehl und schneiden mit einem scharfen Messer ein Kreuz hinein. Backen Sie den Laib ungefähr 25 bis 30 Minuten lang im heißen Backofen. Das Brot ist fertig, sobald die Oberseite goldbraun ist und der Laib hohl klingt, wenn Sie auf die Unterseite klopfen.

Lassen Sie ihn vor dem Verzehr ein wenig abkühlen: Es gibt nichts Schmackhafteres als selbst gebackenes Brot frisch aus dem Ofen, mit Butter, Käse oder Ihrem Lieblingsbelag serviert.

Erntefeierlichkeiten rund um den Globus

Überall, wo Landwirtschaft betrieben wird, gibt es Erntefeste. Sie sind ein organischer Bestandteil des Lebens mit der Natur, der wir unsere Nahrung, unser Wohlbefinden, unsere Inspiration und unsere spirituellen Praktiken verdanken. Das bedeutet, dass es überall auf der Welt unzählige Erntefeste gibt, bei denen es um die Spezialität der jeweiligen Region geht. Von ihrem Zeitpunkt her können sich diese Feste jedoch stark voneinander unterscheiden, je nachdem, wann die Feldfrüchte der betreffenden Region geerntet werden. So findet beispielsweise Thanksgiving – das US-amerikanische Fest zur Erinnerung an die erste erfolgreiche Weizenernte der Pilgerväter im Jahr 1621 – am letzten Donnerstag im November statt, während auf Bali im Mai die Reisernte eingebracht wird. Um diese Zeit wird die Fruchtbarkeitsgöttin Dewi Sri geehrt, indem man Schreine auf den Feldern aufstellt, während in den Städten Feste stattfinden.

Zeitlich etwas näher an Lammas gelegen, feiert das Volk der Igbo in Nigeria am Ende der Regenzeit (normalerweise zwischen Anfang August und Anfang September) das Fest Iwa Ji. Es findet zu Ehren der Jamswurzelernte statt; denn diese Knolle ist für die Igbo ein wichtiges Grundnahrungsmittel. In der Nacht vor Iwa Ji müssen alle alten Jamswurzeln weggeworfen werden. Am nächsten Tag werden dem Hauptgott – dem Chukwu – und den Vorfahren Jamswurzeln dargebracht und anschließend unter die Menschen verteilt. Auf diese Zeremonie, die den Mittelpunkt des Fests bildet, folgen Tänze,

Maskeraden, Umzüge und Partys. Und genau wie das Volk der Igbo hat sich auch Iwa Ji im Lauf der Zeit über die ganze Welt verbreitet.

Erntefeste werden von fast allen Völkern gefeiert. Sie erinnern uns daran, dass – obwohl viele von uns mittlerweile in Städten leben – unser ländliches Herz immer noch schlägt und nicht nur für unsere Versorgung mit Lebensmitteln, sondern auch für unser spirituelles und kulturelles Wohlergehen eine wichtige Rolle spielt.

ZUM AUSPROBIEREN: **TOAST, EIGENLOB UND GELÜBDE**

Dieses kleine Ritual – eine Abwandlung des Erntedankfests und des traditionellen Trinkspruchs – können Sie in einer Gruppe zusammen mit Ihren Lieblingsmenschen durchführen. Es wurde mir von einer italienischen *strega* (Hexe), die ich kenne, beigebracht, und ich habe es hin und wieder zusammen mit meinem Hexenzirkel praktiziert. Dieses »Toast, Eigenlob und Gelübde«-Ritual bringt erfrischende Abwechslung in die quälende englische Reserviertheit.

Dabei handelt es sich um eine ganz einfache Zeremonie: Alle Teilnehmenden erheben der Reihe nach ein Glas mit einem Getränk ihrer Wahl und trinken auf jemanden: Vorfahren, Götter oder lebende Personen, für deren Existenz sie an diesem Lammas-Fest besonders dankbar waren.

Mit »Eigenlob« ist genau das gemeint, was der Name verspricht: Alle Teilnehmenden berichten über etwas, das sie in diesem Jahr erreicht oder geleistet haben und worauf sie zu Recht stolz sind. Das muss nicht unbedingt etwas Spektakuläres sein; es kann auch eine ganz bescheidene, unauffällige Leistung sein.

Beim dritten Teil dieses Rituals – dem Gelübde – verspricht man, ein Vorhaben zu verwirklichen; idealerweise handelt es sich dabei um irgendetwas, wofür Sie sich aus Ihrer Komfortzone herauswagen müssen. Vielleicht geht es darum, nach einer schmerzhaften Trennung zum ersten Mal wieder allein essen zu gehen, das Projekt in Angriff zu nehmen, über das Sie schon seit Monaten nachdenken, oder endlich einmal Bilder von Ihren Kunstwerken ins Internet zu stellen, die noch nie jemand zu sehen bekommen hat, weil sie bisher immer nur zu Hause in Ihrem stillen Kämmerlein herumstanden und Staub angesetzt haben.

Sobald alle Teilnehmenden alle drei Runden dieses Rituals absolviert haben, nehmen wir gerne eine nahrhafte Mahlzeit zu uns. Wir bringen alle ein Gericht mit, das wir mit der Gruppe teilen, um unsere Beziehung zueinander zu festigen.

Eine Zeit seelischer und körperlicher Nahrung

Die langen Sommertage werden jetzt allmählich kürzer und die dunkle Jahreshälfte bricht an. In unserem Hexenzirkel richten wir unsere Aufmerksamkeit nun auf den kommenden Winter. Das erscheint Ihnen vielleicht sehr früh; aber wie schon unsere Vorfahren wussten, vergeht das Jahr in geradezu atemberaubendem Tempo. Daher ist es wichtig, jetzt dafür zu sorgen, dass wir alles haben, was wir brauchen, um uns und unsere Lieben sowohl körperlich als auch seelisch durch die langen Wintermonate zu bringen. Denn man weiß nie, ob man nicht vielleicht doch irgendwann ein kleines Extra braucht, um sich zu stärken – sei es ein Hauch von Sommer in Form eines Glases selbst gemachter Marmelade, das man an einem trüben Tag öffnen kann, eine beglückende Erinnerung oder eine Erkenntnis, auf die man in den kommenden Wochen und Monaten zurückgreifen kann.

In unserer modernen Welt ist das vielleicht eher eine seelische als eine physische Vorbereitung, da wir uns heutzutage alles, was wir im Winter zum Leben brauchen, viel leichter beschaffen können als früher. Wenn Sie jedoch einen Garten haben, gibt es vielleicht doch ein paar ganz konkrete Aktivitäten, denen Sie im Herbst nachgehen können, um sich auf den Frost vorzubereiten: Sie können zum Beispiel Lavendel ernten und zu Lavendelsäckchen verarbeiten, die abgeblühten Triebe von Rosen oder Hortensien abschneiden, vielleicht ein paar späte Blüten trocknen, um sie im Winter für Bouquets zu verwenden, oder Ihre Obsternte zu Konserven verarbeiten.

Sie können jetzt aber auch mit eigenen Augen beobachten, wie das Wunder der Ernte voranschreitet – zum Beispiel, indem Sie das schnell heranreifende Getreide auf den Feldern, die errötenden Tomaten auf Ihrem Balkon oder das Unkraut bewundern, das sich in den Ritzen des Bürgersteigs aussät, um dafür zu sorgen, dass auch im nächsten Jahr wieder reichlich Nachkommen vorhanden sein werden. Dieser Kontakt zu den Kreisläufen der Natur während der Erntezeit kann uns innerlich aufbauen und uns sowohl körperliche als auch geistige Nahrung bieten, während wir auf die kälteren Monate des Jahreskreises zusteuern. Das ist übrigens auch eine hervorragende Möglichkeit, uns die größeren Zusammenhänge des Lebens vor Augen zu halten: Ihre Bemühungen sind niemals vergebens, auch wenn Sie bisher noch nicht das Gefühl haben, dass Ihre persönliche Ernte – diese neuen Projekte oder Perspektiven – schon reif ist und eingebracht werden kann.

Lammas ist das erste von drei Erntedankfesten – die Ernten zur Herbst-Tagundnachtgleiche (Obst) und Samhain (Blut) stehen noch aus. Es könnte also durchaus sein, dass die Nahrung, nach der Sie suchen, noch ein bisschen mehr Zeit braucht, um zu reifen, und dass Sie ihr vorher noch ein bisschen mehr Pflege und konzentrierte Aufmerksamkeit widmen müssen.

Vielleicht möchten Sie jetzt auch darüber nachdenken, wie Sie Ihre Ernte mit anderen Menschen teilen können. Wenn wir immer nur an uns selbst denken, gibt es wenig zu feiern – Ernten sind viel schöner, wenn sie mehreren Menschen zugutekommen und man sie gemeinsam genießt.

In diesem Sinne sollten Sie sich nun wieder ein bisschen Zeit für Ihr Tagebuch nehmen und spontan ein paar Gedanken über folgende Themen zu Papier bringen:

- Welche Vorräte könnten Sie jetzt einlagern, um die langen, dunklen Winternächte zu überstehen?
- Was ernten Sie gerade in Ihrem Leben?
- Worauf haben Sie in diesem Jahr Ihre liebevolle Aufmerksamkeit gerichtet?

- Trägt dieses Vorhaben schon Früchte oder beginnen die Beeren gerade erst zu wachsen?
- Welche zusätzlichen Nährstoffe könnte dieses Pflänzchen gebrauchen, um heranzureifen, damit es bald geerntet werden kann?
- Was können Sie tun, damit Ihre Ernte nicht nur Ihnen selbst, sondern auch anderen Menschen zugutekommt?

Zum Ausprobieren: Ein Ritual zur Feier von Lammas

Denken Sie zur Vorbereitung auf dieses Ritual einmal an die Bereiche Ihres Lebens, in denen Sie Opfer bringen mussten, und an die Belohnungen, die Ihnen das vielleicht eingebracht hat.

Sind Sie in der Lage, alle negativen Gedanken im Zusammenhang mit diesen Opfern und dem, was Sie dafür aufgeben mussten (selbst wenn Sie dabei gleichzeitig auch etwas gewonnen haben), ad acta zu legen? Wenn ja, dann tun Sie das! Stellen Sie alle Gegenstände, die dieses Opfer oder diese Ernte repräsentieren, auf Ihren Altar.

Außerdem brauchen Sie für Ihr Ritual:

- Einen mit (nicht angezündeten) Teelichtern oder Kerzen geschmückten Altar; es sollte auch eine rote Kerze dabei sein. Stellen Sie den Altar (wenn möglich) in die südöstliche Ecke Ihres Zimmers.
- Einen Teller mit frischem Brot (entweder eine Art Brot, die man in Ihrer Region üblicherweise isst, oder ganz einfach Ihr Lieblingsbrot)

- Eine Schale oder ein Glas Schnaps oder Bier (Sie können auch alkoholfreie Getränke verwenden, falls Ihnen das lieber ist)
- Gersten- oder sonstige Getreidesprossen zur Dekoration, um den Getreide- und Fruchtbarkeitsgöttern Ihre Ehre zu erweisen. Ansonsten achten Sie in den Tagen vor diesem Ritual besonders genau darauf, was in Ihrer Gegend gerade blüht oder heranreift, sammeln Sie (auf umweltverträgliche Art) etwas Grün der Saison und legen Sie es auf Ihren Altar.
- Eine Schale Getreidekörner (wenn Sie Weizen haben, ausgezeichnet – wenn nicht, verwenden Sie irgendetwas anderes, das in Ihrer Gegend wächst; falls Sie keine Körner bekommen können, ist Mehl ein guter Ersatz)

Nun setzen oder knien Sie sich an Ihren Altar, klopfen fünfmal an Ihr Glas, als wollten Sie einen Toast ausbringen, und sagen:

Ich stehe unter den Sternen
und überblicke meine Ernte.
Dies ist die Nacht des Getreides,
Der großzügige König muss sein Opfer bringen,
Die Göttin des Landes wird mich nähren und erhalten.
In dem Augenblick, in dem ich mein Korn schneide,
Bringe ich Fülle und Reichtum auf die Welt.
Die Götter des Landes wohnen diesem Ritual bei.
Dies ist die Nacht der Geburt, des Opfers und der Belohnung.

Zünden Sie die Kerzen auf Ihrem Altar an. Beginnen Sie dabei mit den Teelichtern und sprechen sie die folgenden Worte, wenn Sie als Letztes die rote Kerze anzünden:

Mein Kriegsgeist kehrt zurück in den Garten meines Ichs
In dieser Nacht erweise ich meinen Opfern meine Ehre
und feiere meine erste Ernte

Nehmen Sie Ihre Getreideschale in die Hand und fahren Sie mit Ihren Fingern durch die Körner. Spüren Sie ihre Beschaffenheit und ihr Gewicht und sagen Sie dabei:

Große Gottheit der Natur
Ich ehre deine Gaben
Du ernährst uns, wenn wir hungern
Du tröstest uns, wenn wir trauern
Du hegst und pflegst uns ein Leben lang
Ohne dafür belohnt oder geehrt zu werden
Heute Nacht gedenke ich deiner

Bleiben Sie ein paar Minuten lang sitzen und betrachten Sie die rote Kerzenflamme und die Fülle der Gaben von Mutter Natur vor Ihnen auf dem Altar. Denken Sie an den vergangenen Sommer zurück. Um welche Themen ging es in diesem Sommer für Sie? Worauf haben Sie Ihre Energie konzentriert? Atmen Sie dreimal tief durch, bevor Sie das Ritual fortsetzen.

Rücken Sie den Brotteller und das Glas in Ihre Nähe. Brechen Sie ein Stück Brot ab und nennen Sie eines der

Opfer, die Sie im Lauf Ihres Lebens gebracht haben: »Ich benenne das Opfer …« (Falls Sie sich über Ihre Verluste – und die Gewinne, die daraus erwachsen sind – unsicher sein sollten, blättern Sie noch einmal zu der Übung auf Seite 203 zurück, bei der es darum ging, Ihre Opfer aus einer positiveren Perspektive zu betrachten.)

Dann essen Sie das Stück Brot, heben das Glas und trinken auf die Ernte, die dieses Opfer Ihnen gebracht hat. Sagen Sie »Ich erweise meiner Ernte … Ehre« und nehmen Sie einen Schluck von dem Schnaps oder Bier.

Wiederholen Sie diesen Vorgang so oft, wie Sie möchten, und stellen Sie sich dabei vor, wie Sie wieder ganz werden und die Energie, die beim Schneiden Ihres Korns verloren gegangen ist, zu sich zurückholen. Dann sagen Sie:

Wenn das Korn in die Erde gelegt wird
Wenn der Himmel Sonnenschein und Regen ausgießt
Und die Erde ihr Geschenk des Wachstums hervorbringt
Bis das Korn wieder geopfert wird
Nehme ich die erste Ernte in mich auf
Und gewinne Kraft aus der Belohnung, die sie mir bringt
Teller und Schale werden weitergereicht
Gaben werden zu Opfern werden zu Gaben
In der sich ständig drehenden Spirale des Lebens
Jede Gabe, die wir verlieren, wird irgendwann wieder zurückgewonnen
Und so ist es.

Trinken Sie ein letztes Mal aus dem Glas, verbringen Sie ein paar Minuten in Ihrer eigenen Gesellschaft und der Gegenwart Ihrer göttlichen Ernährer und bringen Sie sich ein bisschen Liebe und Respekt dafür entgegen, wie weit Sie in Ihrem Leben inzwischen schon gekommen sind. Sobald Sie bereit sind, wieder in die Alltagswelt zurückzukehren, atmen Sie dreimal tief durch und spüren Sie, wie Sie Kraft und Mut zurückgewinnen.

Hoffentlich können Sie den Wert dieser kurzen Augenblicke des Innehaltens und Nachdenkens mittlerweile schätzen. Wenn uns das Tempo des modernen Lebens zu sehr überwältigt, kann die Entschleunigung und Rückbesinnung auf eine beständigere, ländlichere Tradition uns – wenn auch nur für einen kurzen Augenblick – zur Ruhe kommen lassen und uns helfen, mit dem rasanten Tempo unserer heutigen Veränderungen zurechtzukommen.

Auch bei unserer nächsten Station auf dem Jahresrad – der Herbst-Tagundnachtgleiche – wird es wieder um das Thema der Ernte und Ernährung gehen.

SIEBEN

HERBST-TAGUNDNACHTGLEICHE

CA. 21. SEPTEMBER (NÖRDLICHE HALBKUGEL)
CA. 21. MÄRZ (SÜDLICHE HALBKUGEL)

Wo sind die Lieder des Frühlings? Ja, wo sind sie?
Denk nicht an sie, auch du hast deine Musik, –
Während Wolken am sanft sterbenden Tag erblühen
Und sich die Stoppelfelder rosig färben;
Dann summen die kleinen Mücken im Trauerchor
Unter den Weiden am Flussufer,
In die Höhe getragen oder nach unten sinkend
Im An- und Abschwellen des leichten Windes;
Und groß gewordene Lämmer blöken laut von den Hügeln herab;
Heuschrecken singen, und jetzt – in sanftem Sopran –
Pfeift das Rotkehlchen von einem kleinen Bauerngarten her;
Und die Schwalben sammeln sich zwitschernd in den Lüften.

John Keats

THEMEN: die wilde Jagd; Obsternte, Weisheit und Expansion
PLANET: Jupiter
HIMMELSRICHTUNG: Westen
TAROTKARTE: Rad des Schicksals
ASTROLOGIE: Waage

Mit der Herbst-Tagundnachtgleiche haben wir den zweiten Punkt des Innehaltens auf unserem Jahresrad erreicht. Diese Tagundnachtgleiche bringt (genau wie ihr Gegenstück im Frühjahr) die Länge der Tages- und Nachtstunden in ein perfektes Gleichgewicht – ein Thema, auf das auch die Waage (das astrologische Zeichen, das diese Zeit beherrscht) hindeutet. Doch während es bei der Frühlings-Tagundnachtgleiche um die Kreativität und Inspiration eines Neuanfangs, aber auch um den leichten Anflug von Chaos ging, den neue Ideen mit sich bringen können, hat die Herbst-Tagundnachtgleiche eher eine düstere Seite.

Die Volkstraditionen dieses Sabbats erinnern uns an den Winter, der nun in Windeseile auf uns zukommt, und seine Themen sind von starken Kontrasten geprägt, in denen sich das Gefühl widerspiegelt, zwischen den Zeiten zu stehen. Erstens erleben wir jetzt die zweite von drei Ernten – die süßen Früchte, die eine Atmosphäre von Überfluss, Großzügigkeit und Expansion mit sich bringen –, und zwar unter der Herrschaft des Planeten Jupiter, der die Herbst-Tagundnachtgleiche regiert. Die Tarotkarte dieses Sabbats ist jedoch das Schicksalsrad – die Karte, die uns daran erinnert, dass »auch dies vorübergehen wird«; das Rad, das sich von Wohlstand zu Mangel, von Erfolg zu Misserfolg, von Geburt zu Tod, von Licht zu Dunkelheit (und wieder zurück) dreht. Und so kommt es, dass wir während der Herbst-Tagundnachtgleiche sowohl auf Gegensätze als auch auf Gleichgewicht stoßen. Vielleicht ist es in so einer Zeit hilfreich, nach Wegen zu suchen, um sich ein bisschen fließender zwischen den Extremen zu bewegen – in dem Wissen, dass sich das Rad auch irgendwann wieder weiterdrehen wird.

Erste Anzeichen des Herbstes

Auf der nördlichen Halbkugel beobachten wir nun, wie sich die Blätter während der Tagundnachtgleiche zu färben und abzufallen beginnen – mit der ganzen Farbenpracht, die dieser Vorgang mit sich bringt. Im Frühherbst wird das Sonnenlicht noch sanft durch das Laub der Bäume gefiltert; doch die Platanen und Rosskastanien leuchten bereits golden, und die Eichenblätter werden fleckig.

Aus meinen Naturtagebüchern für die Zeit vor der Herbst-Tagundnachtgleiche hört man diese Spannung zwischen Licht und Dunkelheit, dem Ende des Sommers und dem unaufhaltsamen Herannahen des Winters deutlich heraus:

Nach einer Woche voller Gewitter und extrem feuchter Hitze, die mir die Haut ruinierte, haben wir nun endlich kalten Wind, Regen und grauen Himmel. Ich bin wieder in Gummistiefeln und Regenmantel unterwegs. Die Blätter beginnen in flammenden Farben zu lodern und die Eicheln fallen von den Bäumen. Wieder einmal gibt es in der Natur nur mich und die Krähen im Wald und auf den Feldern. Die anderen Vögel schweigen oder sind bereits nach Süden geflogen. Wir sind ganz plötzlich mitten in den Herbst hineingeworfen worden. In diesem Jahr gibt es keinen allmählichen Wechsel der Jahreszeiten – es ist wie ein Schalter, der sich umlegt. Der Morgen ist neblig, Schwaden aus Dampf und Sonnenlicht steigen von den Feldern auf und erzeugen lange Schatten. In den Wäldern schmiegen sich die glänzenden Rosskastanien in einen Teppich aus orangefarbenem Laub. Zwischen Grashalmen und Blattwerk breiten sich Spinnweben aus.

Ein paar Tage später sieht es tatsächlich so aus, als würde der Sommer noch einen letzten tapferen Versuch machen, zu zeigen, was er kann, bevor er endgültig den Rückzug antritt:

Rote Beerenperlen zieren den Weißdorn und die Wege sind bereits mit gelben Blättern übersät. Das Gras verliert seine smaragdgrüne Färbung und ist matt und glanzlos geworden. Und doch hat uns der heutige Morgen wieder blauen Himmel, Sonnenschein und Wärme gebracht. Die Sonne bricht durch eine Wolke und wirft helles Licht über das Gras. Aber die Brombeeren stehen jetzt schon in voller Pracht und der Wind ist ein bisschen kühl. Auch die Qualität des Lichts hat sich verändert:

Heute früh ist es dunkler als sonst. Die Bäche führen wieder mehr Wasser und fließen schneller. Auf dem Weg zum See habe ich einen Graureiher aufgeschreckt – ein Symbol für die Geheimnisse des Wassers, für Unverwüstlichkeit und Unabhängigkeit. Er hebt ab, kreist dreimal über mir und fliegt dann davon.

In den Obstgärten sind Äpfel, Birnen, Pflaumen und anderes Steinobst reif und fallen allmählich von den schweren Ästen herab. In den Wäldern brechen die Bäume und Sträucher unter der Last der Schlehen, Eicheln und Haselnüsse fast zusammen. Jetzt werden die letzten Beeren und Nüsse geerntet: Wir sammeln, konservieren und lagern die Früchte des Sommers ein, um im kommenden Winter etwas zu essen und zu trinken zu haben – entweder in Form von Marmelade und Kompott oder als freches kleines Fläschchen Schlehenschnaps, das den kommenden kalten Winterabenden ein bisschen Wärme verleiht. Natürlich können wir in unserer heutigen Zeit auch gedünstetes Obst einfrieren, um es im Winter in ein warmes Frühstücksmüsli hineinzugeben oder zu einem Crumble zu verarbeiten. Neben dem Wild gehören auch diese wunderbaren Geschenke der Natur zur Feier der Ernte im Hier und Jetzt.

Loslassen

Die Herbst-Tagundnachtgleiche findet am oder um den 21. September herum statt. Diese Station des Jahreskreises ist niemals ein reines Vergnügen. Sie bringt uns eine Fülle an Farben und interessanten Oberflächenstrukturen, aber auch ein wehmütiges Gefühl des Bedauerns darüber, dass es mit dem Sommergrün jetzt erst einmal vorbei ist – bis zum nächsten Jahr. Wenn wir um diese Jahreszeit eine gewisse Traurigkeit empfinden, ertragen wir dieses Gefühl in dem Wissen, dass das Jahresrad sich immer weiterdreht und dass auf den Winter auch wieder ein neuer Frühling folgen wird – und so setzt sich der Kreislauf fort.

Im Internet macht seit ein paar Jahren ein Meme die Runde, demzufolge die Bäume uns im Herbst zeigen, wie schön es ist loszulassen. Auch wenn niemand genau weiß, von wem dieser Spruch stammt, hat er doch seine Gültigkeit und ist eine wichtige Botschaft, die man gerade um diese Jahreszeit bedenken sollte. In Hexenkreisen denken wir jetzt darüber nach, wie wir uns die Last, die wir tragen, vor dem Einbruch des Winters ein bisschen erleichtern können. Zum Beispiel könnten Sie ein Herbstblatt nehmen und darauf schreiben, was Sie an diesem Sabbat alles loslassen wollen. Dann begeben Sie sich an ein windiges Plätzchen und lassen das Blatt los. Wenn es sich in die Lüfte erhebt, visualisieren Sie, wie die betreffende Eigenschaft, Erinnerung oder Person auf den Flügeln des Windes von Ihnen weggeweht wird.

Für unsere Vettern, die Druiden, die das Jahresrad ebenfalls feiern, ist diese Verbindung zu den Bäumen genauso wichtig. Bäume sind nicht nur ein unverzichtbarer Bestandteil unseres Ökosystems, in unserer Sichtweise der Natur stehen verschiedene Baumarten auch für unterschiedliche Eigenschaften, und aus den Bewegungen ihrer Blätter kann man Zeichen ableiten. Die solide, unerschütterliche Energie der königlichen Eichen hat zum Beispiel eine ganz andere Qualität als die der flüsternden Buchen – die manchmal als die schützenden und nährenden Mutterbäume des Waldes gelten, weil sie Tier und Mensch reichlich mit Bucheckern versorgen.

In den städtischen Ballungsgebieten spielen Bäume eine besonders wichtige Rolle. In London gibt es eine Baumart, die nur in dieser Gegend wächst: die Londoner Platane. Dieser Hybridbaum ist im 17. Jahrhundert durch Kreuzung aus der orientalischen und der amerikanischen Platane entstanden und macht heute einen Großteil der Bäume in der Londoner Innenstadt aus. Dieser majestätische Baum wirkt mit seiner weit ausholenden Krone der Luftverschmutzung entgegen und trägt zu der so dringend benötigten sauberen Luft bei: Schadstoffhaltige Partikel bleiben an seiner Rinde und an den Haaren der Blätter hängen, die der Baum im Herbst abwirft, während die Rinde gleichzeitig in großen Flocken abblättert, was den Stämmen ein schönes braun-grün gesprenkeltes Muster verleiht.

Bäume können uns auch dabei helfen, die Giftstoffe in unserem eigenen Körper in etwas Saubereres, Positiveres umzuwandeln. Auf physischer Ebene bewirken sie dies durch Tinkturen, ätherische Öle und Tees, die man aus ihren Blättern herstellt; aber wir können mit ihrer Hilfe auch Dinge loslassen, die wir nicht mehr brauchen – sowohl in energetischer als auch in emotionaler Hinsicht.

Zum Ausprobieren:
So erdet man sich mithilfe eines Baums

Diese Übung wurde mir von einer lieben Freundin an einem Tag beigebracht, an dem ich mit den Nerven völlig am Ende war. Sie eignet sich hervorragend dazu, hektische Gedankenkreisläufe zu durchbrechen und wieder mit Ihren Gefühlen in Kontakt zu kommen. So können Sie sich allmählich erden und dann in aller Ruhe mit dem Ritual des Loslassens am Ende dieses Kapitels beginnen. Allerdings möchte ich dieser Übung eine kleine Warnung vorausschicken: Sie beinhaltet nämlich Elemente des »Baumumarmens«, was Menschen, die nicht den Weg eines naturverbundenen Lebens gehen, vielleicht ein bisschen seltsam vorkommen wird. Aber es funktioniert – also versuchen Sie, es einfach zu genießen!

Finden Sie einen Baum, mit dem Sie sich verbunden fühlen. Dafür gibt es keine logische, rationale Anleitung; man kann sich dabei nur von seinem Instinkt leiten lassen. Falls diese Übung eine neue Erfahrung für Sie sein sollte, entspannen Sie sich und versuchen Sie, auf Ihre intuitiven Reaktionen zu vertrauen.

Stellen Sie zunächst beide Füße fest auf den Boden und atmen Sie dreimal tief durch, um in Ihrem Körper »anzukommen« und präsent zu sein.

Stellen Sie sich so hin, dass Ihr Gesicht zum Stamm des Baums Ihrer Wahl zeigt, und achten Sie darauf, dass Hände, Herz und Stirn die Baumrinde berühren. Stellen Sie sich vor, wie alle Gedanken, die Ihnen im Kopf herumwirbeln, aus Ihnen heraus- und in den Rumpf des Baums hineinfließen. Spüren Sie das Gefühl der Erleichterung, das Sie überkommt, wenn diese ganze unerwünschte Energie aus Ihnen herausfließt, als ob Sie einen Stöpsel gezogen und das Wasser abgelassen hätten. Der Baum nimmt diese Energie auf, neutralisiert sie und drückt sie in die Erde zurück. Dieses Ritual ist eine gute Übung in kreativer Vorstellungskraft und Vertrauen.

Falls Ihr bewusster Verstand diesen Prozess zu blockieren versucht und Ihnen einreden will, dass das alles lächerlich ist, schieben Sie diese Gedanken vorübergehend beiseite und lassen Sie der spielerischen Seite Ihres Wesens freien Lauf. Machen Sie die Übung ruhig allein in einer ruhigen Ecke des Parks, damit Sie sich nicht beobachtet fühlen. Oder noch besser: Machen Sie die Übung zusammen mit einem Freund oder einer Freundin; dann sieht es so aus, als würden Sie einfach nur ein bisschen miteinander herumalbern.

Sobald Sie das Gefühl haben, dass Ihre Energie auf ein ruhigeres Niveau absinkt, drehen Sie sich um, lehnen sich mit dem Rücken an den Baumstamm und stellen sich vor, wie der Baum Sie mit seiner Kraft und Energie erfüllt. Wie bereits erwähnt, besitzt jede Baumart andere Eigenschaften, und durch Ausprobieren werden Sie vielleicht feststellen, dass sich auch jede Art für andere Zwecke eignet. Ich stelle mir bei dieser Übung zum Beispiel gerne vor, wie meine Wirbelsäule sich aufrichtet und stärker wird.

Wenn Sie neue Energie aufgetankt haben und bereit sind, wieder in Ihr Alltagsleben zurückzukehren, hinterlassen Sie dem Baum als Dank ein kleines Geschenk – ein Haar, eine Eichel, einen Schluck Wasser oder irgendein anderes Zeichen der Dankbarkeit. Aber achten Sie bitte darauf, dass es sich dabei um etwas Natürliches und biologisch Abbaubares handelt! Man sollte lieber keine Stoffstreifen an Bäume binden, um einen Wunsch oder ein Gebet zu symbolisieren, obwohl ich weiß, dass das in manchen Hexenzirkeln so üblich ist. Vielleicht möchten Sie nach dieser Übung noch ein Weilchen unter dem Blätterdach des Baums sitzen bleiben und die Übergangsstimmung dieser Jahreszeit genießen.

Eine Zeit fließenden Übergangs

Heidnische Religionen sind normalerweise polytheistisch: Das heißt, sie erkennen viele Götter an und schreiben niemandem vor, mit welchen Gottheiten er in Kontakt treten und arbeiten soll. Die Hauptgottheiten von Hexenzirkeln sind jedoch die Mondgöttin und der gehörnte Gott, wobei die hellere Hälfte des Jahres von der Göttin und die dunklere Hälfte vom Gott regiert wird. Die Herbst-Tagundnachtgleiche signalisiert den Übergang zwischen diesen beiden Zeiten. Während der Schwerpunkt in den Sommermonaten auf dem heiligen Weiblichen lag, erinnert uns der Winter daran, auch das heilige Männliche zu ehren – und zwar nicht die toxische, patriarchalische Männlichkeit, die für alle Geschlechtsidentitäten so schädlich ist, sondern die gesunde Variante, die ein harmonisches Gleichgewicht zwischen Männlichem und Weiblichem zulässt und kein Interesse an Dominanz und überholten Vorstellungen von mangelnder Gleichberechtigung und Kontrollausübung hat.

Wenn wir Wiccans von Geschlecht sprechen, betrachten wir dieses nicht als binäres System, in dem man entweder Mann oder Frau sein muss, sondern als Spektrum. Unsere Vorstellungen von Männlichkeit und Weiblichkeit haben nicht unbedingt etwas mit dem biologischen Geschlecht zu tun, sondern es geht dabei vielmehr um bestimmte Merkmale und Eigenschaften aus diesem Spektrum, die – unabhängig von ihrer Geschlechtsidentität – allen Menschen zu eigen sind. Wicca ist eigentlich eine matriarchalische Religion: Unsere Hexenzirkel werden von einer Hohepriesterin geleitet; aber jeder Zirkel agiert eigenständig, und es gibt keine übergeordnete Führungsstruktur. Übrigens hat jeder Hexenzirkel auch einen Hohepriester, was unsere Ansichten über das Göttliche widerspiegelt und zeigt, wie wichtig es uns ist, alle Geschlechtsidentitäten in unsere Aktivitäten einzubeziehen.

Die gleichmäßige zeitliche Aufteilung zwischen Licht und Dunkelheit zur Herbst-Tagundnachtgleiche existiert nur für den Bruchteil einer Sekunde, bevor das Pendel – oder die Sonne am Äquator – seinen Zenit erreicht und wieder in die andere Richtung zu schwingen beginnt. Ebenso führen auch wir Menschen unser Leben in den Nuancen und Zwischenwelten und nicht in den binären Kategorien, auf die manche Leute am liebsten alles reduzieren möchten. Wenn wir erkennen, dass in unserem Leben stets alles im Fluss ist, fällt es uns leichter, uns ein bisschen mehr treiben zu lassen und alles so zu nehmen, wie es kommt; denn wenn man in absoluten Begriffen denkt, geht einem die Schönheit und Subtilität der Natur verloren.

Der gehörnte Gott und die wilde Jagd

Da diese Station des Jahresrads dem gehörnten Gott zugeordnet ist, spielt die Geschichte von der Jagd auf den Hirsch in unseren Hexenzirkeln eine wichtige Rolle.

In dieser Allegorie ruft uns der gehörnte Gott in die Wälder, um den Winter dort zu verbringen. »Hab keine Angst davor, mich in den dunkelsten Ecken und Winkeln der Wälder deiner Seele zu finden, denn ich werde dich immer wieder zum Frühling zurückbringen, wenn unsere gemeinsame Zeit vorbei ist.« Dieser Gott ist sowohl Jäger als auch Gejagter; aber er ist auch der Bewahrer des Waldes und Beschützer der Tiere. In der Literatur ist er der liebevolle Jägersmann in Sylvia Townsend Warners Roman *Lolly Willowes* und *Lady Chatterleys Liebhaber*, der Wildhüter Oliver Mellors, der in den Wäldern lebt, aber auch für deren Verwaltung verantwortlich ist. Um diese Jahreszeit stellen wir die Symbole dieser Gottheit auf unsere Altäre: schwarze Kerze und Hörner, Samen und Beeren von den Bäumen.

Wenn ich das Wort »Horn« oder »gehörnt« verwende, meine ich damit ein Hirschgeweih. Auch wenn Sie vielleicht schon einmal solche Gerüchte gehört haben, verehren wir Wiccans nicht den Teufel. Erstens ist der Teufel ein Konzept aus den organisierten Religionen – zum Beispiel Satan im Christentum oder Shaitan im Islam. Manchen Theorien zufolge geht diese in so vielen Religionen wiederkehrende Vorstellung vom Teufel auf eine dämonisierte Version des griechischen Gottes Pan zurück, der Ziegenfüße und Hörner und einen unersättlichen sexuellen Appetit hat.

Die Archäologie hat Belege für diese gehörnte Figur entdeckt, die sehr viel älter sind als die organisierten Religionen. In Frankreich gibt es zum Beispiel altsteinzeitliche Höhlenmalereien, die männliche Figuren mit Geweihen zeigen, und in Star Carr in Yorkshire wurden 21 gehörnte zeremonielle Kopfbedeckungen entdeckt, die vermutlich rund 11 000 Jahre alt sind. Einzelne Geweihe wurden auch in Stonehenge, Brean Down und Wasperton gefunden. Auf Münzen, die in Cirencester und Petersfield entdeckt wurden und vermutlich aus dem Jahr 20 n. Chr. stammen, ist eine Figur abgebildet, die ein Geweih trägt.

Eines der besten (und bekanntesten) Beispiele für eine Figur mit Geweih ist auf dem Gundestrup-Kessel abgebildet, einem Kunstgegenstand, der fast vollständig aus Silber besteht und von Torfstechern in Dänemark entdeckt wurde. Er wird auf die Zeit um 300 bis 200 v. Chr. datiert. Die Gundestrup-Figur sitzt im Schneidersitz da und hält in einer Hand eine Torque (als Zeichen der Herrschaft) und in der anderen eine schlangenartige Figur. Sie ist von verschiedenen Lebewesen – unter anderem einem Hirsch – umgeben, was möglicherweise auf ihre Position als »Herr der Tiere« hinweist.

Die Archäologie hat eine ganze Reihe solcher Figuren mit Geweihen zutage gefördert; der Hirsch spielt aber auch in volkstümlichen Geschichten eine wichtige Rolle. In der walisischen Mythologie begegnet der König auf der Hirschjagd seinem Pendant in der Unterwelt, das nach der gleichen Beute jagt wie er. In dieser Geschichte wird der Hirsch zu einem Kreuzungspunkt, an dem die beiden Könige für ein Jahr und einen Tag die Plätze tauschen. In Berkshire gibt es verschiedene Legenden über den Jäger Herne. Einige dieser Geschichten erzählen, dass Herne sich gerade im Windsor Great Park aufhielt, als ein Pfeil auf den König abgeschossen wurde. In einer Variante dieser Legende wirft Herne sich dazwischen, sodass der tödliche Pfeil ihn trifft, während er in anderen Versionen des Verrats am König beschuldigt wird und sich vor Scham und Verzweiflung an einer Eiche im Wald erhängt. In allen Versionen dieser Geschichte kehrt Herne im Tod als Beschützer und Bewahrer des Waldes – ein Charakter, der an die Figur auf dem Gundestrup-Kessel erinnert – zurück.

In Jacob Grimms Variante dieser Sage wird Herne zum Anführer der wilden Jagd, einer Meute wilder Reiter, die vor allem nachts die Gegend unsicher machen. In der Volksdichtung gibt es viele Geschichten über die wilde Jagd. Dieses Motiv findet sich in ganz Europa – vom nordischen Gott Odin, der die wilde Jagd über den Himmel anführt, bis hin zu Dewar und den Wisht Hounds, die im Dartmoor aus den Nebelschleiern hervorbrechen und von denen man munkelt, sie seien der Teufel. Durch all diese Geschichten zieht sich ein gemeinsames Thema: die Jagd auf die Seelen der Menschen und das unentrinnbare Hereinbrechen von Unheil oder Tod. Wer allein unterwegs ist und dabei der großen Jagd begegnet, muss sterben – es sei denn, er hat (zumindest in der Version von Odins wilder Jagd) Eisen, Salz oder Petersilie dabei, um sich davor zu schützen.

Die Volksdichtung kann die historischen Lücken füllen, die trotz aller archäologischen Funde immer noch offenbleiben; und all diese volkstümlichen Geschichten sind in den Schmelztiegel der Herbst-Tagundnachtgleiche eingeflossen.

Auf die Sprache der Natur achten

Auch wenn es im Herbst im Norden Londons keine Hirsche zu sehen gab (und da, wo ich jetzt wohne, sind sie genauso selten), gab es doch eine Herde von Hengsten, die ich beim Schreiben gern in meiner Nähe hatte. Sie liefen oft in gestrecktem Galopp über ihre Koppel, nachdem sie den Gipfel des vor mir liegenden Hügels umrundet hatten, warfen ihre Köpfe zurück, schlugen mit den Hinterbeinen aus und schnaubten sich gegenseitig an. Dieses dramatische Schauspiel zwang mich manchmal dazu, meine Arbeit zu unterbrechen und staunend zuzusehen, während ich unter dem sich allmählich gelb färbenden Laub einer Eiche saß und eine immer beißendere herbstliche Kälte in der Luft lag.

Der Jahreskreis kann eine intensive Achtsamkeit in uns wecken. Die Lebenskräfte kommunizieren ständig mit uns; wir müssen nur bereit sein, innezuhalten, zu beobachten und von innen heraus zu lauschen. Mary Webb bezeichnet das als »Hören mit der Seele statt mit den Ohren«. Das dramatische Spektakel, das die Pferde aufführten, wirkte so, als sei es mir zu Ehren inszeniert worden, und ich war voller Ehrfurcht und dankbar dafür, dass ich es miterleben durfte. Es kam mir vor wie eine Botschaft – ein Zeichen dafür, dass ich auf dem richtigen Weg und stark genug mit der Welt der Natur verbunden war, um diese Botschaften zu hören.

Auf energetischer Ebene lief mein Bewusstsein eine Zeit lang mit den Pferden um die Wette. Allerdings führte die Beobachtung dieser Tiere auch dazu, dass ich mehr davon wahrnahm, was sich in meinem weiteren Umfeld abspielte, denn diese Tiere machten mich auf das Kommen anderer Menschen aufmerksam, die den Hügel hinaufstiegen. Sie wurden vorübergehend unruhig – bis die Quelle des Lärms in Sicht kam: eine Gruppe kleiner Kinder, die zusammen mit ihren Müttern nach Kastanien suchten. Anschließend begannen die Pferde wieder zu grasen und wedelten mit dem Schweif, um die letzten Fliegen des Herbstes zu vertreiben.

Nur ein weißer Hengst kam interessiert an den Zaun, um zu sehen, was ich da auf der Bank tat – in welche Beschäftigung ich so vertieft war. Niemand, der einem so schönen, edlen Tier ins Gesicht sieht, kann auch nur im Entferntesten an seiner Intelligenz zweifeln. Trotzdem immer noch darauf zu bestehen, dass der Mensch dem Tier überlegen ist, ist in meinen Augen bloße Torheit und Arroganz. Alle Kreaturen sind fühlende Wesen, die Respekt verdienen.

Das plötzliche Auftauchen von Tieren kann man übrigens als Kommunikation der Natur mit uns verstehen – je nachdem, was die betreffende Kreatur symbolisiert. Als ich zu viel herumtrödelte und mich nicht konsequent genug dem Schreiben widmete, schickte mir das Universum unzählige Spinnen. Sie drangen in meine kleine Wohnung ein und spannen ihre Netze, wohin ich auch schaute; und jedes Mal, wenn ich mich in einem Park oder draußen in der freien Natur irgendwo hinsetzte, krabbelten mindestens ein oder zwei dieser Tiere über mich hinweg, sehr zur Belustigung meines besten Freundes, der sie immer wieder absammeln musste. Die Spinne ist ein Symbol für Kreativität; offenbar wollte die Natur mir damit klarmachen, dass ich endlich anfangen solle, mein Netz aus Worten zu spinnen.

Oft sind diese Signale zunächst ganz leise und unauffällig; doch wenn man sie ignoriert, werden sie immer lauter und deutlicher, bis man sie endlich beachtet: Sobald ich anfing, mich in die Arbeit an meinem Roman hineinzuknien, verschwanden die Spinnen. Ebenso verriet eine Google-Suche mir die Bedeutung und Symbolik von Pferden (die ich in meinem Unterbewusstsein ohnehin bereits gekannt hatte): Pferde symbolisieren männliche Energie, innere Kraft und eine leidenschaftliche Natur – lauter Eigenschaften der Götter, die wir zur Zeit der Herbst-Tagundnachtgleiche feiern.

Allein im Herbst unterwegs

Astrologisch wird die Herbst-Tagundnachtgleiche vom Sternzeichen Waage regiert, das sich durch Ausgeglichenheit, innere Ruhe, Akzeptanz, Fairness und diplomatisches Geschick auszeichnet. Dieses Symbol sollten wir im Kopf behalten, wenn wir an diesem ganz besonderen Sabbat unsere Suche nach uns selbst fortsetzen – und zwar zu Fuß. Denn oft sind es die Augenblicke ruhiger Bewegung, in denen wir uns selbst wiederfinden und erkennen, dass wir eigentlich die ganze Zeit da waren.

Der Herbst war schon immer eine meiner Lieblingsjahreszeiten, um die Veränderungen in der Natur so genau wie möglich zu beobachten. Wenn die Temperaturen sinken und die Tage kürzer werden, ist es ohnehin angenehmer, zu Fuß zu gehen, um sich warm zu halten.

Da ich in einem Nationalpark aufgewachsen bin, wurde ich schon in meiner Kindheit mit kilometerlangen offenen Moorlandschaften verwöhnt, die ich durchwandern konnte. Wenn man dagegen am Rande einer Großstadt lebt, halten die Wanderwege leider oft nicht das, was sie versprechen: Sie gewähren dem Spaziergänger einen kurzen Blick auf die ungezähmte Natur und entlassen ihn dann ohne Vorwarnung wieder in die städtische Umgebung. Es gibt so viele eingezäunte Freiflächen, zu denen Wanderer und Spaziergänger keinen Zugang haben. Genau wie die Verfechter des Jedermannsrechts fände auch ich es schön, wenn man die Natur uns allen zugänglich machen würde, damit wir unser Wissen über uns selbst und die Welt, die wir miteinander teilen, erweitern können.

Egal, wo Sie wohnen – die Herausforderung besteht darin, in der Natur das zu finden, was für Sie am bequemsten und am leichtesten zugänglich ist. Paul, der als Fotograf arbeitet, hat mich vor Kurzem auf einem Spaziergang im Dartmoor begleitet. Während viele Menschen diesen Landstrich im Herbst als einsam oder trostlos empfinden, erzählte Paul mir, wie einige seiner Fotoschülerinnen und Fotoschüler an diesen ruhigeren Orten allmählich zu sich selbst zurückfinden. »Es ist faszinierend, wie schnell die Leute es kapieren, wenn ich ihnen sage, dass ich nur eben mal einen Baum jenseits der Hügelkette fotografieren möchte und sie deshalb für kurze Zeit allein lasse«, erklärte er mir. »Wenn ich weggehe, sind sie noch ein bisschen nervös; doch bei meiner Rückkehr haben sie das Geschenk der Einsamkeit bereits erkannt und können sich auch problemlos darauf einlassen, weil sie ja wissen, dass ich bald wieder da bin.« Im Herbst mit seinen immer kürzer werdenden Tagen und sinkenden Temperaturen ist es besonders leicht, solche Augenblicke der Einsamkeit zu finden – eine Zeit, in der man innerlich wieder ins Gleichgewicht kommt –, aber nicht jeder kann das Alleinsein ertragen.

Als junge Frau nahm ich eine Gruppe von Londonern mit nach Dartmoor, um ein paar Szenen für einen Spielfilm zu drehen, an dem wir gerade arbeiteten. Das waren ziemlich stämmige Burschen, die in dem Film Gangster und Drogenhändler spielten; trotzdem hatten sie Angst vor der herbstlichen Dunkelheit und der scheinbaren Einsamkeit dieser Gegend. Sie fühlten sich unsicher und ängstlich, weil in der kilometerweiten, tiefen, unendlich erscheinenden Nacht kaum Menschen unterwegs waren. Da ich in dieser menschenverlassenen Gegend aufgewachsen bin, geht es mir ganz anders: Ich fühle mich in der Einsamkeit auf dem Land viel sicherer als in der nächtlichen Dunkelheit einer Stadt.

Wir sind in unserem heutigen Leben einfach nicht mehr an die Dunkelheit oder ans Alleinsein gewöhnt. Doch wenn Sie sich trotzdem dazu überwinden, solche Orte zu besuchen, können Sie dort viel leichter mit Ihrem eigenen Inneren in Verbindung treten als inmitten des hektischen Großstadttrubels. Probieren Sie das ruhig einmal aus, natürlich in einem Umfeld, indem Sie sich sicher fühlen! Bei einem herbstlichen Abendspaziergang kann es immer noch warm genug sein, um bis weit in den Abend hinein das Zirpen der Grillen oder den Gesang einer Drossel auf einem Baum zu hören. Erst wenn wir bereit sind, in den dunkelsten Himmel emporzuschauen, können wir die Sterne sehen.

Zum Ausprobieren: Lernen Sie die Tier- und Pflanzenwelt Ihrer Gegend kennen

Während der Ausbildung, die ich vor der Einweihung in meinen Hexenzirkel erhielt, stellte man mir unter anderem die Aufgabe, eine Landkarte meiner näheren Umgebung und ihrer Tier- und Pflanzenwelt zu erstellen. Das hatte den Vorteil, dass ich später als Hexe, falls man mich auffordern sollte, einen Eibenzweig für ein Samhain-Ritual zu suchen oder Eichenblätter für das Mittsommerfest zu sammeln, wissen würde, wo diese Pflanzen zu finden waren. Außerdem konnte ich auf diese Weise festere Wurzeln in einer Gegend schlagen, die sich für mich nicht immer wie meine Heimat anfühlte. Heute praktiziere ich das in jeder neuen Gegend, in die ich ziehe, um mich dort besser einzugewöhnen.

Aus naheliegenden Gründen ist das in den Monaten, in denen alles grün ist, wesentlich einfacher; denn man kann Pflanzen und Bäume leichter identifizieren, wenn sie noch ihre Blätter oder Blüten tragen. Doch im Herbst können ihre sich allmählich verändernden Farben und Oberflächenstrukturen uns genauso viel über ihren Charakter und ihre Persönlichkeit verraten; und auch die Samenkapseln mit ihren plastischen Formen sind ein gutes Erkennungsmerkmal.

Wie wäre es, das in Ihrer Wohngegend einmal auszuprobieren? Versuchen Sie eine Landkarte Ihrer näheren Umgebung zu finden oder zeichnen Sie selbst eine – diese Karte kann so klein sein wie Ihr Garten oder so groß wie Ihre Stadt. Als Nächstes zeichnen Sie die Besonderheiten, die Sie bei Ihren Ausflügen in die Natur bereits entdeckt haben, in die Karte ein. Welche Bäume sind Ihnen aufgefallen? Welche Blumen haben geblüht? Welche Vögel nisten wo? Kennen Sie einen Platz, den Igel als Unterschlupf benutzen, oder wissen Sie, an welcher Stelle sich öfter ein Schwarm Spatzen tummelt? Gibt es einen Teich mit besonders vielen Insekten und Wasserlebewesen? Je intensiver Sie sich mit einer bestimmten Gegend beschäftigen, desto mehr Details können Sie in Ihre Karte einfügen und sie mit immer mehr Bedeutungs- und Erinnerungsschichten anreichern, bis Sie einen wunderschönen Wandteppich der Tier- und Pflanzenwelt Ihrer Heimat geschaffen haben.

Überdenken Sie Ihre Ernte

Wenn der Winter mit seinen langen Nächten und kurzen Tagen auf uns zukommt, wendet unsere Aufmerksamkeit sich nach innen. Jetzt beginnt eine Phase der Selbstbeobachtung.

Wenn wir uns mit unserem Unterbewusstsein, der Mythologie des Jahresrads und den großen Themen des Lebens beschäftigen, die sich in der Natur widerspiegeln, gewinnen unsere Gedanken allmählich immer mehr an Tiefe. Mit jedem Jahr und jedem Sabbat, der vergeht, erfahre ich etwas Neues über den Jahreskreis und über mich selbst; und nach zwanzigjähriger Erfahrung als Hexe ist mir inzwischen tatsächlich klar geworden, dass ich als Anfängerin sterben werde.

Indem wir uns am Jahresrad orientieren und uns auf einen nahezu ununterbrochenen Kreislauf der Expansion und des Erwerbs von Weisheit einlassen, lernen wir mehr über uns selbst und unseren Platz in der Welt und gewinnen ein zunehmendes Gefühl inneren Gleichgewichts und Vertrauens. Wenn wir einen geschärften Blick für unsere persönlichen Zyklen, Sorgen und Probleme entwickeln, haben wir oft nicht mehr so viel Angst vor ihnen, wenn sie wieder von vorn anfangen. Ein alter Freund von mir bezeichnete das als »Lebenswäsche«. Dadurch, dass wir uns an jedem Sabbat mit einem bestimmten Thema beschäftigen, sortieren wir die Stapel unserer Probleme, sodass wir sie ein bisschen leichter bearbeiten können. Vielleicht stellen Sie fest, dass ein und derselbe Sabbat jedes Jahr eine etwas andere Färbung hat, wenn Sie diese Themen erneut durcharbeiten und dabei immer wieder neue Bedeutungsebenen entdecken.

Nehmen Sie sich nun wieder ein bisschen Zeit für Ihr Tagebuch und stellen Sie sich für diesen Sabbat folgende Fragen:

- Was haben Sie dieses Jahr geerntet?
- Wird es ausreichen, um den Winter zu überstehen?
- Inwieweit soll Ihr Leben so bleiben, wie es ist, und was würden Sie daran gerne verändern?
- In welchen Bereichen Ihres Lebens haben Sie das Gefühl, ein gewisses Gleichgewicht erreicht zu haben?
- Wie könnten Sie mit dem Gefühl umgehen, dass das Leben immer weiterfließt?

Hier noch ein paar weitere Ideen, wie Sie die Herbst-Tagundnachtgleiche feiern und Ihre Perspektive verändern können:

- Besuchen Sie eine Obstplantage (falls es in Ihrer Gegend eine gibt), um ein bisschen Zeit bei den Apfelbäumen zu verbringen und ein paar Äpfel zu ernten (natürlich nur mit Erlaubnis des Eigentümers).
- Dankbarkeitslisten bieten Ihnen Gelegenheit, eine andere Art von Ernte zu feiern. Listen Sie in Ihrem Tagebuch oder Notizbuch sieben Dinge auf, für die Sie dankbar sind.
- Inneres Gleichgewicht kann man oft dadurch erreichen, dass man sich um seine physische Umgebung kümmert.

Eine kleine Entrümpelungsaktion kann dazu beitragen, stagnierende Energie zu vertreiben und ein bisschen mehr ins Gleichgewicht zu kommen. Vielleicht ist es an der Zeit für einen kleinen »Herbstputz« in Ihrem Haus oder Ihrer Wohnung!

- Speisen und Getränke mit Äpfeln: Stellen Sie Apfelwein, Apfelchutney, Apfelgelee oder – noch besser – Apfel-Brombeer-Crumble her.
- Bereiten Sie ein herbstliches Festmahl mit Beeren, Nüssen und Gemüse der Saison und (falls Sie Fleisch essen) Wild zu. Zusammen mit Freunden Apfelkuchen, Apfelmost, Apfelgeist und Apfelsaft zu genießen, ist eine wunderbare Art, die Gaben einer einzigen Frucht zu feiern.
- Stellen Sie zur Herbst-Tagundnachtgleiche einen Altar auf, setzen Sie sich davor und lesen Sie Herbstgedichte. Sie können zum Beispiel mit John Keats beginnen, dessen Herbstgedicht am Anfang dieses Kapitels steht.
- Gehen Sie im Wald spazieren und schlurfen Sie mit den Füßen durch das Herbstlaub (ja, das gehört dazu!).

Zum Ausprobieren: Ein Ritual zur Feier der Herbst-Tagundnachtgleiche

Denken Sie im Vorfeld dieses Rituals über die Themen nach, die wir in diesem Kapitel und den dazugehörigen Übungen behandelt haben. Wann und wo brauchen Sie Stille in Ihrem Leben? In welchen Lebensbereichen würden Sie sich mehr innere Einkehr oder Expansion nach außen wünschen? Wie könnten Sie zur Zeit der Herbst-

Tagundnachtgleiche ein Gefühl des Fließens und der Leichtigkeit entwickeln? Sind Sie angesichts des nahenden Winters bereit, sich in die Dunkelheit zurückzuziehen – den Ort Ihrer Ängste, aber auch Ihrer Träume?

Für dieses Ritual brauchen Sie:

- Eine schwarze Kerze
- Ihren Altar, der (wenn möglich) im Westen stehen und mit einem schwarzen Altartuch geschmückt sein sollte
- Einen Apfel (Sie können für dieses Ritual jede beliebige Herbstfrucht verwenden, die in Ihrer Umgebung wächst; aber es funktioniert am besten mit einer Frucht, die fest ist und eine essbare Schale hat)
- Einen Cocktailspieß oder Zahnstocher
- So viele Kerzen, wie Sie möchten, um den Raum zu dekorieren
- Etwas Grün der Saison, um den Raum und Ihren Altar damit zu schmücken
- Eine Handvoll Herbstlaub
- Einen Marker – das muss nicht unbedingt ein Permanent Marker sein. Wir werden bei diesem Ritual etwas auf die Herbstblätter schreiben, und es macht nichts, wenn die Worte unleserlich sind – Sie werden trotzdem wissen, was dort steht.
- Ein Glas Apfelsaft oder Apfelmost

Bereiten Sie Ihren Ritualraum auf die übliche Weise vor – reinigen Sie sowohl sich selbst als auch den Raum innerlich und äußerlich.

Dekorieren Sie Ihren Altar so, wie es Ihnen gefällt: Bedecken Sie ihn mit dem Altartuch, stellen Sie die schwarze Kerze in die Mitte und arrangieren Sie das Grün der Saison und das Herbstlaub außen herum. Ich stelle zum Beispiel gern eine Vase mit Pflanzen der Saison hinter die Kerze (natürlich nicht so nah, dass die Pflanzen in Brand geraten könnten). Wenn Sie können, stellen Sie Ihren Altar in die westliche Ecke des Ritualraums – das ist die diesem Sabbat entsprechende Himmelsrichtung.

Zu Beginn des Rituals erden Sie sich mit drei tiefen Atemzügen. Zünden Sie die Teelichter oder Kerzen an und kehren Sie dann zu Ihrem Altar zurück. Wenn Sie können, setzen Sie sich im Schneidersitz davor wie der gehörnte Gott auf dem Gundestrup-Kessel. Dann sagen Sie:

Noch ein kurzer Moment des Innehaltens im Tanz,
Wenn der Herbst mit seinem kalten Wind zu mir hereinweht.
Vor mir die Waage des Gleichgewichts;
Hinter mir die Sommersonne.
Welchen Weg werde ich einschlagen?
Nach Westen, der untergehenden Sonne entgegen.

Halten Sie die Herbstblätter in der Hand und fahren Sie fort:

Die Bäume in ihrem schönsten Gewand
Erinnern mich an alles, was ich loslassen muss,
Und zwischen den Ästen sitzen Juwelen.
In diesem Augenblick gebe ich mir mein Versprechen.

Zünden Sie die schwarze Kerze an und meditieren Sie ein paar Minuten lang über die Flamme. Denken Sie an alles, was Ihnen nicht mehr förderlich ist – was Sie loslassen müssen, um weiterzukommen. Machen Sie sich keine Sorgen, wenn Sie das als beängstigende Aufgabe empfinden. Es ist ganz natürlich, dass wir uns unbewusst an unsere alten, eingefahrenen Muster klammern; sie loszulassen, kann uns schon ein bisschen Angst machen. Doch statt sich davor zu fürchten, denken Sie lieber daran, dass das ein Akt der Selbstbefreiung ist.

Nehmen Sie den Stift zur Hand, und schreiben Sie auf jedes Herbstblatt den Namen von etwas, das Sie jetzt loslassen. Dann sagen Sie:

Ich rufe meine Lehrer und Götter an, diesem Ritual beizuwohnen
Und mich in meinem Entschluss zu bestärken.
Und ich verspreche mir Folgendes:
Ich liebe dich;
Ich glaube an dich;
Ich werde dich liebevoll umsorgen.

Wenn möglich, öffnen Sie an diesem Punkt des Rituals ein Fenster, werfen Sie die Blätter hinaus und lassen Sie sie vom Wind wegwehen. Falls Sie keinen Zugang zu einem Fenster haben, zerdrücken Sie die Blätter in Ihrer Hand, sagen »Ich lasse dich los – ich lasse dich los – ich lasse dich los« und lassen die Blätter bei diesen Worten zu Boden fallen. Wenn Sie das Bedürfnis haben, zusätzlich auch noch ein bisschen darauf herumzutrampeln, tun Sie es ruhig! Achten Sie darauf, am Ende des Rituals alle Überreste dieses Herbstlaubs zusammenzufegen und nichts davon zurückzulassen! Wenn Sie dieses Ritual im Freien durchführen möchten, besteht eine gute Alternative meiner Meinung nach darin, die Blätter auf einen hohen Hügel, Berg oder Aussichtspunkt zu bringen. Das Wichtigste bei dem Ritual ist, dass Sie diese Energie auf irgendeine Weise loslassen müssen. Lassen Sie sie nicht in der Luft hängen.

Wenn Sie fertig sind, atmen Sie dreimal tief durch. Spüren Sie, dass sich etwas verändert hat? Falls ja, nehmen Sie diesen Unterschied einfach wahr, ohne ein Urteil darüber zu fällen.

Erheben Sie das Glas Saft oder Apfelmost und sagen Sie:

Möge ich die Süße des Glaubens an mich selbst
Treuhänderisch verwahren
Im Vertrauen auf diese Ernte
Das ist mein Versprechen an mich selbst

Dann trinken Sie aus dem Glas in dem Wissen, dass Sie auf dem richtigen Weg sind.

Bleiben Sie kurz vor dem Altar stehen, und konzentrieren Sie sich auf die Qualitäten, die Sie nun anstelle der vorherigen Eigenschaften entwickeln möchten. Fassen Sie sie in einzelne Worte.

Dann nehmen Sie den Apfel und den Zahnstocher zur Hand und schreiben Sie diese Wörter auf den Apfel. Konzentrieren Sie sich dabei darauf, wie Sie sich fühlen werden, wenn Sie diese Eigenschaften besitzen. Wie wird die Welt dann aussehen, riechen, schmecken, klingen und sich anfühlen?

Wenn Sie alles, was Sie sich wünschen, auf Ihren Apfel geschrieben haben (Sie können so viele Wünsche aufschreiben, wie darauf Platz finden), schauen Sie ihn sich genau an. Sehen Sie, wie der Fortschritt, den Sie beschrieben haben, sich vor Ihrem inneren Auge entfaltet, und sagen Sie:

Ich spüre die Süße des Glaubens an mich selbst
Jeder Schritt nach vorn
Neigt die Waagschale ein bisschen mehr zu meinen
Gunsten
Ich erhebe Anspruch auf das, was mir gehört
So wie der Jäger seine Beute markiert
Ich jage meine Träume so lange
Über die nächtliche Waldlichtung
Bis sie sich erfüllen

Dann essen Sie den Apfel und stellen sich dabei vor, wie Sie die erwünschten Qualitäten zusammen mit den Nährstoffen aus der Frucht in sich aufnehmen.

Am Schluss beenden Sie dieses Ritual mit einem einfachen:

Und so ist es.

Halten Sie in Ihrem Tagebuch alle Gedanken und Eindrücke fest, die Sie von diesem Sabbat mitnehmen möchten. So können Sie Ihre Fortschritte in den kommenden Wochen dokumentieren und beobachten, was sich entwickelt.

Aber machen Sie sich keine Sorgen, wenn das alles ein bisschen Zeit braucht, um Wirklichkeit zu werden – die Ergebnisse magischer und innerer Arbeit sind oft sehr subtil. Vertrauen Sie einfach darauf, dass sich etwas verändert!

Während Sie sich vom Spätsommer in den Frühherbst und schließlich in Richtung Winter bewegen, denken Sie daran, wie weit Sie auf Ihrem Weg inzwischen schon gekommen sind und wer Ihnen dabei geholfen hat. Wir haben uns anlässlich der Herbst-Tagundnachtgleiche eine Zeit lang mit den Konzepten der Einsamkeit und der Expansion befasst; aber kein Mensch existiert allein auf der Welt. Wenn das Jahresrad sich weiterdreht und den nächsten Sabbat – Samhain – erreicht, inspiriert es uns zu einer wichtigen Aufgabe: all der Menschen zu gedenken, die vor uns von dieser Welt gegangen sind.

ACHT

Nacht zum 1. November oder Samhain

31. Oktober (Nördliche Halbkugel)
1. Mai (Südliche Halbkugel)

Wie könnt ihr so still liegen? Den ganzen Tag schau ich hin
Und nie rührt sich nur ein Halm in all dem grünen Gras,
Zu zeigen, wo ihr ruhelos euch hin- und herwälzt,
Oder einen Arm verzweifelt ausstreckt oder Knie anzieht,
Versteift und schmerzend von ihrem langen Nichtgebrauch;
Ich schaue die ganze Nacht und nicht ein Geist steigt herauf,
Um seine Freiheit in der Mitternachtsstunde zu holen.
Oh, spürt ihr keine Rebellion in euren Knochen?
Selbst die Würmer müssen euch verspotten, die ihr ruht,
Ein bleiches, schimmelndes, abscheuliches Volk,
Unterwürfige Bewohner vergötterter Gräber.

Adelaide Crapsey

THEMEN: Ehrung unserer Vorfahren, Tod
PLANET: Saturn
HIMMELSRICHTUNG: Nordwesten
TAROTKARTE: Der Tod
ASTROLOGIE: Skorpion

Das Ende des Oktobers bringt uns Samhain (SAU-en, SAH-uen oder SAU-in ausgesprochen). Nach Beltane ist dies wohl der bekannteste Sabbat. Samhain ist auch meine persönliche Lieblingsstation auf dem Jahresrad – und zwar nicht das kommerzialisierte Halloween-Fest mit Plastikkürbissen und Nylonhexenhüten, sondern die nachdenkliche, besinnliche Variante.

Samhain ist ein uraltes Fest: Es lässt sich 2 000 Jahre – also wirklich bis in graue Vorzeit – zurückdatieren. In der irischen Mythologie war das die Zeit des Jahres, in der sich die geheimen Türen zwischen der Welt der Menschen und der Welt der Feen öffnen konnten. In anderen Regionen der Britischen Inseln kursierten Geschichten über Menschen, die an diesem Tag von Feen in die Irre geleitet wurden – die sich im Nebel verliefen und siebzig Jahre später, ungealtert und unverändert, wieder zurückkehrten. In dieser Nacht lagen die Welt der Lebenden und die Welt der Toten einander angeblich besonders nahe und die Seelen der Verstorbenen kehrten auf die Erde zurück.

Bei diesem Fest geht es also darum, wie wir den Tod sehen und wie wir unsere (familiären oder geistigen) Vorfahren ehren. Sich mit solchen Themen auseinanderzusetzen, ist kein

Zuckerschlecken; daran ist nichts Romantisches – aber ich persönlich finde es sehr viel aufbauender, und es bringt auch eher eine Saite in meinem Inneren zum Klingen als noch so viele »Gesegnet sei«-Hexengrüße, denn wenn man sich über solche Themen Gedanken macht, kann man viel daraus lernen.

Bevor wir jedoch in dieses Kapitel einsteigen, möchte ich darauf hinweisen, dass die Begrifflichkeiten rund um dieses Fest manchmal problematisch sind (wenn auch wahrscheinlich nicht ganz so problematisch wie die Namen »Mabon« und »Lughnassadh«, die später völlig willkürlich in das Jahresrad eingefügt worden sind). Manche Heiden sind der Meinung, dass einem die Verwendung des Wortes »Samhain« als kulturelle Aneignung ausgelegt werden könnte, wenn man nicht keltischer Herkunft ist. Die Sprache kann in vielerlei Hinsicht Barrieren zwischen uns Menschen errichten; und auch wenn es vielleicht nicht ganz einfach ist, hier zu einem Konsens zu gelangen, sollte man sich dieser Problematik doch zumindest bewusst sein.

Ich verwende die Begriffe »Samhain« und »Nacht zum 1. November« in diesem Kapitel synonym, denn in meiner Wicca-Tradition ist das so üblich; und da die Heimat meiner Vorfahren väterlicherseits südlich von Leith liegt, fühlt sich das für mich richtig an.

Unserer Sterblichkeit ins Gesicht sehen

Wir befinden uns nun in der dunklen Hälfte des Jahresrads, die von der männlichen Gottheit – dem Gott des Todes und der Auferstehung – beherrscht wird: Dieser Gott erwartet uns am

Tor zwischen der Welt der Lebenden und der Toten. Unsere dichterischen und sakralen Texte für die Nacht zum 1. November gehen ausführlich auf dieses Thema ein; sie sprechen von der sanften Umarmung des Todes, die uns alle erwartet.

Die Themen Tod und Auferstehung kommen in den alten Mythen und Legenden besonders häufig vor, wenn es darum geht, dem unvermeidlichen Wintereinbruch in die Augen zu sehen, bevor im Frühjahr wieder neues Leben erwacht. Im alten Ägypten gibt es die Sage von der Göttin Isis und ihrem Gemahl Osiris, den sein Bruder Seth in einem Anfall von Eifersucht ermordet. Osiris wird daraufhin in den Gott der Unterwelt verwandelt und gilt als Gott des Todes und der Auferstehung – seine grüne Hautfarbe steht für seine Fähigkeit, dem Land Fruchtbarkeit zu bringen.

In der griechischen Götterwelt gibt es ein ganz ähnliches Motiv: die Sage von Demeter und Persephone. Während Persephone auf der Wiese Blumen malt, wird sie von Hades, dem griechischen Gegenstück zu Osiris, in die Unterwelt entführt. Das stürzt ihre Mutter Demeter, die Göttin der Natur, in tiefe Trauer. Schließlich gelingt es Demeter, ihre geliebte Tochter zu retten. Da Persephone jedoch während ihres Aufenthalts im Hades dazu überlistet worden war, sechs Granatapfelkerne zu essen, muss sie von da an jedes Jahr für sechs Monate in die Unterwelt zurückkehren. Während dieser Zeit versinkt Demeter erneut in tiefe Trauer und lässt den Winter in die Welt einkehren.

Früher war dieser Sabbat eine Zeit, in der sich die Menschen zwangsläufig mit ihrer eigenen Sterblichkeit auseinandersetzen mussten, da nicht jeder den kommenden Winter lebend überstehen würde. Doch auch wenn wir es – wie manche Menschen vielleicht sagen würden – inzwischen gewohnt sind, solche Gedanken auf ungesunde Weise zu verdrängen, ist der Tod doch immer noch allgegenwärtig, denn er ist ein natürlicher Bestandteil des Lebens. Wenn Sie schon mal einen geliebten Menschen verloren haben oder in einem Bereich arbeiten, in dem der Tod an der Tagesordnung ist (zum Beispiel im Gesundheitswesen), werden Sie das verstehen. Die Konfrontation mit dem Tod ist eine notwendige Lebenserfahrung, die uns für immer verändert.

Samhain ist aber auch die Zeit der Bluternte. Wie wir gesehen haben, gab es traditionell drei Ernten, mit denen die Menschen sich auf den Winter vorbereiteten: die Getreideernte zu Lammas, die Obsternte zur Herbst-Tagundnachtgleiche und nun die Bluternte, bei der das Vieh geschlachtet wurde. »Bluternte« mag sich wie eine Szene aus einem Horrorfilm anhören; doch eigentlich handelt es sich dabei um eine ganz logische, praktische Vorbereitungsmaßnahme auf die kalte Jahreszeit in ländlichen Gemeinden: Das Fleisch wurde eingesalzen, um es für den Winter zu konservieren und die dringend benötigten Nahrungsvorräte anzulegen. Das Schlachten war aber auch deshalb wichtig, damit die ärmeren Viehbesitzer ihre Tiere während der kargen Jahreszeit nicht füttern und in Ställen unterbringen mussten. Samhain war also der letzte Zeitpunkt im Jahr, an dem man frisches Fleisch essen konnte.

Eine beliebte Redewendung beschreibt Samhain als die Zeit, »wenn die Schleier dünn sind« – eine Nacht, in der die Seelen, die unsere physische Welt verlassen haben, zurückkehren und auf der Erde umherwandern, uns Menschen sehen und auch von uns gesehen werden können. Im Internet werden Sie viele

Hinweise darauf finden, dass es sich dabei um eine alte keltische Tradition handelt. Doch auch wenn ich diesen Gedanken wunderschön finde, fürchte ich, Ihnen auch hier wieder eine Illusion rauben zu müssen: Die Vorstellung, dass die Toten uns besuchen kommen, ist zwar uralt; doch bei den »Schleiern« handelt es sich wahrscheinlich um eine moderne Erfindung.

Nach Ansicht von Adrian Bott, der sich in seinen Büchern mit den historischen Ursprüngen heidnischer Ideen und Rituale beschäftigt, gibt es in der vorviktorianischen Zeit keinerlei Hinweise darauf, dass die Schleier zwischen den Welten an Samhain besonders dünn sind: Dabei handelt es sich vielmehr um eine Idee, die erst später aus der spiritistischen Weltsicht heraus entstanden ist: Der früheste Hinweis, den Bott auf diese Vorstellung gefunden hat, stammt aus Ralph Whitlocks im Jahr 1979 erschienenem Buch *In Search of Lost Gods: A Guide to British Folklore*. Bott ist der Meinung, dass es für die alten Kelten keinen Unterschied zwischen der Welt der Lebenden und der Geisterwelt gab, da die Gottheiten für sie nicht auf anderen Ebenen, sondern an physischen Orten existierten. Dadurch wird die Vorstellung, dass es Schleier zwischen Menschen und Göttern gibt, unsinnig. Oder wie Bott schreibt:

> *Je weniger man daran glaubte, dass die Welt etwas Magisches ist, umso notwendiger wurde es, von einer Trennung zwischen unserer Welt und dem Reich der Wunder auszugehen … Zusammenfassend kann man sagen, dass Samhain keine Zeit ist, in der der Schleier dünner wird, denn in den alten Sagen gab es niemals einen Schleier; überall war Magie.*

Das soll, wie Bott anschließend ausführt, keine Kritik an solchen Ideen sein. Wenn Ihnen eine bestimmte Sage oder Überlieferung besonders am Herzen liegt, können Sie sie trotzdem genießen, auch wenn Sie ihre wahrscheinlichen Ursprünge kennen.

Dunkelheit und Stille

Samhain markiert den Zeitpunkt, an dem wir in die dunkle Hälfte des Jahres eintreten. In vielen Ländern sind die Uhren jetzt um eine Stunde zurückgestellt worden, die Nächte werden länger und die Morgendämmerung kommt jeden Tag ein bisschen später. Die Natur wendet sich nach innen – die Welt schimmert in Bernsteintönen, und die ersten Winterstürme stehen vor der Tür. Die Hecken bieten eine reiche Ausbeute an Schlehen, Hagebutten, Vogel- und Weißdornbeeren, die einer uralten Pflanzenweisheit zufolge erst nach dem ersten Frost geerntet werden sollten. Bald wird ein kalter Wind durch die Zweige wehen, während im Unterholz kleine Tiere im Herbstlaub rascheln. Die Bäume haben ihre Blätter inzwischen größtenteils abgeworfen und wenden ihre Energie nach innen, um den bevorstehenden harten Winter zu überstehen. Doch sie tun dies in der Erwartung, dass das Jahresrad sich weiterdrehen wird – dass selbst auf die dunkelste Nacht irgendwann wieder der Frühling folgt und sie dann wieder neue Blätter austreiben. Wenn Sie genau hinschauen, können Sie an vielen Bäumen bereits die fest zusammengerollten Knospen der Blätter für nächstes Jahr erkennen, die nur darauf warten, dass ihre Zeit kommt.

Nun breitet sich allmählich eine Stille und nach innen gerichtete Konzentration auf der Welt aus, die uns den ganzen Winter hindurch begleiten wird. Statt sich darüber zu ärgern, dass diese Veränderung Ihr gewohntes schnelles Lebenstempo stört, sollten Sie lieber versuchen, sich von allen Erwartungen zu lösen und die Stille einzuatmen. Denn Stille bringt innere Ruhe, und diese Ruhe bringt wiederum Einsicht. Einsicht führt zu Verständnis und Verständnis führt zu Weisheit und schenkt Ihnen wieder ein Gefühl neuer Sinnhaftigkeit.

Genau das ist der Haken bei der Sache, wenn man im Einklang mit der Natur lebt: Wenn wir ein achtsameres Leben führen, brauchen wir manchmal ein bisschen Geduld, bis die Einsicht kommt. Eigentlich hat es keine Eile; aber wir reden uns ein, dass wir schnell ans Ziel kommen müssen (worin auch immer dieses »Ziel« bestehen mag).

In den Tagen vor Samhain möchte ich Sie dazu ermuntern, Ihr Leben zu entschleunigen, tief durchzuatmen, die Augen zu öffnen und die Schönheit des Herbstlaubs und die Formen und Muster der Zweige, die beim Abfallen der Blätter zum Vorschein kommen, mit einem Gefühl des Staunens zu betrachten. Halten Sie inne und lauschen Sie auf das Gezwitscher der wenigen daheimgebliebenen Vögel – zum Beispiel der Rotkehlchen –, das über das Dröhnen des Verkehrslärms hinweg gerade noch zu hören ist. Bleiben Sie auf der Straße stehen und betrachten Sie die über den Himmel ziehenden Wolken oder die Pilze unter den Bäumen. Machen Sie sich nichts daraus, wenn Passanten Ihnen spöttische Blicke zuwerfen: Wahrscheinlich haben diese Leute die Schönheit, die uns auf Schritt und Tritt umgibt, längst vergessen.

Zum Ausprobieren: Rezept für Hagebutten-Gin

Das hier ist eines meiner Lieblingsrezepte. Doch wenn Sie keine Hagebutten (Samenkapseln der Heckenrose oder *Rosa canina*) finden können, aber dafür Schlehen haben: kein Problem – ich selbst halte mich auch nur selten genau an ein Rezept, sondern ersetze die Zutaten oft durch irgendetwas anderes, was ich gerade zur Hand habe. Zum Beispiel lässt sich dieses Rezept mit Wodka genauso gut zubereiten wie mit Gin.

Machen Sie einen Spaziergang an den Hecken entlang, und schauen Sie, was Sie finden können. Die letzten noch verbliebenen Beeren sind eine wichtige Nahrungsquelle für Vögel. Also ersetzen Sie bitte alles, was Sie ernten, durch die dreifache Menge einer Alternative – wenn Sie beispielsweise eine Tasse Hagebutten sammeln, lassen Sie dafür drei Tassen Vogelfutter zurück.

Für dieses Rezept brauchen Sie:

- Ungefähr 500 g reife Hagebutten (oder Schlehen, Zwetschgen usw.)
- 250 g Zucker
- 1 Liter Gin (oder Wodka)
- Eine 2-Liter-Flasche oder ein 2-Liter-Glas (oder zwei 1-Liter-Gläser)

Wenn Sie Ihre Hagebutten gesammelt und die Vögel gefüttert haben, waschen Sie die reifen Früchte gründlich und legen Sie sie über Nacht in den Gefrierschrank, damit die Schalen aufplatzen. Sie können sie auch mit einem Cocktailspieß einstechen oder im Mörser leicht zerstoßen.

Am nächsten Tag geben Sie die gefrorenen Hagebutten in eine Flasche oder ein Glas und fügen den Zucker hinzu. Gießen Sie den Gin darüber, schütteln Sie alles gut durch, damit der Zucker sich auflöst, und bewahren Sie die Mischung dann an einem kühlen, dunklen Ort auf. Schütteln Sie sie in der ersten Woche einmal pro Tag kräftig und lassen Sie sie dann circa zwei Monate lang »ziehen«. Wenn ich den Hagebutten-Gin an Samhain herstelle, ist er rechtzeitig zur Wintersonnenwende fertig.

Sobald der Gin gereift ist, können Sie die Hagebutten abseihen und den Gin in eine andere Flasche abfüllen (wenn Sie möchten). Ich lasse ihn oft einfach so, wie er ist, weil ich die Hagebutten oder Beeren gern darin herumschwimmen sehe.

Den Verlust eines geliebten Menschen betrauern

Meine eigene Beziehung zu Samhain hängt eng mit Kummer und Trauer zusammen. Als ich noch relativ jung war, starb meine Mutter ganz plötzlich an einer sehr aggressiven Form von Krebs – für mich ein katastrophaler Verlust. Nach ihrem Tod verbrachte ich den größten Teil des ersten Jahres in einem Zustand der Amnesie; ich vergaß das meiste von dem, was um mich herum geschah, und wurde oft von heftigen Weinkrämpfen geschüttelt, die mich völlig lähmten. Ich erlebte etwas, das ich nur als eine Aushöhlung meiner Persönlichkeit beschreiben kann: Mit meiner Mutter war auch meine eigene Identität gestorben. Ich konnte mich nicht mehr daran erinnern, was für Kleidungsstücke ich gerne trug, was ich gern aß oder was mir Spaß machte. Ich hatte alles außer ihr vergessen.

Auf meinem eigenen Weg als Hexe nach Antworten zu suchen, brachte mir kaum Linderung, denn damals gab es nicht viele heidnische Texte zum Thema Trauer und Verlust. Daher war es sehr schwierig für mich, das, was damals mit mir geschah, im Kontext meiner Spiritualität zu verstehen, sodass ich mich dabei auf mein eigenes inneres Wissen stützen musste – auf ein Wissen, das aus gelebter Erfahrung stammt. Die öffentliche Seite des heidnischen Lebens konzentriert sich oft in erster Linie auf die glücklicheren Aspekte des Daseins; doch wenn man seine eigene Mutter sterben gesehen hat und dem Tod so nahe gekommen ist, dass man seinen Atem auf der Wange spüren konnte, dann können keine noch so vielen Kräutersäckchen oder Kristalle einen dazu bringen, sich wieder zu fassen. Ich versuchte zu schreiben, aber die Worte hatten aufgehört zu fließen; ich versuchte zu malen, konnte aber nur schwarze Farbe auf die Leinwand schmieren. Mein Lehrer hatte mir immer gesagt, dass die Sprache des Rituals die Poesie ist; also suchte ich dort nach Trost.

Letzten Endes haben mich in den Wochen, Monaten und Jahren meines Kummers die Naturschriftsteller (die ich als meine Naturmystiker bezeichne) getröstet. Mary Webb erlitt mit über 30 Jahren, als ihr Vater starb, einen ähnlichen Anfall verzweifelter Trauer wie ich. Das Gleiche erlebte D. H. Lawrence nach dem Tod seiner Mutter, und er verfasste einige der erschütterndsten (aber gleichzeitig auch seelentröstendsten)

Trauergedichte, die die Menschheit hervorgebracht hat. Eines meiner Lieblingsgedichte, das ich mir an Samhain immer wieder gern zu Gemüte führe, ist Lawrences »The Ship of Death«. Darin befasst er sich mit dem Tod und der Wiedergeburt des Ichs, die mit jedem Trauerprozess unweigerlich einhergehen.

Jetzt ist es Herbst – die Zeit der fallenden Früchte
und der langen Reise in die Vergessenheit.
Die Äpfel fallen wie große Tautropfen zu Boden,
um sich einen Ausgang aus sich selbst herauszuquetschen.
Und es ist Zeit zu gehen, Abschied zu nehmen
von seinem eigenen Ich, und einen Ausgang zu finden
aus dem gefallenen Ich.
Hast du dein Todesschiff schon gebaut? Nein?
Dann bau das Todesschiff, denn nun musst du
die längste Reise antreten, in die Vergessenheit.
Und den Tod sterben, den langen, schmerzhaften Tod
zwischen altem und neuem Ich.

Wenn die Trauer uns einholt, verändert sie uns unwiderruflich und auf deutlich sichtbare Weise. Sie macht uns klar, dass die Kontrolle, die wir über unser Leben und unsere Lieben zu haben glaubten, bestenfalls nur für kurze Zeit andauert und schlimmstenfalls eine Illusion ist. Aber es gibt ein Zitat, das mir um diese Jahreszeit in den Sinn kommt, auch wenn ich es nicht zuordnen kann (Antworten bitte auf einer Postkarte an mich schicken, falls Sie es kennen!): »Im Herbst zeigen die Bäume uns, wie schön es ist, alles Tote gehen zu lassen.«

Ehrung der Toten

Samhain bot mir einen Orientierungspunkt – einen Ort, an dem ich innehalten und wieder mit meiner Mutter in Kontakt treten konnte, um sie dann loszulassen in dem Glauben daran, dass wir eines Tages wieder miteinander vereint sein würden. Ich begann Räucherwerk für sie herzustellen und zu verbrennen – unter freiem Himmel, in der Hoffnung, dass der Rauch ihr meine Liebesbotschaft überbringen würde, wo auch immer sie jetzt war. Schließlich begann ich wieder zu schreiben. Samhain ist die Zeit, in der wir der Menschen gedenken, die von uns gegangen sind, in dem Wissen, dass eine weitere Umdrehung des Jahresrads uns diesen Gedenktag wieder zurückbringen wird.

In Hexenzirkeln bringen wir um diese Zeit Bilder oder andere Erinnerungen an unsere Lieben mit und praktizieren Rituale zu Ehren unserer Vorfahren. Ich möchte sogar noch einen Schritt weiter gehen und sagen, dass wir die Verstorbenen, die wir verehren, zwar zu jeder Jahreszeit zu unseren Zusammenkünften einladen; aber in der Nacht zum 1. November würden wir nicht im Traum daran denken, ein Ritual ohne sie abzuhalten.

Schaut man sich auf der Welt um, so ist dies einer jener Augenblicke, die besonders tief im »kollektiven Unbewussten« der Menschen verankert zu sein scheinen; denn in vielen Kulturen finden im Herbst Feste und Rituale statt, die alle ein gemeinsames Thema haben: die Verehrung unserer Vorfahren und das Gedenken an unsere Toten.

Ein Mann aus Oberägypten hat mir einmal erzählt, dass Familien in seiner Heimatgemeinde in der Nähe von Luxor um diese Jahreszeit auf den Friedhof gehen und dort eine Mahlzeit einnehmen, um gemeinsam mit ihren Vorfahren zu essen. Sogar aus der Zeit des Römischen Reichs gibt es Berichte über ein Fest namens Feralia, bei dem man die *Lemuren* feierte – jene ruhelosen Geister der Toten, die besänftigt werden mussten, damit sie kein Unheil anrichteten. Und obwohl dieses Fest nicht in dieselbe Jahreszeit fiel wie Samhain, ist es im Zuge der Ausbreitung des Römischen Reichs wahrscheinlich mit keltischen und druidischen Praktiken verschmolzen. In den romanischen Kulturen gehen die Familien sehr aktiv mit dem Gedenken an ihre Toten um, indem sie zum Beispiel bei Besuchen auf dem Friedhof das Lieblingsgetränk des verstorbenen Menschen als Opfergabe über seinem Grab ausgießen.

In Mexiko ist der Día de los Muertos (Tag der Toten) kein Tag tiefer Trauer, sondern ein Tag fröhlichen Feierns (und je mehr Abstand ich zum Verlust meiner eigenen Hinterbliebenen gewinne, desto mehr weiß ich diesen festlichen Aspekt zu schätzen). Die seligen Vorfahren werden mit *calaveras* – Darstellungen des menschlichen Schädels, die uns an unseren eigenen bevorstehenden Tod erinnern – und leuchtend gelben Studentenblumen gefeiert. Zu Hause werden Altäre hergerichtet, auf die man *ofrendas* (Opfergaben) stellt, die normalerweise aus den Lieblingsspeisen und -getränken der Verstorbenen bestehen. Hier hat die Tradition des »stummen Abendmahls« ihren Ursprung, bei dem die Familie zusammenkommt, um zu essen, und dabei auch ein Gedeck für den verstorbenen geliebten Angehörigen auflegt. Seit einigen Jahren finden auch Umzüge statt, bei denen die Menschen als Skelette verkleidet auf die Straße gehen. All diese Festlichkeiten dienen dazu, mit den Menschen in Verbindung zu treten, die von uns gegangen sind, und sie wieder in unserem Leben präsent werden zu lassen, während wir gleichzeitig unsere eigene Sterblichkeit akzeptieren.

Die christlichen Religionen feiern All Hallows' Eve oder Allerheiligen am 1. November zu Ehren der christlichen Märtyrer. Man nimmt an, dass Allerheiligen mindestens bis zum Jahr 800 n. Chr. zurückgeht, als die Kirchen in Irland und Northumbria diesen Tag feierten. Andere Experten sind der Meinung, das Fest habe fränkische Ursprünge, obwohl es für all diese Theorien keine eindeutigen Belege gibt.

Historisch gesehen war Allerheiligen auf den Britischen Inseln schon vor dem Aufkommen des Christentums ein wichtiger Feiertag – das letzte große Fest vor dem harten Winter. In Schottland hat der Protestantismus allerdings viele traditionelle Volksfeste, die die Menschen um diese Jahreszeit feierten, ausgelöscht.

Doch da, wo es in den Highlands noch kleine katholische Enklaven gab, überlebten einige dieser Traditionen. Dazu gehörten die vier Zeitpunkte im Jahr, an denen man die Häuser reinigte und die Feuer löschte und dann wieder neu anzündete – die Cross-Quarter-Tage, zu denen auch Samhain gehörte. Dann entzündeten die Bauern Lagerfeuer auf den Feldern, um sie zu reinigen. Zu den traditionellen Speisen, die man zu jener Zeit aß, gehörten Äpfel, Nüsse und Pastinaken; außerdem stellten die Menschen Rüben mit hineingeschnitzten Gesichtern in die Fenster, um die Geister zu vertreiben oder willkommen zu heißen. In Irland verkleideten sich die Menschen als Geister und gingen zwischen den Häusern umher. In Schottland gab es auch die Tradition, zwei große Freudenfeuer zu entzünden, zwischen denen die Menschen hin- und herliefen, um sich zu »reinigen«. In England sind diese Reinigungsfeuer erhalten geblieben, wurden aber mit den Guy-Fawkes-Festlichkeiten am 5. November zusammengelegt, in die laut Ronald Hutton viele Elemente der traditionellen Festtage eingeflossen sind.

An dieser Stelle möchte ich auf den »Elefanten im Raum« – oder besser gesagt: in diesem Kapitel – eingehen, den ich bisher nur kurz erwähnt habe: Halloween. Halloween hat seine Wurzeln zwar in Samhain; der Name selbst leitet sich aber vom christlichen Fest All Hallows' Eve (Allerheiligen) her.

Aufgrund der britischen Kolonialherrschaft in Irland und der verheerenden Kartoffelknappheit im Jahr 1845 waren viele Iren gezwungen auszuwandern; und so gelangte das Fest nach Amerika. Das Kürbisschnitzen entwickelte sich aus einer praktischen Notwendigkeit heraus: Die traditionellen Rüben gab es in der Neuen Welt nicht; daher ersetzte man sie durch Kürbisse, die dort in Hülle und Fülle wuchsen und wahrscheinlich ohnehin viel einfacher zu schnitzen waren als eine zähe alte Rübe.

Genau wie Weihnachten und der Weihnachtsmann ist auch die amerikanische Version von Halloween zu einem Schmelztiegel verschiedener kultureller Traditionen aus aller Welt geworden. In den letzten Jahren sind die Sitten und Gebräuche, die viele Menschen von Halloween her kennen, vor allem dank der Darstellung dieses Fests in der Populärkultur und seiner zunehmenden Kommerzialisierung auf wunderbar verschlungenen Wegen aus den USA über den Atlantik wieder zu uns zurückgekommen.

Im Hexenzirkel meiner Hohepriesterin wurde die Nacht zum 1. November manchmal als »Hallowe'en« bezeichnet; und das war auch das Fest, mit dem ich als Kind in meiner kleinen ländlichen Gemeinde mitten im Moor aufgewachsen bin. Wir besuchten Versammlungen in der Dorfhalle, wo Festlichkeiten wie beispielsweise Apfeltauchen und Kostümpartys stattfanden. Heutzutage ist »Süßes oder Saures« viel beliebter, obwohl dieser Halloween-Brauch in meiner Kindheit noch keine Rolle spielte, was vermutlich auch an der geografischen Lage unseres Dorfes lag. (Einmal beschloss ich, zusammen mit ein paar Freundinnen und Freunden an Weihnachten von Haus zu Haus zu gehen und Weihnachtslieder zu singen; aber da zwischen den Häusern mehrere Kilometer lagen, sind wir mehr gelaufen, als dass wir gesungen hätten.)

Doch auch wenn es zweifellos Spaß macht, Halloween zu feiern, hat dieses Fest sich doch zu einer sehr kommerziellen Angelegenheit entwickelt, bei der es vor allem um Kostümpartys und »Süßes oder Saures«-Spielen geht; und das ist etwas ganz anderes als Samhain. Denn bei Samhain handelt es sich nach wie vor um ein spirituelles Fest, an dem man den Seelen der Verstorbenen Ehrfurcht und Respekt erweist.

Mit unseren Vorfahren in Verbindung treten

Samhain bietet mir nicht nur eine willkommene Gelegenheit, innezuhalten und wieder mit meiner Mutter und anderen verstorbenen Angehörigen in Kontakt zu treten, sondern auch eine Möglichkeit, mich auf die Verbindung zu meinen Vorfahren im weitesten Sinn zu konzentrieren.

Wann immer das Leben uns dazu auffordert, uns von Grund auf neu zu kalibrieren, können unsere Vorfahren bei diesem Prozess eine sehr wichtige Rolle spielen. Ob Sie nun glauben, dass die Geister dieser Vorfahren Ihnen dabei tatsächlich helfen – was eher der wiccanischen Sichtweise entspricht, auch wenn jeder Wiccan dieses Phänomen aus einer etwas anderen Perspektive betrachtet –, oder ob Sie der Meinung sind, dass die Vorfahren Sie auf dieser Reise inspirieren oder Ihnen als Wegweiser dienen, spielt keine große Rolle.

Wenn Sie beim Blick auf Ihre biologischen Vorfahren ein Gefühl innerer Leere empfinden (vielleicht wurden Sie ja von Ihrer Familie getrennt oder aus Ihrer Heimat vertrieben), empfehle ich Ihnen, sich stattdessen dem zuzuwenden, was Armistead Maupin – der Autor der wunderbaren *Stadtgeschichten* – als »logische Familie« bezeichnet. Aus dieser Sicht können alle Menschen, die vor Ihnen (egal auf welche Art und Weise) den gleichen Weg gegangen sind wie Sie, zu Ihren »Vorfahren« gehören.

Ich habe zum Beispiel geistige Vorfahren, die aus meiner Tradition und meiner Wicca-Linie stammen. Während meines ersten Trauerjahrs studierte ich in der faszinierenden Buchhandlung »Treadwell's« in London Tarot bei Tomas D'Aradia. In dieser Zeit entwickelte es sich zum Witz der Woche, dass jedes Mal, wenn einer meiner Mitstudierenden mir die Karten zu legen versuchte, die Todeskarte auftauchte: Mit zähnefletschendem Grinsen winkte der Tod uns von seinem Pferd aus zu. Die Karte selbst steht für Enden aller Art, aber auch für die innere Wandlung, die man oft durchmacht, wenn man ein solches Ende akzeptiert und widerstandslos zulässt. Außerdem wird jedes Ende automatisch zu einem neuen Anfang. Manchmal wird diese Karte als »Tod und Neuanfang« oder »Übergang« interpretiert. Die Todeskarte hat mich mehrere Jahre lang auf Schritt und Tritt begleitet, und im Lauf der Zeit habe ich die Lektion dieser Tarotkarte gelernt, bis ich sie in all ihren Aspekten genau analysieren konnte.

Die Todeskarte ähnelt in gewisser Weise der Sechs der Schwerter, die ebenfalls einen Übergang darstellt. Diese Karte zeigt eine Reise über das Wasser, die an das »Todesschiff« in D. H. Lawrences Gedicht erinnert. Das war übrigens auch die Karte, die meine Initiation in Wicca einläutete – nicht alle Enden und Übergänge sind Tode im wortwörtlichen Sinn.

Und dann gibt es auch noch meine logischen Vorfahren, die die Natur genauso lieben wie ich: Mary Webb, D. H. Lawrence und andere Schriftstellerinnen und Schriftsteller, die sich bei ihrer Arbeit in erster Linie von der Natur inspirieren ließen (und deren Werke ich in dieser Zeit auf meinen Altar lege). Sowohl Webb als auch Lawrence hatten große gesundheitliche Probleme (Webb litt an der Basedow-Krankheit, Lawrence an Tuberkulose), hielten sich daher oft im Freien auf und genossen die Stille der Natur. Lawrence soll einmal gesagt haben:

> *Ich verliere mich zwischen den Bäumen. Ich bin so froh, bei ihnen zu sein in ihrer stillen, konzentrierten Leidenschaft und ihrer großen Lust. Sie nähren meine Seele.*

Man könnte sagen, dass die erzwungene Ruhe, die mit ihren kräftezehrenden Krankheiten einherging, wahrscheinlich zu der mikroskopischen Intensität beitrug, mit der Webb und Lawrence die Natur in all ihren Details beobachteten und dokumentierten. Als Naturschriftstellerin hätte ich mir keine besseren literarischen Vorfahren und Berater in Sachen Naturbeobachtung vorstellen können als sie.

Die tröstlichen Worte von Menschen, die vor uns von dieser Welt gegangen sind, können uns auf einem ansonsten einsamen Weg ein Gefühl innerer Verwandtschaft vermitteln. Um diese Jahreszeit kommt mir meine kleine Wohnung in London dank der vielen familiären und spirituellen Ahnengeister, die mich jetzt besuchen, manchmal ziemlich überfüllt vor. Als das Jahresrad in jenem ersten Jahr ohne meine Mutter die Station »Samhain« erreichte, fand ich endlich etwas Trost.

Die Zwänge unseres modernen Lebens können uns von unserem Land und unseren familiären Vorfahren wegführen. In solchen Fällen kann es sehr gut für Sie sein, nach den geografischen Vorfahren des Ortes, an dem Sie jetzt leben, zu suchen und mit ihnen in Verbindung zu treten; denn dann wird es Ihnen leichter fallen, an diesem Ort Wurzeln zu schlagen. Auch wenn ich nicht zu einer pauschalen kulturellen Aneignung raten würde und man sich stets respektvoll und rücksichtsvoll gegenüber den Menschen verhalten sollte, deren Kultur man erkundet, lernt man doch leichter, sich dort zu Hause zu fühlen, wo man sich gerade befindet, wenn man sich mit den Sitten und Gebräuchen der jeweiligen Region beschäftigt und dem *genius loci* anschließend eine geeignete Opfergabe darbringt.

Als ich nach London zog, kam ich mit dem Leben in der Stadt erst zurecht, nachdem ich beschlossen hatte, in meiner neuen Umgebung auf die Suche nach der Natur zu gehen. Schließlich fand ich im Grüngürtel von London Wälder, in denen ich spazieren gehen konnte. Sie spendeten mir Trost und halfen mir, mich in meiner neuen Heimat wohler zu fühlen. Bei einem Gespräch mit meinem Vater erzählte ich ihm von diesem Rückzugsort im Grünen.

»Wie heißt denn der Wald?«, fragte er. Als ich es ihm sagte, antwortete er, ohne dass seine Stimme große Gefühle verriet: »Dort habe ich als Kind mit John [seinem Bruder] gespielt.«

Das hat mich umgehauen. Ich wusste, dass Großvaters Familie aus Schottland nach London gekommen war, wo Opa meine Großmutter kennengelernt hatte, und dass die beiden während des Zweiten Weltkriegs ausgebombt und aus dem Londoner East End vertrieben worden waren. Damals zog meine Großmutter – allein, weil Großvater im Krieg war – mit ihren Söhnen in ein Haus in der Nähe meiner heutigen Wohnung in London. Man könnte das als Zufall abtun; aber diese Verbindung zur Vergangenheit hat mir geholfen, mich stärker in der Gegenwart und in dieser Stadt verwurzelt zu fühlen. Genau deshalb kann die Verehrung Ihrer Vorfahren – egal ob logisch oder biologisch – ein wichtiger Bestandteil Ihrer spirituellen Praxis sein, unabhängig davon, welcher Konfession Sie angehören.

Zum Ausprobieren:
Nachdenken über Ihre logischen Vorfahren

Wenn der Gedanke der Ahnenverehrung noch neu für Sie ist, sollten Sie sich nun wieder ein bisschen Zeit für Ihr Notizbuch oder Tagebuch nehmen und darüber nachdenken, welche Menschen Sie in Ihrem Berufsleben, Ihrem spirituellen Leben oder irgendeinem anderen Lebensbereich, der Ihnen Freude macht, am meisten bewundert haben.

- Wer hat Sie am meisten inspiriert?
- Wenn Sie eine Fantasie-Dinnerparty veranstalten würden und sechs Persönlichkeiten aus der Geschichte (lebende oder tote) dazu einladen könnten – wer wäre dabei?

Das sind die Menschen, auf die Sie an diesem Sabbat Ihr besonderes Augenmerk richten könnten.

Die Natur an ruhigen Orten finden

In der Stadt gibt es gar nicht so viele Orte, an denen man ein bisschen Ruhe findet. Am ehesten kommen da noch die Stadtparks infrage; aber auch sie sind oft ziemlich überfüllt. Ein häufig übersehenes ruhiges Plätzchen, an das Sie sich zu dieser (oder eigentlich zu jeder) Jahreszeit zurückziehen können, ist der Friedhof Ihrer Stadt oder Wohngegend. Ich habe noch keine Kirche und keinen Friedhof gesehen, wo es nicht ruhig und friedlich zugegangen wäre, abgesehen vom Gesang einer Amsel oder von dem Schäckern einer Elster. Solche Orte bieten einem tatsächlich oft gute Möglichkeiten, mit Vögeln in Kontakt zu treten.

Genau wie viele andere Aspekte der Natur haben auch die verschiedenen Vogelarten eine symbolische Bedeutung, die inzwischen jedoch größtenteils in Vergessenheit geraten ist. Das Göttliche kann und wird auf unterschiedliche Weise mit Ihnen kommunizieren; und den Vögeln, die sich Ihnen zu verschiedenen Zeiten zeigen, wohnt tatsächlich eine verborgene symbolische Sprache inne. Krähen und andere Rabenvögel sind zum Beispiel ein Symbol für Magie, während Eulen für Weisheit oder Lernprozesse stehen können. Tauben werden traditionell mit Frieden assoziiert, während Brieftauben für Heimkehr stehen können.

Dieses Lexikon der Natur ist gar nicht so schwer zu entziffern, so wie auch die Symbole unserer Träume viel einfacher sind, als manche Leute uns einreden wollen. Sie können in Büchern nachschlagen, um Ihre Träume zu entschlüsseln; Sie können aber auch darauf vertrauen, dass Ihr Unterbewusstsein Ihnen ihre Bedeutung enthüllt, indem Sie meditieren oder ihm einfach Fragen stellen. Ich ziehe es stets vor, diese Arbeit meinem inneren Ich oder Unterbewusstsein zu überlassen; denn ein bestimmtes Traummotiv kann für mich eine ganz andere Bedeutung haben als für Sie. Auf dem Weg eines naturverbundenen Lebens geht es (für mich) vor allem darum, eine Beziehung zu der göttlichen Kraft zu entwickeln, die uns alle umgibt.

Eine Möglichkeit, mit dieser Idee eines fühlenden Universums zu arbeiten, besteht darin, es um Hilfe bei einem Problem zu bitten, mit dem Sie sich gerade herumschlagen. Ich löse solche Probleme gerne entweder im Rahmen einer »Gehmeditation« oder meditiere im Sitzen in der Natur darüber und warte einfach ab, was für Erkenntnisse dabei in mir aufsteigen. Wenn Sie Ihrem inneren Dialog an einem ruhigen Plätzchen freien Lauf lassen, werden Sie viel leichter einen Ort der Stille in Ihrem eigenen Inneren erreichen, an dem Sie in aller Ruhe darauf lauschen können, was Ihr inneres Ich Ihnen sagen möchte. Gehen eignet sich besonders gut für eine solche Befragung des eigenen Unterbewusstseins, denn dieser Fortbewegungsart wohnt ein natürlicher Rhythmus inne, der auf Ihr Bewusstsein so ähnlich wie eine Hypnose wirken und Ihre »Affengedanken« beruhigen kann. Unser Unterbewusstsein hat stets die Antworten, die wir brauchen; wir müssen nur innerlich zur Ruhe kommen, um sie zu hören.

Zum Ausprobieren: Ein Friedhofsbesuch

Schon bald nach dem Tod meiner Mutter begann es mir leidzutun, dass ich die Gräber meiner Vorfahren nicht so oft besuchen konnte, wie ich es mir gewünscht hätte – sie waren zu weit von meinem Wohnort entfernt. Also suchte ich nach Möglichkeiten, ihnen trotzdem meinen Respekt zu erweisen – zum Beispiel, indem ich Blumen für das Grab meiner Mutter kaufte, sie aber einem verstorbenen Freund oder Familienmitglied widmete oder sie sogar zusammen mit einem Foto meiner Mutter auf meinen Altar stellte. Eine andere Möglichkeit, den Verstorbenen meine Ehre zu erweisen, bestand darin, einen Friedhof in meiner Nähe zu besuchen und die Blumen auf eines der Gräber zu legen, die offensichtlich nicht oft besucht wurden.

Ein Grab ist, wie meine Mutter vor ihrem Tod zu sagen pflegte, eigentlich eher eine Anlaufstelle für die Hinterbliebenen, damit sie dort ihrer verstorbenen Angehörigen gedenken können. Auch wenn die sterblichen Überreste des geliebten Menschen dort liegen, glaube ich nicht, dass ich meine Mutter dort finden würde. So wie ich meine Mutter kenne, ist sie viel eher unterwegs, um Abenteuer zu erleben und Spaß zu haben oder um nach mir oder meinen Geschwistern zu sehen, wenn wir uns inspiriert fühlen, niedergeschlagen oder verwirrt sind. Sie wird ganz sicher nicht auf einem Friedhof auf dem Gipfel eines windigen Hügels im Dartmoor herumgeistern.

Die Erkundung der Gräber auf einem nahe gelegenen Friedhof kann Ihnen auch Einblicke in das Leben der Menschen in Ihrer Gegend geben und Ihnen einen Eindruck von den Einstellungen und Ritualen vermitteln, mit denen diese Leute dem Ende des Lebens begegnen. Einige dieser Sichtweisen und Rituale werden sich vielleicht stark von Ihren eigenen unterscheiden. In Dartmoor zum Beispiel schmückt meine Gemeinde die Gräber immer mit Steinen aus Granit der Region, und auf dem Friedhof herrscht meistens eine ziemlich ruhige, beschauliche Atmosphäre. Meine Gemeinde in London dagegen bevorzugte Gedenktafeln oder Grabsteine aus schwarz glänzendem Marmor mit Fotos der verstorbenen Person, die dem Besucher einen Eindruck davon vermittelten, wer dieser Mensch zu seinen Lebzeiten gewesen war. Außerdem herrschte dort ein buntes Gemisch aus verschiedenen Kulturen – einige Gräber waren jüdisch, einige muslimisch, andere chinesisch und manche polnisch.

Andere Möglichkeiten, Samhain zu feiern

- Samhain markiert einen wichtigen Übergang in die dunkle Jahreshälfte. Diese Schwelle haben wir zwar bereits an Lammas überschritten; doch an Samhain begeben wir uns endgültig auf diese Reise. Wie bereits erwähnt, ist Samhain ein guter Zeitpunkt, um sich auf Ihre Vorfahren zu konzentrieren. Laden Sie sie dazu ein, mit Ihnen zu arbeiten – zum Beispiel, indem Sie einen Altar errichten, Kerzen für sie anzünden und dabei ihre Fotos betrachten.
- Sie können an Samhain aber auch ein Familienessen veranstalten, bei dem Sie ein zusätzliches Gedeck auflegen und Ihre Vorfahren dazu einladen, mit Ihnen zu speisen. Sprechen Sie über sie und tauschen Sie mit den anderen Gästen Erinnerungen aus. Denken Sie daran, dass es sich dabei nicht unbedingt um familiäre Vorfahren handeln muss: An Samhain können Sie mit Ihrer »logischen« ebenso wie mit Ihrer biologischen Familie in Verbindung treten. Ihre Vorfahren können zum Beispiel bewundernswerte Menschen sein, in deren berufliche Fußstapfen Sie getreten sind, historische Persönlichkeiten, mit denen Sie sich tief verbunden fühlen, aber auch Ihre Eltern, Großeltern und andere Blutsverwandte. Es wird immer irgendwelche Vorfahren geben, mit denen Sie arbeiten können.
- Wenn Sie genügend Platz haben, um das gefahrlos zu tun, entfachen Sie ein Lagerfeuer in Ihrem Garten. Feuergruben eignen sich sehr gut dafür, weil sie die Hitze eindämmen und Ihren Garten vor potenziellen Brandschäden schützen. Aber

achten Sie dabei auf Kleintiere wie beispielsweise Igel, die vielleicht unter der Laubdecke überwintern!

- Samhain eignet sich auch gut zum Wahrsagen. Vielleicht ist jetzt der richtige Zeitpunkt gekommen, um auszuprobieren, ob Sie hellsehen können, oder ein bisschen mit dem Orakelkartendeck zu üben, das schon so lange in Ihrem Bücherregal steht. Ich finde es wichtig, erst mal eine Beziehung zu einem Kartenset aufzubauen, bevor man es benutzt. Sie können zum Beispiel eine Tasche anfertigen, um die Karten darin aufzubewahren, und das Set für ein paar Nächte unter Ihr Kopfkissen legen; das sind gute Möglichkeiten, diesen Prozess in Gang zu setzen.
- Die Archetypen dieses Fests sind die Götter des Todes und der Unterwelt. Manchmal wirken diese Gottheiten von ihrem Erscheinungsbild her ziemlich erschreckend; sie können aber auch sehr charismatisch sein. Von der Idee, in die Unterwelt zu reisen, geht eine seltsame, geradezu magnetische Anziehungskraft aus. Warum nicht ein paar liebe Menschen zusammentrommeln und sich ein paar Geschichten über dieses Thema erzählen? Eines meiner Lieblingsexperimente besteht darin, dass alle Teilnehmenden einen Satz zu einer Geschichte über einen Besuch in der Unterwelt beisteuern müssen. Die Ergebnisse sind manchmal skurril, manchmal lustig, aber immer sehr fantasievoll.

Zum Ausprobieren: Ein Ritual zur Feier von Samhain

In der Woche vor Ihrem Samhain-Ritual sollten Sie sich Zeit nehmen, um in Ruhe über Ihre Vorfahren nachzudenken und sich zu überlegen, welchen Beitrag diese zu

Ihrem Leben geleistet haben. Ich stelle in dieser Zeit Fotos meiner Vorfahren auf den Altar und lasse immer, wenn ich in der Nähe bin, eine Kerze für sie brennen. Außerdem möchten Sie vielleicht auch darüber nachdenken, was für ein Vermächtnis *Sie* Ihren Nachkommen hinterlassen werden. Wie werden Ihre Lieben Sie nach Ihrem Tod in Erinnerung behalten?

Für dieses Ritual brauchen Sie:

- Eine Glocke oder irgendetwas, das wie eine Glocke klingt, wenn man es anschlägt. Hexen verwenden Glocken oft zur Markierung von Anfang, Ende oder bestimmten Abschnitten eines Rituals, aber auch als Energiereiniger.
- Eine schwarze Kerze
- Ihren Altar, den Sie möglichst im nordwestlichen Teil des Raumes aufstellen und mit einem schwarzen Altartuch schmücken sollten
- Zusätzliche Kerzen oder Teelichter, um den Raum in ein gedämpftes Licht zu tauchen
- Blaue Stoffe oder Tücher, um das Meer oder den Fluss Styx darzustellen, der zwischen dem Reich der Lebenden und der Unterwelt liegt
- Ein Tarot- oder Orakelkartendeck
- Bilder oder Erinnerungsstücke zum Gedenken an Ihre Vorfahren
- Eine Münze für den Bootsmann des Flusses Styx
- Ein Glas mit Ihrem Lieblingsgetränk
- Ihr Notizbuch und einen Stift (wahlweise)

Zünden Sie die Teelichter oder Kerzen, aber vorerst noch nicht die schwarze Kerze an. Legen Sie das schwarze Tuch auf Ihren Altar und stellen Sie die schwarze Kerze in die Mitte. Legen Sie dann die Fotos oder Erinnerungsstücke Ihrer Vorfahren in die gegenüberliegende Ecke des Raumes und breiten Sie die blauen Tücher – die für das Wasser stehen – zwischen dem Altar und den Erinnerungen an Ihre Vorfahren aus.

Wenn Sie möchten, können Sie auch etwas Räucherwerk anzünden. Es gibt schöne Samhain- oder Saturn-Räucherstäbchen zu kaufen.

Beginnen Sie mit dem Ritual, indem Sie dreimal tief durchatmen und dann dreimal die Glocke anschlagen. Während der Klang der Glocken in den Schatten des Raumes verklingt, sagen Sie:

Die Glocke läutet den Sonnenuntergang ein,
Während wir die Bluternte einbringen.
Denn jetzt ist es Herbst – die Zeit der fallenden Früchte
und der langen Reise in die Vergessenheit.
Und es ist Zeit zu gehen, Abschied zu nehmen
von seinem eigenen Ich, und einen Ausgang zu finden
aus dem gefallenen Ich.
Vor den Toren des Winters zu stehen,
sich dem dunkelsten Schatten zu stellen
und die längste Reise anzutreten.

Begeben Sie sich vom Altar aus in spiralförmigen Bewegungen in Richtung der Erinnerungsstücke, die Sie zum

Andenken an Ihre Vorfahren ausgelegt haben. Wenn Sie an diesem Punkt Ihres Rituals ein Musikstück spielen möchten, können Sie das gerne tun; etwas mit einem langsamen, herzschlagähnlichen Trommelrhythmus würde sich sehr gut dafür eignen.

Bewegen Sie sich langsam und achten Sie dabei darauf, wie Ihr physischer Körper sich anfühlt. Schwer? Leicht? Spüren Sie an irgendeiner Stelle Schmerzen? Urteilen Sie nicht darüber, sondern nehmen Sie alles einfach wahr. Wiegen Sie sich beim Gehen sanft hin und her und kommen Sie am Rand des »Wassers« allmählich zum Stehen.

Wenn Sie dieses Ufer erreichen, müssen Sie eine Münze für den Fährmann bereithalten, der Sie übersetzen wird – das ist die Sechs der Schwerter, die Fahrt über das Wasser (die an die altgriechische Mythologie und die Reise der Toten über den Fluss Styx erinnert, die Sie unternehmen müssen, um sich wieder mit Ihren Lieben zu vereinen). Wir überqueren diesen Fluss jedoch nur für kurze Zeit und werden am Ende wieder in unsere irdische Welt zurückkehren. Sobald Sie am Ufer angelangt sind, sagen Sie:

Alles, was lebt, muss sterben.
Auf dem Weg durch die Natur in die Ewigkeit
Ist das hier nur ein wilder Wirbel aus Worten.
Ein Traum selbst ist nur ein Schatten,
Der Rest ist Dunkelheit.
Doch aus der Stille hallt meine Stimme:
Ich bitte den Fährmann, mir zu helfen,
Die Gewässer – das lautlose, grenzenlose, bittere Meer –

Zu überqueren und das unbekannte Ufer zu erreichen.
Bring mir jetzt mein Todesschiff
Mein ist der Weg in die Dunkelheit.

Legen Sie die Münze ins Wasser und überqueren Sie das Meer, das Sie von Ihren Vorfahren trennt. Sobald Sie die Ecke erreichen, in der die Erinnerungsstücke Ihrer Vorfahren liegen, sagen Sie:

In den Eingang der Höhle
In diese Schwärze
Diese immer dunkler werdende Nacht
Blicke ich hinein
Und rufe euch heraus.
Ich öffne die Tore, damit ihr zurückkehren könnt
Nur für diese eine Nacht.

Dann sammeln Sie die Erinnerungsstücke Ihrer Vorfahren ein und tragen sie nacheinander zu Ihrem Altar. Legen Sie sie auf den Altar, zünden Sie die schwarze Kerze an und sagen Sie dabei: »Möge ich euch den Weg erleuchten, so wie ihr es einst für mich getan habt.« Knien Sie vor dem Altar nieder und konzentrieren Sie sich der Reihe nach auf alle Ihre Vorfahren. Nennen Sie einen nach dem anderen beim Namen und beschreiben Sie laut das Geschenk, das er oder sie Ihnen gemacht hat. Sagen Sie der Person, warum dieses Geschenk so wichtig für Sie war. Erheben Sie ein Glas und trinken Sie auf Ihre Vorfahren. Es gibt ein Sprichwort, das besagt, dass

Menschen erst dann sterben, wenn man sie vergisst. Indem wir unsere Ahnen und deren Leistungen und Errungenschaften beim Namen nennen, erhalten wir sie am Leben.

An diesem Punkt des Rituals ist es üblich, ein bisschen hellzusehen. Machen Sie sich keine Sorgen, wenn Sie kein Tarot- oder Orakelkartendeck besitzen – meditieren Sie stattdessen einfach über die Kerzenflamme. Genau wie beim Wahrsagen an Imbolc ist es normal, dabei nur flüchtige Gedanken und Einblicke in die Zukunft zu erhalten.

Knien oder setzen Sie sich am Altar vor die Erinnerungsstücke Ihrer Ahnen und nehmen Sie das Orakel- oder Tarotkartendeck zur Hand. Wenn Sie ein Räucherstäbchen angezündet haben, ziehen Sie das Kartenset durch den Rauch, um es zu segnen und zu reinigen, und atmen Sie dabei ein paarmal tief durch. Beginnen Sie nun, die Karten zu mischen, und denken Sie dabei an Ihre Frage oder daran, was Sie wissen möchten. Während des Mischens sagen Sie:

Danke, liebe Vorfahren und Lehrer, dass ihr mir sagt, was ich wissen muss. Ich bin dankbar dafür, dass ihr mich trotz der Entfernung, die zwischen uns liegt, weiterhin leitet.

Ziehen Sie drei Karten – eine für die Situation, eine für den Rat, den Sie brauchen, und eine für das Ergebnis, das möglicherweise eintreten wird, wenn Sie den Rat befolgen. Legen Sie die Karten vor sich auf den Altar und meditieren Sie ein paar Minuten lang über ihre symbolische Bedeutung. Lassen Sie sich dabei ruhig Zeit – es gibt keine Eile. Wenn Sie mit der Betrachtung der Karten fertig sind, können Sie Ihre Gedanken darüber in Ihr Notizbuch schreiben. Sobald Sie bereit sind, dieses Ritual fortzusetzen, schlagen Sie die Glocke dreimal an und sagen:

Wieder einmal erlebe ich
Wie das große Rad sich dreht
Von der Geburt zum Tod und wieder zur Geburt.
Eines Tages werden sich die Tore für mich öffnen
So wie sie es für meine Vorfahren taten.
Aber heute Abend können meine Lieben mich besuchen
Und zusammen mit mir an diesem Ort fröhlich feiern.
Jetzt muss ich zu meinen eigenen Abenteuern zurückkehren
Meine Zeit, nach Hause zu gehen, ist noch nicht gekommen.

Schlagen Sie die Glocke dreimal, um das Ritual zu beenden. Denken Sie daran, anschließend etwas zu essen, um sich zu erden, und genügend zu trinken.

Wenn Sie mich seit dem Julfest auf dieser Reise begleitet haben, dann haben Sie nun einen ganzen Zyklus des magischen Jahreskreises durchlaufen, und seine Umdrehung hat uns beide wieder an den »Anfang« zurückgebracht. Sie können nun entscheiden, ob Sie es bei Ihren bisherigen Beobachtungen belassen oder Ihre Reise noch weiter fortsetzen möchten. Welche Erkenntnisse würden Sie bei Ihrem zweiten oder dritten Durchgang gern vertiefen? Sicherlich werden bei jedem Zyklus neue Entdeckungen und Erfahrungen auf Sie warten. Wenn Sie sich entschließen, weiterzumachen, werden Sie ganz bestimmt feststellen, dass es einem große Erfüllung schenkt und bereichernde Erkenntnisse bringt, sich am Jahresrad zu orientieren. Mir ist es jedenfalls so ergangen.

Desideratum oder Manifest des vollkommen Unvollkommenen

Die Kraft dieses Lebens – wenn die Menschen ihre Herzen dafür öffnen – wird sie heilen, wird sie neu erschaffen, körperlich und geistig. Das ist das Evangelium der Erde, von Hoffnung erfüllt, wie ein Maimorgen mit Vogelgezwitscher, frisch und gesund wie junge Getreidefelder. Doch wer geheilt werden will, muss diese Kraft nicht nur in Form täglicher Nahrung und Wärme in seinen Körper aufnehmen, sondern auch in seinen Geist, denn ihre geistige Wirkung ist noch intensiver … Wir brauchen keine großen Gaben – auch der Unwissendste kann tiefe Atemzüge der Inspiration aus der Erde schöpfen. Der Weg dorthin führt über die Liebe zur Schönheit und Wirklichkeit; dazu müssen wir uns in jene Zeichen des Göttlichen vertiefen, die sich wie kaum sichtbare, wundersame Fußspuren über die ganze Welt ziehen. In der Zusammengehörigkeit der Erde brauchen wir keine Pässe wie in der Gesellschaft der Menschen; die einzigen unverzichtbaren Gaben sind ein bescheidener Geist und ein empfängliches Herz … Kein Zufall der Umgebung oder der Umstände muss uns von der Natur abschneiden.

Mary Webb

Irgendwie kommt es mir unpassend vor, ein Buch über einen Prozess, der kein linearer Spaziergang durch die Zeit, sondern eine Spirale ist, mit einem Schlusswort zu beenden. Und doch ertappe ich mich dabei, dass ich dieses Buch mit den Worten meiner logischen Vorfahrin Mary Webb beende, so wie ich es auch begonnen habe. In ihrem 1917 erschienenen Buch *The Spring of Joy* vertrat Mary Webb die Ansicht, dass die Menschen im Interesse ihres eigenen Wohlbefindens und des Wohls unseres Planeten zur Natur zurückkehren müssen. Auch wenn wir darauf entgegnen könnten, dass das Leben zu Beginn des 20. Jahrhunderts einfacher war und dieser Vorschlag sich damals also möglicherweise leichter befolgen ließ, bin ich mir nicht sicher, ob das wirklich stimmt. Vielleicht haben wir heute ein größeres Wissen über Umweltfragen als unsere Vorfahren vor hundert Jahren; aber ich glaube, dass auch uns – genau wie Webbs Generation – der Kontakt zum Heiligen in der Natur (und damit auch ein Teil des magischen Glanzes in unserem Leben) verloren gegangen ist.

Weiter schreibt Webb:

Ein Veilchen ist genauso süß wie ein ganzer Acker voll von diesen Blumen. Und oft geschieht es – wie durch ein gütiges Gesetz der Wiedergutmachung –, dass diejenigen, die nur ein einziges Veilchen besitzen, durch das schmale violette Tor dieser Blume den Weg ins Land Gottes finden, während viele Menschen, die über ganze Teppiche taufrischer Veilchen gehen, nicht einmal wissen, dass es ein Land oder einen Weg gibt.

Wenn ich einen Wunsch für Sie, liebe Leserinnen und Leser dieses Buches, habe, dann ist es dieser: dass Sie Ihre eigene heilige Natur wiederentdecken und etwas vom Göttlichen – was auch immer das für Sie bedeutet – in einer einzigen Blume erkennen mögen. Ich glaube, wenn Sie mit Ihrer Lektüre bis hierher gekommen sind, haben Sie bereits verstanden, dass unser kleiner, kugelförmiger Teil des Universums etwas Wunderschönes und Besonderes ist. Aber manchmal vergessen wir, dass wir selbst ein Teil dieser Heiligkeit sind; und das kann zu Umweltzerstörung und zum Verlust von Leben auf allen Ebenen führen. Als Individuen mögen wir vollkommen unvollkommen sein; aber es ist wichtig, dass wir uns alle darum bemühen, diese schöne Welt, in der wir leben, zu erhalten.

In den über zwanzig Jahren, in denen ich den Jahreskreis nun schon verfolge, habe ich festgestellt, dass die Bedeutungsschichten jedes Mal, wenn ich diese Reise rund um die Sonne absolviert habe, noch ein bisschen tiefer und nuancenreicher geworden sind.

Eine meiner Lieblingsmethoden, mit diesem spirituellen Leben zu arbeiten, besteht darin, einen Teil davon einem bestimmten Zweck zu widmen. Wenn Ihre erste Runde rund um das Jahresrad, die Sie gemeinsam mit mir durchlaufen haben, dazu bestimmt war, Ihrer Seele ein bisschen Nahrung zu geben und sie zu heilen, können Sie die darauffolgenden Spiralen anderen Zwecken widmen – vielleicht können Sie sich ein Jahr lang mit Umweltarbeit beschäftigen, in einem anderen Jahr mehr über unsere nichtmenschlichen tierischen Mitbewohner auf der Erde lernen, sich dann einer wichtigen Ambition und schließlich der Vertiefung Ihrer Verbindung zu der Gottheit widmen, die in Ihrem Leben eine Rolle spielt – die Liste ist endlos. Oder vielleicht möchten Sie eine Umdrehung des Jahresrads damit zubringen, an der Stimme Ihres inneren Ichs zu arbeiten, damit sie ein bisschen liebevoller mit Ihnen umgeht. Wie Rabindranath Tagore uns lehrt, ist das Leben tatsächlich ein schöpferischer Gedanke. Die große Ironie bei der Sache ist jedoch, dass das Leben oft gerade dann, wenn wir glauben, wir hätten es im Griff, die Jokerkarte zieht und uns mit einer neuen Schicksalswendung überrascht. Aber wenn wir den Jahreskreis genauer verfolgen, können wir lernen, die Muster zu erkennen, die in unserem Leben immer wieder auftauchen; und dann wird uns auch klar werden, wie man mit den Überraschungen des Lebens am besten umgeht.

Statt ein Schlusswort zu einer Reise zu sprechen, die wir in Wirklichkeit noch gar nicht abgeschlossen haben, möchte ich lieber mein Glas darauf erheben, dass Sie noch möglichst lange von der Welt der Natur fasziniert sein mögen.

Danksagung

Einige von Ihnen erwarten jetzt vielleicht eine Geschichte über magische Kräfte, ohne die dieses Buch niemals entstanden wäre – und tatsächlich: Hier ist sie! Ich hatte schon lange mit dem Gedanken gespielt, ein Buch über den Jahreskreis zu schreiben, war aber immer noch auf der Suche nach einem passenden Verlag dafür. Also heftete ich pflichtgemäß einen Klebezettel an meinen »Bücher, die ich gerne schreiben würde«-Jahresplaner (ja, so etwas habe ich tatsächlich!) und ließ dieses Samenkorn im Dunkeln ruhen, während ich mich mit anderen Projekten beschäftigte. In meiner Welt bezeichnet man das als »eine Sache den Göttern (oder dem kosmischen Joker) überlassen« – und die Götter haben sich der Sache angenommen! Kurze Zeit später unterhielt ich mich mit Bernadette Russell, einer dieser strahlenden Seelen, die auf unserer Welt erstaunliche Werke verrichten und anderen Menschen so viel Auftrieb geben, dass sie fliegen können. Bernadette, die früher einmal an meinen Jahreskreis-Kursen teilgenommen hatte, inzwischen aber längst zu einer guten Freundin geworden war, erwähnte eines Tages beiläufig, dass sie jemanden kenne, der eine Autorin oder einen Autor für ein Buch über den Jahreskreis suche. Falls ich Interesse daran hätte, könne sie uns miteinander in Kontakt bringen.

Es gibt kein Buch, das nur von einer einzigen Person – von allen anderen Menschen isoliert – geschaffen wird. Das gilt auch für dieses Werk. Es hat ein ganzes Team außergewöhnlicher Menschen erfordert, dieses Buch zum Leben zu erwecken, daran zu arbeiten und es in eine Form zu bringen, in der man es der Welt übergeben konnte. Und zum Glück hatte dieses Buch das Privileg, dass ihm von Anfang an die bestmöglichen Startmöglichkeiten geboten wurden. Es verdankt seine Existenz meinen Gesprächen mit Sarah Rigby bei Elliott & Thompson, die genau die gleichen Vorstellungen davon hatte wie ich. Sarah beherrscht eine sehr schwierige Gratwanderung: Sie schafft es, einer Schriftstellerin die kreative Freiheit zu bieten, die sie braucht, stellt ihr dabei aber gleichzeitig stets zum richtigen Zeitpunkt genau die richtigen Fragen, um ihr wichtige Details zu entlocken. Zum Team dieses Verlags gehören auch Pippa Crane, der es hervorragend gelungen ist, mich bei meinen Recherchen auf Kurs zu halten; Jill Burrows, die darauf geachtet hat, dass sich keine falschen Wörter in mein Buch einschlichen; und Amy Greaves, die sich unermüdlich dafür eingesetzt hat, die ganze Welt über die Existenz dieses Werks zu informieren. Ich glaube, ich habe wirklich mein Traumteam gefunden!

Eine weitere wirklich magische Kraft war mein Agent, der ebenfalls einen Ehrenplatz auf dieser Liste verdient hat.

In meinen Jahresplaner hatte ich nämlich auch eingetragen, dass ich »unbedingt einen tollen Agenten für mein Buch finden müsse«. Und auch diesen Wunsch hat der kosmische Joker mir erfüllt, indem er mir Michael Alcock der literarischen Agentur Johnson & Alcock schickte, der es immer wieder schafft, mich genau dann zu ermutigen, wenn ich es am dringendsten brauche. Du bist wirklich der Allergrößte, Michael!

Natürlich gibt es auch noch viele andere Leute, die mir auf verschiedene Weise geholfen und mir große und kleine Gefälligkeiten erwiesen haben. Als ich vor über zwanzig Jahren anfing, mich mit dem Jahreskreis zu beschäftigen, hat meine Lehrerin Christina mich auf den richtigen Weg gebracht und mir faszinierende Erkenntnisse vermittelt. Auch Will, der seitdem so viele meiner Kurse organisiert und moderiert hat, verdanke ich eine ganze Menge – nicht nur in beruflicher, sondern auch in persönlicher Hinsicht. Die Teilnehmenden meiner Workshops haben mir Fragen gestellt, die mich dazu inspirierten, über den Tellerrand hinauszudenken und in differenziertere Bedeutungsebenen vorzudringen; das Gleiche gilt auch für die magische Gruppe von Menschen, die schon seit Jahren gemeinsam mit mir als Hexen praktizieren. Jede Umdrehung des Jahresrads, die ich zusammen mit ihnen erlebe, hat mir immer reichere Ernten beschert und mich zu einem noch mehr in die Tiefe gehenden magischen Denken angespornt. Ein ganz herzliches Dankeschön geht auch an meine Schwester Kath, die auf unseren morgendlichen Spaziergängen meinen Redeschwall über dieses Buchprojekt über sich ergehen ließ, und an Lizzie für ihr wertvolles Feedback.

Bei dir, John, möchte ich mich dafür bedanken, dass du mir den Glauben an Neuanfänge zurückgegeben hast, bevor es zu spät war. Jede dieser Personen hat ihren Beitrag zum großen Ganzen geleistet. Ich bin dankbar dafür, sie alle in meinem Leben zu haben.

Ich kann nur ahnen, was der kosmische Joker mir wohl als Nächstes bringen wird – und freue mich schon darauf, es herauszufinden!

Quellenangaben

Einführung

Julia Cameron, *The Artist's Way* (Pan Books, 1995) (*Der Weg des Künstlers,* Knaur MensSana TB, 2019)

Scott Cunningham, *Wicca: A Guide for the Solitary Practitioner* (Llewellyn, 2000)

Ben Aaronovitch, *Foxglove Summer* (Gollancz, 2015) (*Fingerhut-Sommer*, dtv, 2015)

1 Wintersonnenwende oder Yule

Mary Webb, »The Joy of Form«, in *The Spring of Joy* (Jonathan Cape, 1928)

»Setzen Sie Ihren Selbstwert nicht damit gleich, wie …« Wayne Dyer [@DrWayneWDyer], 24. September 2013, Twitter. Dieses Zitat wird oft Kurt Vonnegut zugeschrieben, obwohl es dazu anscheinend keine Quellenangabe gibt. Vielleicht ist das eines der großen Geheimnisse des Internets …

Zum Thema des gütigen Umgangs mit unseren Mitmenschen zur Zeit der Wintersonnenwende: siehe Crisis at Christmas, www.crisis.org.uk/crisis-at-christmas, aufgerufen am 15. April 2022

Rabindranath Tagore, »In Praise of Trees«, in *Selected Poems* (Penguin Classics, 2005)

2 Imbolc oder Lichtmess

D. H. Lawrence, »Craving for Spring«, in *Unrhyming Poems* (Martin Secker, 1929)

Über Nana Nicoline Jensens Spaziergänge in Dänemark siehe www.moonchildyogawear.com/blogs/news/silent-walks-and-meditations-how-to-get-a-great-amount-of-energy-by-walking-absolutely-silent, aufgerufen am 5. April 2022

3 Frühlings-Tagundnachtgleiche

The Trial of Isobel Gowdie (1662), übersetzt und veröffentlicht in Robert Pitcairn, *Ancient Criminal Trials in Scotland* (1833)

4 Nacht zum 1. Mai oder Beltane

Volkslied »Padstow May Day Night Song«, in diesem Wortlaut publiziert auf www.cornwalls.co.uk/padstow/obby_oss_may_song.htm, aufgerufen am 10. August 2022

Doreen Valiente, *The Charge of the Goddess* (The Doreen Valiente Foundation and the Centre for Pagan Studies, 2014)

Ronald Hutton, *The Stations of the Sun: A History of the Ritual Year in Britain* (Oxford University Press, 1996)

Mary Webb, »Vis Medicatrix Naturae« (1911), *The Spring of Joy* (Jonathan Cape, 1928)

Website zum Beltane Fire Festival, https://Beltane.org/about-beltane, aufgerufen am 10. März 2022

»Gay Green Gown«, https://mainlynorfolk.info/folk/songs/gaygreengown.html, aufgerufen am 10. März 2022

Sharon Blackie, »Marrying the land: how we broke the ancient bargain«, https://sharonblackie.substack.com/p/marrying-the-land-how-we-broke-the-ancient-bargain, aufgerufen am 7. Mai 2022

5 Mittsommer oder Sommersonnenwende

Volkslied, Text von Rudyard Kipling, ursprünglich unter dem Titel »A Tree Song« in *Puck of Pook's Hill* (Penguin Popular Classics, 1995) veröffentlicht und später von Peter Bellamy vertont und bekannt gemacht

www.visitgloucester.co.uk/things-to-do/history-and-heritage/cheese-rolling-in-gloucester, aufgerufen am 5. Juni 2022

Jurgas Beobachtungen über die amerikanischen Nationalparks siehe https://fullsuitcase.com/national-parks-june, aufgerufen am 25. April 2022

6 Lammas

Robert Burns, »John Barleycorn«, *The Complete Poems and Songs of Robert Burns* (CreateSpace, 2017)

Anleitungen zum Basteln einer Strohpuppe siehe https://nurturestore.co.uk/how-to-make-a-corn-dolly-craft-for-a-harvest-celebration, aufgerufen am 8. Mai 2022

7 Herbst-Tagundnachtgleiche

John Keats, »To Autumn«, *Selected Poems and Letters of Keats* (Heinemann, 1966)

Informationen zur Ausstellung »The World of Stonehenge« im British Museum siehe www.britishmuseum.org/exhibitions/world-stonehenge, aufgerufen am 18. Mai 2022

8 Nacht zum 1. November oder Samhain

Adelaide Crapsey, »To the Dead in the Graveyard Underneath My Window«, 1914 (Übersetzung aus: *Einen kleinen Flieder pflanzen in Vermont – Ausgewählte Gedichte von Adelaide Crapsey und Genevieve Taggard*, BoD, 2022)

Ausführungen von Adrian Bott dazu, dass »der dünne Schleier zwischen den Welten« eine moderne Erfindung ist, siehe https://twitter.com/cavalorn/status/924967445303123968?lang=en-GB; dort findet man auch Links zu seinem Blog, aufgerufen am 2. Mai 2022

D. H. Lawrence, »Fantasia of the Unconscious« (1922), www.gutenberg.org/ebooks/20654, aufgerufen am 2. Mai 2022

Desideratum oder Manifest des vollkommen Unvollkommenen

Mary Webb, »Vis Medicatrix Naturae« (1911), *The Spring of Joy* (Jonathan Cape, 1928)

Weiterführende Literatur

Falls irgendetwas in diesem Buch Ihr besonderes Interesse geweckt hat und Sie gern mehr darüber erfahren möchten, empfehle ich Ihnen, in Ihrer Stadtbibliothek oder einer unabhängigen Buchhandlung nach den unten aufgelisteten Büchern zu suchen. Ich führe auf meiner Website eine Literaturliste, die regelmäßig aktualisiert wird; unter www.rebeccabeattie.co.uk können Sie jederzeit die neueste Version aufrufen.

Geschichte der Hexerei; alte Sagen und Legenden

Callow, John, *Embracing the Darkness: A Cultural History of Witchcraft* (London: I. B. Tauris & Co., 2018)

Callow, John, *The Last Witches of England: A Tragedy of Sorcery and Superstition* (London: Bloomsbury, 2022)

Davies, Owen, *Cunning-Folk: Popular Magic in English History* (London: Hambledon and London, 2003)

Gibson, Marion, *Witchcraft: The Basics* (London: Routledge, 2018)

Hutton, Ronald, *Stations of the Sun: The History of the Ritual Year in Britain* (Oxford: Oxford University Press, 2001)

Hutton, Ronald, *The Triumph of the Moon: A History of Modern Pagan Witchcraft* (Oxford: Oxford University Press, 2019)

Scarre, Geoffrey und Callow, John, *Witchcraft and Magic in Sixteenth- and Seventeenth-Century Europe* (Basingstoke: Palgrave Macmillan, 2001)

Praktische Magie

Beth, Rae, *Hedge Witch: A Guide to Solitary Witchcraft* (London: Robert Hale, 2001)

Cunningham, Scott, *Handbuch der Natur- und Elementarmagie* (Uhlstädt-Kirchhasel: Arun, 2010)

Cunningham, Scott, *Das große Buch von Weihrauch, Aromaölen und magischen Rezepturen* (Hamburg: Nikol Verlag, 2021)

D'Este, Sorita und Rankine, David, *Practical Planetary Magick: Working the Magick of the Classical Planets in the Western Esoteric Tradition* (Glastonbury: Avalonia, 2007)

Wicca

Adler, Margot, *Drawing Down the Moon* (London: Penguin, 2001)
Crowley, Vivienne, *Wicca* (Rockport, MA: Element, 2011)
Cunningham, Scott, *Wicca: Einführung in die Spiritualität und Praxis der Neuen Hexenkunst* (Hamburg: Nikol Verlag, 2020)
Curott, Phyllis, *Book of Shadows* (London: Piatkus, 1999)
Curott, Phyllis, *Spirituelle Magie: die hohe Kunst der Heiler und Hexen* (München: Heyne, 2005)
Gardner, Gerald, Die Weisheit der *Wicca* (Aurinia Verlag, 2012)
Gardner, Gerald, *The Meaning of Witchcraft* (Newburyport, MA: Weiser, 2004)
Green, Marian, *A Witch Alone* (Newburyport, MA: Hampton Roads, 2009)
Mooney, Thorn, *Traditional Wicca: A Seeker's Guide* (Woodbury, MN: Llewellyn, 2018)
Starhawk, *The Spiral Dance: A Rebirth of the Ancient Religion of the Great Goddess* (San Francisco: Harper, 1999)
Valiente, Doreen, *The Charge of the Goddess* (Sussex: Centre for Pagan Studies Ltd, 2014)

Alte Traditionen

Agrippa, Cornelius, *Die magischen Werke* (Marixverlag, 1997)
Anon, *The Lesser Key of Solomon* (Bristol: Mockingbird Press, 2016)
Culpepper, Nicholas, *Culpeper's Complete Herbal* (New York: Sterling, 2019)
Dunn, Patrick (übers.) *The Orphic Hymns* (Woodbury, MN: Llewellyn, 2018)
Spencer, Craig, *A Modern Guide to Charles Godfrey Leland's Gospel of the Witches* (Woodbury, MN: Llewellyn, 2020)

Psychologie und neurolinguistisches Programmieren (NLP)

Bandler, Richard und Grinder, John, *The Structure of Magic: A Book About Language and Therapy* (Palo Alto, CA: Science & Behaviour Books, 1989)

C. G. Jung, *Gesammelte Werke, Bd. 9/1, Die Archetypen und das kollektive Unbewusste* (Patmos, 2023)

Dichtung und Literatur

Beattie, Rebecca, *Nature Mystics: The Literary Gateway to Modern Paganism* (Winchester: Moon Books, 2015)

Williams, Jean und Cox, Zachary, *The Gods Within: The Pagan Pathfinders Book of God and Goddess Evocations* (London: Moondust Books, 2008)

Astrologie und Tarot

Hundley, Jessica, Fiebig, Johannes und Kroll, Marcella, *Tarot: Bibliothek der Esoterik* (Köln: Taschen, 2020)

Pollack, Rachel, *Tarot – 78 Stufen der Weisheit* (Neue Erde, 2019)

Richards, Andrea, Miller, Susan und Hundley, Jessica, *Astrologie: Bibliothek der Esoterik* (Köln: Taschen, 2021)